◇ 中国博士智库社区经济丛书 ◇

社区金融学

Community Finance

严陆根 ◆ 著

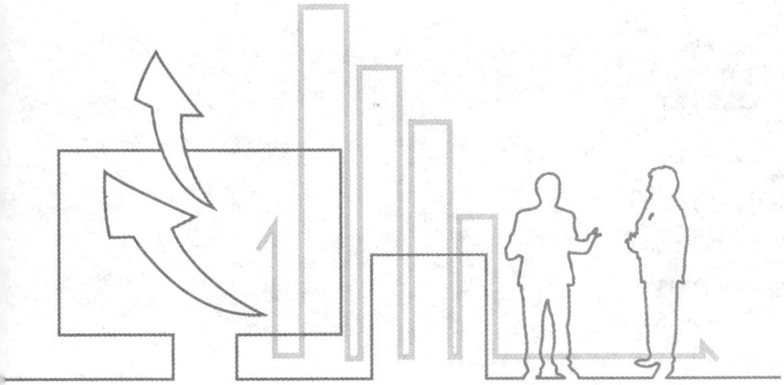

中国发展出版社
CHINA DEVELOPMENT PRESS

图书在版编目（CIP）数据

社区金融学/严陆根著．—北京：中国发展出版社，2014.11
ISBN 978-7-5177-0052-4

Ⅰ.①社…　Ⅱ.①严…　Ⅲ.①金融—社区经济—研究—中国
Ⅳ.①F832

中国版本图书馆CIP数据核字（2013）第280056号

书　　　名：社区金融学
著作责任者：严陆根
出 版 发 行：中国发展出版社
（北京市西城区百万庄大街16号8层　100037）
标 准 书 号：ISBN 978-7-5177-0052-4
经　销　者：各地新华书店
印　刷　者：北京科信印刷有限公司
开　　　本：700mm×1000mm　1/16
印　　　张：15
字　　　数：227千字
版　　　次：2014年11月第1版
印　　　次：2014年11月第1次印刷
定　　　价：45.00元

联 系 电 话：（010）88919581　68990692
购 书 热 线：（010）68990682　68990686
网 络 订 购：http：//zgfzcbs.tmall.com
网 购 电 话：（010）88333349　68990639
本 社 网 址：http：//www.develpress.com.cn
电 子 邮 件：370118561@qq.com

前言 >>> PREFACE

近年来，我国城市化发展进程不断加快，受市场经济的影响，社会经济结构也在不断优化调整。城市管理已不再依靠单位制，而是转向社区制的管理模式。社区的数量和人口密度逐渐增大，社区居民产生的金融需求日益增加，对应的社区经济如雨后春笋般崛起，且在整个经济生活中的地位和作用日益凸显。在中国这样一个人口大国，社区金融业务作为新生的项目，具有巨大的经济发展潜力。社区经济的发展，既可以推动我国金融体制的进一步完善，又可以有效地为社区居民提供金融服务。目前，社区金融已成为各家金融机构竞争的焦点。

20世纪90年代以后，随着商业银行市场化改革的不断深入，国有银行开始对县级以下银行机构进行大量撤销和合并，经营重心也向大行业、大企业、大项目及大城市领域逐渐倾斜。在经营策略上，国有商业银行和股份制银行逐渐趋同，传统具有特殊背景功能的城市和农村商业银行、信用社及农村合作银行等金融机构提供的服务难以满足我国日益增长的基层金融服务需求，各大商业银行和邮政储蓄对基层资金的“虹吸”作用则进一步加剧了基层金融服务的“空洞化”危机。面临如此困境，作为一种新的经济形态，社区经济开始逐渐成为拉动我国城乡经济发展的新途径。而如何采取措施，为社区经济提供资金支持、促进社区金融机构的大力发展，是我国当前解决基层金融服务问题的关键所在。

作为一种新生的金融组织和服务模式，社区金融将担负搞活并发展我国社区经济的重任。在这种新型金融形式形成初期，如何设计出适合我国金融的合理的发展模式，使其金融服务功效实现最大化，有效解决目前金融发展的困境和经济发展的瓶颈，是国内外学者们研究的重点。作为社会基本单位，社区是我国当前信用环境和金融服务的一个薄弱环节。社区金融本身具有多元化、层次化等特征，而我国当前的社区金融组织，从村镇、县城到城市，从正式到非正式，或多或少都存在着一些问题，如：服务品种有限，数量不足，服务滞后，质量不高，供给主体不够明确，产品服务供给不足与社区金融需求旺盛间的矛盾日益深化等。这些问题严重制约了我国社区金融的良性发展，也对我国经济的长远发展产生了负面影响。

社区的不断发展给金融机构带来的利益越来越多，各国有商业银行对社区金融也越来越重视。较传统的经营模式盈利空间越来越小，各国有商业银行在不断寻求发展稳定、风险较小的零售业务，并且不断建立零售业务或者针对个人金融业务的专营部门，从中挑选那些地理位置优越、经济氛围良好、人口较为密集的居民小区，专门设立社区金融机构网点，在零售产品服务等方面做了诸多探索尝试。

作为一种新的经济形态，社区经济逐渐成为繁荣我国城乡经济的重要组成部分，而相应出现的新生事物——社区金融——也成为我国金融领域最受关注的课题。社区金融是金融机构经营理念、金融工具与金融秩序的创新，并逐渐成为商业银行新的利润增长点。社区金融的产品与服务具有多元性、定向性、层次性、综合性、差异性、创新与智能性等多种特性，社区金融的大力发展有助于优化整个金融体制，繁荣金融市场，可以缓解城市金融市场对社区及村镇资金的“虹吸”现象，填补农村及社区基层金融服务的“空洞”，为社区经济提供大量资金支持，有力解决社区居民生活一般性需求、创业需求贷款以及涉农贷款困难等问题，同时还可以打通和扩大中小企业的融资渠道，解决其银行融资缺口困难，帮助其在推动技术创新、加快组织变革、促进市场公平竞争、充分利用劳动力成本优势及增加就业机会等方面更有利地发挥大企业所难以替代的重要作用。我国当前的社区金融发展还存在着如服务供给主体不够明确、服务类型和内容相对滞后、服务需求旺盛与产品供给不足的矛盾日益加深等诸多问题，这些严重制约了我国社区金融的发展，因而需要从经营理念、信用环境、金融创新和人才等方面进一步努力，以促进其更健康的发展。

本书在上述背景下界定社区金融，通过实地考察研究，对我国社区金融的发展现状、存在问题和需求进行了分析，在此基础上对社区金融的发展思路进行探索，提出了一种发展我国特色社区金融的新型策略。

本书目的在于探讨适合我国社区金融的发展策略，具体可分为如下几点。

(1) 对社区、社区金融及社区金融机构进行界定，尤其是社区银行的概念、特征和内涵。

(2) 对国外社区银行的发展现状和经验教训进行全面深入的阐述。

(3) 对我国社区金融的现状和现存问题做出客观全面的分析探讨。

(4) 研究我国社区金融的供给和需求主体，并分析归纳供需状况。

(5) 寻找适合我国现状特点的社区金融健康有序发展的策略。

本书运用的研究方法主要包括如下几点。

(1) 典型分析和对比分析相结合。对国外一些典型社区银行的发展实践进行了分析，考察其发展历程和模式，总结其成功的经验和原因，并通过对这些国家的差异和共性进行对比分析，结合我国实践，探索适合我国现状的社区金融发展模式。

(2) 宏观探索与微观分析相结合。从宏观环境和体制出发，将社区和社区金融进一步分出不同层面，分别归纳各个供给主体的特征及现状的影响因素，然后从微观主体入手，探索社区金融机构的发展模式。

(3) 理论研究与实际应用相结合。从国内外社区金融理论入手，结合我国社区金融发展历史及现状，以理论指导实践，真正应用到中国社会发展和建设中，应用到具体的社区金融机构，尤其是社区银行应如何健康长远发展的实践工作中，以指导其在自身发展基础上，有效落实其所肩负的经济发展重任。

本书的技术路线如下所示。

本书通过对我国社区金融的发展现状、存在问题及成因进行分析讨论，并对社区金融机构在村镇、县城、城市三种社区中的优劣势展开比较分析，以提出相应的社区金融发展策略。其主要包括以下研究内容。

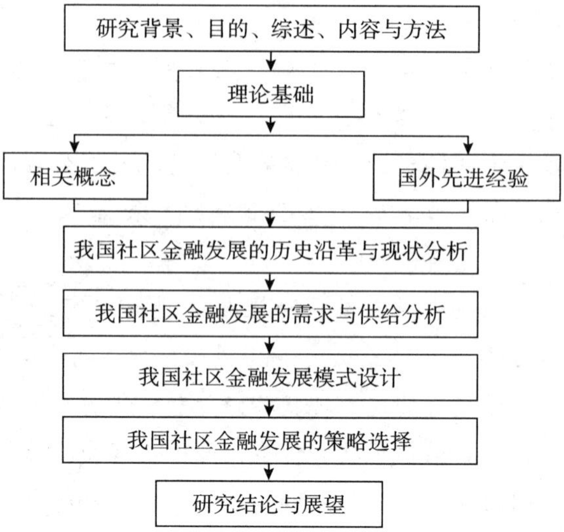

技术路线图

（1）介绍社区、社区金融、社区银行等几个核心概念的内涵和特征，分析社区金融和社区银行之间的基本关系，并对国外社区银行的发展概况和经验进行总结介绍。

（2）对我国社区金融的历史发展阶段进行回顾和总结，对当前的发展整体态势、现存问题及原因展开分析，并以经济发展水平和行政区域划分为依据，从村镇、县城、城市三个层次类型，对我国社区金融的划分和发展进行研究。

（3）对我国社区发展过程中的金融支持进行分析，并结合我国社区金融发展中的各项矛盾，研究社区金融的需求和供给状况，对发展中的供给不足、需求旺盛等矛盾及供给主体的优劣势进行探讨。

（4）针对我国社区金融发展的现状及问题，并基于供需分析，分别设计了村镇、县城及城市三个社区金融子系统各自的发展模式。

（5）从环境改善、市场、业务与产品创新三个方面提出我国社区金融的发展策略，为其管理工作及长远发展提供参考依据。

本书的研究重点是在既有国内外研究成果基础上，基于对社区金融的内涵及发展路径的界定，通过结合我国现阶段金融体制改革的现实，全面分析社区金融现状、存在问题及原因，提出相应的发展策略与建议。

目录 >>> CONTENTS

第一章　社区与社区金融

社区金融是指社区公众及组织所产生的金融需求以及银行为满足其金融需求而开展的一系列活动。通过实施对社区金融的深入研究，可以实现金融业的业务创新，发现金融业效益增长点，同样对促进我国经济社会发展、社会和谐稳定起到重要的作用。

一、社区概述

（一）社区的内涵

关于“社区”一词，在现代的社会生活中人们已不再陌生。无论是在繁华都市，还是在中小城市，社区作为一个特定的区域，聚集着一支庞大的消费群体。我们可以看到，在社区，小到家政服务、医疗保健、托老托幼、绿化保洁、配菜送货、保安联防、商业网点、装修维修、物业管理等社区服务群体，大到一定规模的超市、农牧业养殖乃至生产自救基地等，无一不有，可谓功能齐全。由此可见，一个社区就是一个小社会，一个社区就构成了一个市场。当然，这个市场也生活着银行服务和产品的购买者。在我国经济体制转轨过程中，社会成员逐渐从“单位人”向“社区人”转变，固定地从属于单位的管理体制也逐步被“社区制”所取代，由此为社区居民群众的经济生活而服务的社区金融应运而生。因此，研究社区以及探究社区金融需求并给予满足，依托社区发现新的业务热点和效益增长点，将成为一个崭新的课题。

“社区”一词源于拉丁语，意思是共同的东西和亲密的伙伴关系。“社区”一词是由德国著名的社会学家滕尼斯于1881年首先应用到社会学的研究中的。当时，社会上一般把“社区”译为“团体”、“集体”、

“共同体”等，即“由具有共同的习俗和价值观念的同质人口组成的，关系密切的社会团体或共同体”。美国芝加哥大学的著名社会学家罗伯特·E·帕克（Robert Ezra Park）是第一个给“社区”下定义的人，他认为“社区”是“占据在一块被或多或少明确地限定了的地域上的人群汇集”，“一个社区不仅仅是人的汇集，也是组织制度的汇集”。

1882年，法国社会学家Ferdinand Toniest首次提出了“社区”的概念，认为其是以一定地域为基础的社会群体，并将之运用于社会学领域。除了定义中的一定地域和社会人群外，他还认为其应具有一定的组织形式、合理的管理机构、共同的价值观念、行为规范及能够满足各成员物质和精神需求的各种生活服务措施等基本要素。在我国《辞海》（1999年版）中对“社区”的解释是“指以一定地域为基础的社会群体”。

“社区”对于汉语来说是一个外来词。20世纪30年代初，中国著名社会学和人类学的奠基人之一费孝通先生在翻译德国社会学家滕尼斯的著作《*Community and Society*》时，把英文单词“community”翻译成“社区”，此后这一词语被许多学者引用，并逐渐流传下来。从“社区”一词出现开始到现在，人们对社区的概念有不同的认识，并且随着社会的不断发展，对社区概念的理解也在不断变化。因此，出现了很多对社区概念的定义和解释。徐鑫（2006）认为，社区是指有类似文化、生活和行为习惯的人群彼此具有互助和公益性的居住地。钱进（2006）则提出，作为一个介于社会和团体之间的社会实体，社区是人们在一定地理区域内共同学习、工作、生活、栖息的一个有秩序的空间群落和有共同地缘文化、习俗、信仰、价值观念、消费习惯、基础设施、经济社会生活氛围的地域空间。还有一些学者认为，从社会含义的范畴理解，社区是指拥有物业管理公司的住宅小区。因此，他们认为“社区”即特指城市中的住宅小区。

截至目前，人们对“社区”的理解和定义主要分为两大类：一类强调精神层面，即具有共同价值观念的人群共同体；另一类强调地域范围，即在同一区域共同生活的人群共同体。

正是由于社会学者研究角度的差异，所以到目前为止社会学界对于“社区”这个概念尚无统一的定义，但是许多学者一致认为，“社区”这个概念是以一定的地理区域为前提的。1955 年美国著名的学者 G·A·希莱里曾经对已有的 94 个关于“社区”定义的表述作了比较研究。在研究过程中，他发现其中 69 个有关定义的表述都包括地域、共同的纽带以及社会交往三方面的含义，并认为这三者是构成社区必不可少的共同要素。因此，人们至少可以从地理要素（区域）、经济要素（经济生活）、社会要素（社会交往）以及社会心理要素（共同纽带中的认同意识和相同价值观念）的结合上来把握“社区”这一概念，即把社区视为生活在同一地理区域内、具有共同意识和共同利益的社会群体。

近些年，我国的很多社会学家也开始对“社区”进行深入细致的研究，而且对“社区”的理解和认识各不相同。例如范国睿教授认为：“社区是生活在一定地域内的个人或家庭，出于对政治、经济、文化、社会、教育等目的而形成的特定范围，不同社区间的文化、生活方式也因此区别开来”，即是指有共同文化的居住于同一区域的人群。在具体指称某一人群的时候，其“共同文化”和“共同地域”两个基本属性有时会侧重于其中一点。比如“和平里社区”、“四方社区”是侧重其共同地域属性，而“华人社区”、“穆斯林社区”、“客家社区”等则侧重其共同文化的属性。但是无论所指侧重哪边，“社区”一词都是强调人群内部成员之间的文化维系力和内部归属感。

20 世纪后期，无论是在台湾地区还是在中国大陆，有感于过去过度重视宏观经济发展而忽略社区需求的情势，都分别将“社区建设”或“社区营造”提升到政策的层面。在地方组织方面，都开始在小型地缘组织中引入“社区”两字。比如大陆将原来的“居民委员会”改为“社区居民委员会”，台湾地区设立的“社区理事会”等，但是这一举措仍然有很多法律问题没有厘清。

综上所述，作为社会学的一个基本范畴，“社区”一般被认为是“以一定地理区域为基础的社会群体”，国际学术界普遍接受的定义为：由具有特定生活方式及成员归属感的人群所组成的，在一定地理区域范围内发生各种社会关系和社会活动的一个相对独立的社会实体。另外，按照行政规划及地域差异的角度来划分，“社区”可以划分为城市社区和农村社区两大类。大力推进社区建设是我国和谐社会构建的一项基本要求，虽然我国目前还没有对“社区”的概念形成统一的解释，但是当前“社区”一词在我国多特指城市社区，即以居委会为行政依托、以街道为主体的地缘性社会生活共同实体。

总而言之，“社区”是指人们共同生活的一定区域，也成为占有一定地域的人口集中体，它是由五个要素组成的，分别是人口、地域、制度、政策和机构。在现代生活中，社区是我们不可缺少的一个具有综合基础的群众基础机构，并且对我们居住在一个固定区域的居民群体范围内的居民，起着一种媒介桥梁作用；同时，社区还满足我们广大居民群众的一些日常所需起着与社会团体交际沟通连贯的作用，是我们信任的一个群众基础机构，是与居民群众生活息息相关的基层组织。

（二）社区的特征

美国著名经济学家罗伯特·席勒认为，政府应当发展与百姓生活相关的新的金融市场和金融工具，并为新金融秩序的发展创造载体。随着社区金融的逐步发展，它可以成为新金融秩序的载体。

社区是指以一定地域为基础的社会群体，其主要特点包括：地域相同、人群集中、组织形式相同、价值观念相同、行为规范统一以及拥有管理机构，还有各种能满足群众需求的服务设施。

社区金融是指公众对金融的需求以及银行对这种需求开展的针对性活动。社区金融活动的目标锁定在社区，因此有以下一些特征。

（1）拥有明确的目标和专业的服务：重新对市场进行定位，全面调研社区居民或组织对金融服务的需求，为社区提供独特的、便捷的金融服务。

（2）拥有综合性的产品和服务：社区金融就像百货市场一样，客户有不同的服务需求，银行通过为社区提供各种各样的金融产品和服务有效解决各种金融需求。客户可以便捷地开展存取款、理财、咨询、贷款、转账、购买保险和债券、投资基金等金融活动。

（3）提供差异性服务：由于社区性质不同，决定了社区公众或组织对金融产品的需求不尽相同，所以必须开展差异化服务，确保满足社区公众或组织不同的金融需求。

（4）创新与智能性：随着信息化的发展，金融行业可以借助信息化手段为社区提供贴身的金融服务。银行可开展金融创新服务，通过信息化手段开展金融创新服务，为家庭提供购物、存取款、转账、缴费、查询、理财等服务，让社区金融渗透到百姓生活的每一方面。

社区是群众居住、生活甚至工作的区域，与广大居民的生活紧密相连。社区不仅含有居住区，拥有大量居民，还可能包含一些社会组织或单位。例如，在农村有村委会组织，还可能有一些中小企业；在城市里，包含很多街道，每条街道都会有不少机关单位和商店、学校等社会组织。一般来讲，居民的工作、生活、人际交往大部分都是在社区内开展，广大居民通过不断接触形成共同的认识和对社区的认同感，并逐步建立对社区的归属感，使社区形成互帮互助的良好氛围，给大家营造了家的感觉。因此，对于大部分人来说，社区成为个人成长、进步、建立和谐邻里关系的重要组成部分。

社区就是地方社会或地域群体，与一般的社会群体不同。一般的社会群体通常都不是以一定的地域为特征的，而社区的一大特点就是具有特定的区域。概括起来讲，社区具有以下一些特征。

（1）有特定的地域界定：对于美国、新加坡等这些已基本完成城市化的国家来说，其可以从社会公共管理的角度来对社区进行简单界定，认为其就是居民住宅小区。然而，对于幅员辽阔、层次多样、城乡及不同地区间经济文化发展水平差异很大的我国来说，城市居民住宅小区的界定则过于狭隘。由此可见，我国的社区本身就具有地域性，并且地域的意义十分广泛，即它并不是一个被严格界定的地理概念，也不完全等同于我国的行政区划，它既可以指一个地区、一个城市、一个县、一个村镇，也可以特指城市或者乡村居民的聚居区域。

（2）有一定数量的人口：社区是以聚落作为自己的依托或物质载体的。人类寻求比较理想的居住场所和各种活动的基地，是根据自身生存和发展的需要来决定的。从历史的发展演变来看，人类的居住地逐渐由临时、移动向着固定、永久的方向转化。由于人类生活的群体性和社会性，逐步形成了以多幢房屋组成的居住点——聚落为主体的居住生活方式。例如，我国城乡的聚落形式有村落、集镇、县城和城市等，它们都是社区的依托和物质载体。目前，我国95%以上的城乡人口都是定居于或集中于各种类型的聚落之中的。

（3）有一定的聚集性和自治性：社区是社会经济活动聚集的产物，经济活动的聚集必然伴随人的聚集、住宅的聚集、社会组织的聚集、公共设施的聚集以及政治权力的聚集。随着我国社会主义市场经济的不断完善，崭新的公民自治性社区已经逐步取代传统的行政管理性社区，这也是社会发展的必然。社区行政性功能的逐渐弱化，业主和居民对社区的自主管理性功能不断增强，这是当前我国所大力提倡和鼓励的，也是当前我国社区发展的大势所趋。因此，从严格意义上来讲，按照我国社区所执行的原则，城市的基层组织是自治组织，是群众自我管理、自我服务的组织。

（4）居民之间以及居民与社区之间关系紧密：社区可大可小，可以小至一个村庄，也可以大到一个城市。由于社区内涵中限定了一定的区域，因而一定社区范围内的社会区域一般都会具有相同或相当的经济发展水平，并且其社会经济群体间还会存在着紧密的经济关联性，社区里的居民群众往往也会表现出类似的文化特性，并且一般会表现为相近的信仰、价值观、生活习俗及消费习惯等。

以上就是社区所具有的主要特性，充分地理解和掌握社区的种种特性，能够帮助我们正确认识和解决我国当前社区建设和发展中面临的一些问题和困境，对于我国社区的建设和发展大有裨益。

（三）社区的特点

作为社会学的一个基本范畴，社区一般被认为是“以一定地理区域为基础的社会群体”，国际学术界普遍接受的定义为：由具有特定生活方式及成员归属感的人群所组成的，在一定地理区域范围内发生各种社会关系和社会活动的一个相对独立的社会实体。按照行政规划及地域差异，社区可以划分为城市社区和农村社区两大类。大力推进社区建设是我国和谐社会构建的一项基本要求，虽然我国目前还没有对社区的概念形成统一的解释，但一般而言，社区一词在我国当前多特指城市社区，即以居委会为行政依托、以街道为主体的地缘性社会生活共同实体。本书所研究的社区问题则突破了这个界定范围，结合我国当前经济现状的多样性和复杂性，融合了城市和农村两大类社区类别，按照我国行政区域划分，分为村镇、县城及城市三个层次，将“社区”定义为在村镇、县城及城市里，在一定地域基础上所形成的具有一定经济相关性和文化共识性的社会生活共同体。社区有以下基本特点。

1. 区域性

对于那些已基本完成城市化的国家，如美国、新加坡等，其可以从社会公共管理的角度来对社区进行简单界定，认为其就是指居民住宅小区。然而，对于幅员辽阔，城乡及不同地区间经济文化发展水平差异很大，层次多样的我国来说，城市居民住宅小区的界定则过于狭隘。因而，我国的社区本身具有地域性，并且地域的意义十分广泛，即它并不是一个被严格界定的地理概念，也不完全等同于我国的行政区划，它既可以指一个地区，一个城市、一个县、一个村镇，也可以特指城市或者乡村居民的聚居区域。

2. 经济相关性和文化一致性

由于社区内涵中限定了一定的区域，因而，一定社区范围内的社会区域一般都会具有相同或相当的经济发展水平，并且其社会经济群体间还会存在着紧密的经济关联性，而其公众群体也通常会具有类似的文化特性，并且一般会表现为相近的信仰、价值观、生活习俗及消费习惯等。充分理解社区的这个特性，能够帮助我们正确认识和解决我国当前社区建设和发展中面临的一些问题。

3. 生活共同体

在国内外，所有关于社区的界定中，最后落脚处都是将其定义为生活共同体，即社区是在某个特定区域内的社会群体在生产生活过程中产生各种联系的实体，在指出其是一个社会实体的同时，还特别强调其成员间相互之间的各种关系。

（四）社区的类型

一般来说，根据功能特点，社区可以分为以下几种类型：一是根据生产力水平，把社区分为发达和不发达社区；二是根据社区所具有的社会功能，把社区分为生活区、商业区、工业区等；三是按照社区所属的地理环境，把社区分为平原社区、山区社区等；四是按社区内部的组织形式，把社区分为整体社区和局部社区；五是按社区成员的互动关系分类，把社区分为具体社区和抽象社区；六是按经济结构、人口密度、人口聚集规模等多元标准分类，有农村社区、城市社区以及集镇社区。根据上述分析，社区具有多种属性，但是最基本的分类方法是把社区分为乡村社区和城市社区。

在乡村社区中，居民往往从事农业以及与农业相关的活动，随着经济的发展以及社会不断进步，乡村社区逐步改变传统的农业相关活动，转向开展各种各样的商业活动，丰富了乡村社区的文化，提升了乡村社区的水平。城市社区则具有人口密度大，生活、工作相对集中的特点，这些特点为城市社区开展工商业活动提供了便利条件。由于城市社区的这些特点，为了方便社区管理、优化行政职能、完善配套服务，以及对城市社区的功能划分更加明确，一般城市会把社区划分为居住区、工业区、旅游区等特征明显的各种功能分区。

因为我国幅员辽阔，地域宽广，不同地区经济发展水平具有很大的差异性，所以即使在同一省级区域范围划分中，也会同时存在村镇、县城及城市三种不同经济发展层次的社区类型。前文强调过，社区并不是一个严格限定的地理区域概念，而是与行政区划相关，根据经济状况相关性和文化一致性人为划定的空间范围。因而，从经济发展水平决定金融需求的分析角度，根据我国各个区域的经济发展水平，社区可以划分成村镇社区、县城社区及城市社区三种类型：

表1－1　我国社区类型分类标准

类型	定义	生产方式特点	金融服务需求
村镇社区	村庄、集镇和县城外的建制镇	农村：种植业和养殖业为主，小城镇：手工业和简单贸易为主，部分乡镇工业、小商业为辅	存取款、支付结算、小额贷款、小额合作、投资服务、理财
县城社区	县城、自治县城和县级市	以制造业和商业为主，但发展水平大大低于城市	存取款、支付结算、小额贷款服务，及不具规模效应的投融资、保险和其他理财需求
城市社区	地级市、自治州以上的大、中城市	以制造业、商业、服务业为主，产品和服务的附加值大大高于农村	存取款、支付结算、小额贷款、保险、创业、合作投资、个人证券投资、个人贷款及其他个人理财需求

上表的划分依据主要考虑到以下因素：将农村社区与小城镇社区合二为一是由于农村与小城镇的经济水平较为接近，同时基于我国目前推行的“农村人口向城镇集中”模式；而县城和县级市的生产方式与金融需求大大不同于村镇，局限于其较低的居民收入水平，不足以产生与城市相同的金融需求种类和层次，因而须作为一个单独类型；城市社区包括除居民外更多的社区主体，如中小企业及其他经济组织和社团等，经济收入水平也远高于农村主体，因而具有自己的特点。此外，要注意的是，由于我国不同地区同级别行政区域的经济发展水平差异性大，虽然以上村镇、县城、城市三种社区的划分与行政区划有一定关系，但却不一定与其完全一致。如我国东部沿海地区在行政区域上划分为小城镇的部分区域，由于其经济发展水平较高，因而在进行社区金融分析的时候，可将其归为县城社区，甚至是城市社区。

（五）社区的功能

社区的功能有以下几个方面：

（1）管理功能：管理生活在社区的人群的社会生活事务。

（2）服务功能：为社区居民和单位提供公共社会化服务。

（3）保障功能：建立社区公共医疗服务系统，救助和保护社区弱势群体。

（4）教育功能：提高社区成员的文明素质和文化修养。

（5）安全稳定功能：强化自治与社会治理，健全法制化管理系统，化解各种社会矛盾，保证社区居民生活与生命财产安全。

为了维护社区的各种行政管理和服务，促进社区的稳定，社区内部设置不同形式、不同类别的管理机构和服务机构，例如政府部门、社区居委会，这些机构负责社区内部的各种事务，维护社区安定团结，并为社区各种单位、学校、医院等提供种类多样的服务。在我国农村，社区功能相对单一，一般基层社区管理机构是村民委员会；而在城市，社区功能复杂多样，企事业单位较多，对社区管理和服务的要求更高，基层社区管理组织则是社区居民委员会。

一般来说，社区各种管理和服务机构的主要功能是为社区发展提供多种多样的服务。例如，社区可为居民提供家电维修等方面的生活服务；

可以为社区提供体育活动、文艺活动等方面的服务等。这些服务涵盖了居民居住、生活、出行、学习、医疗等所有方面，方便了居民在社区的生活和工作，为社区稳定和健康发展提供了保障。

（六）社区经济发展

社区与广大居民群众的日常生活息息相关，社区经济也与广大居民群众的利益相关。社区经济可以对社区内部各种经济成分进行资源整合，使各种经济成分成为服务于社区的利益共同体，形成一种新的经济生产方式，更好地为广大居民群众服务，并且带动社区乃至更广区域的经济发展。社区经济所提供的管理和服务不是一成不变的，它们随着社会的发展以及人们物质生活和精神生活水平的提高而不断改变。因此社区经济的发展首先要考虑社区居民的最基本需求，围绕居民日常生活和工作需求开展一系列管理和服务工作，并根据社会的发展情况，适时提高服务内容，服务层次可以由低到高逐步提升，服务功能也可以由单一的服务提高到多功能的服务。社区经济的特性促进了社区的建设，使之成为整个社会经济的重要组成部分，也为社区的长久发展提供了保障。

由于社区的概念在我国兴起比较晚，人们对社区的认识不足，再加上受到传统经济体制的制约，人们对社区的认识存在着偏差。对于社区内部成员来说，人们往往单纯地把社区看作居住的场所，忽视了社区其实是一种利益共同体，从而缺乏对社区的关注。当地政府和社会组织对社区的认识也只是局限于对社区各种事务的管理职能和服务职能，没有考虑社区是一种利益共同体，从而使社区发展始终处于被动地位。

改革开放以来，这种状况有了很大改观，政府和百姓都逐步认识到建设和完善社区的重要意义。在现代社会中，社区服务业具有投资小、吸收能力大的特点，社区服务业吸纳了大量的劳动者，为广大居民提供了大量的就业机会，为社会经济发展作出了贡献。随着社会的不断发展，广大居民群众逐渐由“单位人”向“社区人”转变，广大居民更加重视社区的各项管理和服务，对社区功能的需求更加多样化。政府对社区的发展也越来越重视，通过实施一系列政策或开展一系列活动促进社区的发展，为广大居民的居住、生活和工作等提供便利。目前，使居民走向生活富裕、为居民提供便利的发展条件和促进社区经济发展，成为衡量社区建设好坏的重要标准。

根据目前社会经济的发展状况，发展社区经济要以满足社会需求、完善社区管理和服务为目的，发展过程应包含以下内容。

（1）重视居民对物质生活和精神文化的需求，为居民生活和工作提供全方面的服务。为满足社区居民的各种需求，应重点关注需求量大、投资少、效益高的项目，通过加大投入，拓展社区居民的服务范围，并把发展社区服务作为社区经济的一项重要环节。应时刻关注广大社区居民的各项生活需求，服务人群要涵盖老、弱、病、残、孕等，服务内容要重视居民在文化娱乐、医疗保健、法律咨询、中介服务等方面的需求。

（2）重视基础管理，发展基础管理产业。随着中国城市化进程的加快，居民对城市各项管理和服务要求更高，居民对城市内的环境、卫生、教育、医疗、绿化、治安等要求越来越高，这就要求政府转变职能，提高管理水平，增强服务意识，改进原有体制，为社区发展培育优秀的管理机构和服务机构。

（3）推动社区多种产业发展，增加税收。社区应认识到调整产业结构对社区经济发展的作用，在社区范围内努力发展第三产业，同时鼓励个体和私营经济发展，鼓励各种所有制企业、不同规模企业的发展，为这些企业提供发展的便利条件，以达到促进社区经济发展的目的，创造社区经济的发展特色。

（4）重视能吸纳大量劳动力的产业发展。劳动密集型企业或者第三产业能吸纳大量的劳动力，成为扩大再就业的渠道，政府应为这类企业提供更好的便利条件，让这些企业吸纳下岗职工和失业人员，为这些人员提供生存途径，实现社区的稳定。同时鼓励下岗职工和失业人员自谋生路，鼓励他们创办各种经营灵活的服务性企业，并为他们提供各种政策支持、咨询服务等。还应鼓励社区企事业单位为社区下岗和失业人员提供就业渠道，发挥社区经济吸纳大量劳动力、促进再就业的作用。

随着社会经济的快速发展，我国在社区建设方面也取得了一系列的成就，但是由于各地经济发展不平衡和产业结构的差异，使得各地区的社区经济发展具有很大的差异性，部分地方的社区经济发展出现了一系列问题，例如部分社区经济发展缓慢、结构不合理或结构单一，究其原因，主要有以下几方面。

（1）街道和社区的责权利不统一。随着社会的进步，政府越来越重视社区的建设和发展，为了促进社区的发展，把很多权限下放到了基层，使社区有足够的职能发展经济，从而达到改善民生的目的。但是由于各地对社区和街道的认识不一样，不能充分行使行政职能，浪费了政府下放的权限，致使社区发展不平衡。居民由于得不到应有的服务，也对社区管理和服务产生了质疑，影响了社区的发展和社区群众的团结。

（2）政府部门对社区的支持力度不够。由于我国社区发展的时间短，同时又受传统思想的影响，一些部门和个人对社区工作不支持，行政权力不及时下放，对于出现的问题也不及时处理，存在严重的拖拉现象，甚至还出现了吃拿卡要等违规现象。但是，由于不断加大社区宣传力度，很多企事业单位和个人都认识到了社区发展的重要性，开始转变观念，支持社区经济的发展。

（3）社会对社区的概念存在误解。社区的概念在我国起步晚、发展慢，受传统观念和计划经济体制的影响，社会民众对社区的认识还停留在计划经济时代，对社区的概念还停留在宣教式的管理上，当社区发生问题时，对社区工作不支持，甚至有抵触情绪。对于企业来说，由于社区经济是新兴产业，起步晚、见效慢，所以企业更愿意把资金投入到其他方面以获得更高的经济效益。

（4）社区工作人员的观念和素质有待提高。市场经济时代要求所有人都必须转变观念，变被动为主动，但是由于部分社区工作人员认识不到社区经济发展的需求，还无法完全转变观念，他们对于社区经济的发展、政府的经济政策、社区管理体制等缺乏充分的认识，因此不能为社区发展提供更好的咨询、管理和服务。这就使社区居民、企业对社区管理和服务失去信心，造成社区经济发展停滞不前。

综上所述，为了更好地发展社区经济，促进社区经济建设进入良性发展轨道，需结合我国社区经济的现状，着力做好以下一些工作。

（1）统筹规划，协调发展。社区建设应结合国家政策和社会经济发展状况，制定完善的近期和远期社区发展规划。社区建设要与城市建设相融合，建设内容应主要考虑能大量吸纳劳动力的第三产业；还应根据社区的地域特征，对社区建设进行市场定位，明确社区建设的主要目标和服务类型，保障社区建设能够顺利进行。

（2）政策引导，政府扶持。要认真研究政府关于社区发展与规划的相关政策，结合政府政策和自身发展情况制定发展规划，同时调研各地社区的建设情况，对先进经验加以借鉴。对于计划实施的社区建设，政府应出台一系列优惠政策，在资金、人员、咨询、规划等方面给予支持。对于能吸纳大量劳动力特别是吸纳下岗职工和残疾人群体的产业要给予更多的优惠政策。在加强社区基础建设的同时，社区管理和服务机构还应提升管理和服务水平，为社区居民创造和谐稳定的社区环境，为社区经济的发展和社区软硬件环境的提升创造良好的条件。

（3）推进社区服务产业化进程。社区经济发展离不开社区服务，社会经济的变化要求社区服务走向产业化，这也是社区发展的内在动力。社区服务产业化可以有效地带动多种行业的发展，促进社区建设的可持续化。要坚持走市场化的道路，让社区服务跟随市场不断进步，按照市场需要不断更新服务形式和服务内容；还要坚持多措并举，鼓励国营、民营企业以及各种服务型组织投入社区服务建设，为社区发展提供良好的条件。

（4）加大企业的改革力度。社区内部的企业应适应市场需要而不断进行结构调整，通过完善企业管理、提升产品质量等提升企业在市场上的竞争力；对于内部不适应市场需要的企业，要及时转变观念，适时进行改组、改制，通过改革盘活资产，提升企业的活力，带动社区经济的发展。

二、社区金融概论

关于“社区金融”的内涵，国内外尚未形成统一。本节通过借鉴和分析国内外关于“社区”、“社区金融”、“社区银行”的概念，提出了“社区金融”的内涵，并分析了相关概念之间的基本关系。

根据《中华金融辞库》（1998 年版）的解释，“金融”可以理解为既涉及货币又涉及信用的所有经济关系和交易行为的集合。从这一解释中可以看出，金融的范围不但包括以信用为基础的借贷、担保等资金融通行为，也包括其他与货币有关的资金交易行为，如存取款、资金结算、证券投资、保险等。具体到社区金融，虽然存在一定的特殊性，但也应服从上述对金融的界定，并能够体现社区公众对金融服务的真实需求。社区金融是商业银行为扩大业务而实施的一项金融零售业务，它的业务范围面向社区，通过社区将银行的零售业务推向社区居民，进而影响社区经济并辐射周边社区。商业银行的服务对象是个人，服务内容包含存取款业务、贷款业务、投资理财业务以及金融咨询业务等。目前由于受到国家政策、商业环境等不利因素的影响，银行零售业在发展过程中出现了不少问题，推行社区金融这一模式，可以在一定程度上缓解市场上不利因素的影响，也可以促使银行完善服务内容、规范服务体系，以适应不断变化的金融市场。社区金融可以建立社区银行，推动建立社区真正意义上的居民自己的自治的社区银行，这样既可以推动商业银行的改革，也可以帮助商业银行开拓市场。银行通过对市场上特定的客户进行调研分析，明确客户需求，再通过推行针对性的服务和产品，吸引社区居民参与金融零售业务，促进社区经济建设。总的来说，社区金融通过银行等各种服务机构和完善的服务项目，为社区居民的工作和生活提供了便捷的服务，所推行的金融产品和金融业务，在一定程度上满足了社区居民的金融需求，促进了社区经济的发展。

（一）社区金融的内涵

关于“社区金融”，国内外学者尚未有统一的定义。一些学者曾经在研究“社区银行”的著作或论文中提到过“社区金融”，或者就社区金融在缓解中小企业融资难、基层金融服务“空洞化”等方面进行分析，但是都没有进行系统的研究和分析。美国知名经济学家罗伯特·席勒曾提出：当前的金融市场、金融组织及金融工具等不应成为社会的主流，政府和学者们应从与百姓生活密切相关的角度出发，致力于新型金融产品的研发、新型金融市场的培育及新型金融秩序的开创，而这种日益兴起的“新型金融”的典型代表就是“社区金融”。

同时，关于发展“社区银行”的思考和探索一直是一项重要的课题，受到学术界和金融界的关注，在国家相关金融机构的“十二五”发展规划中，提出了民营银行的试点，同时也开始关注社区金融的发展，开始探索社区金融服务组织的建设。预计在今后的金融行业发展过程中，社区金融服务组织将会成为继农村金融机构改革之后的又一个亮点。

伴随着“社区金融”概念的传入，我国的专家学者们也都发表了自己的观点。比如，国内学者高宏华等人认为：“社区金融”是以一定区域范围内生活的居民为服务对象，通过探索社区需求并为社区居民提供金融服务的活动；梁贵民则认为：“社区金融”是对传统银行业务的继承、发展和创新，银行需要引入证券和保险行业的合作，社区金融业务以个人理财业务为重点，通过进行账户管理，综合拓展各项金融业务；刘小平则将“社区金融”定义为社区居民或组织所产生的诸如存取款、保险、信贷、投资理财等一切金融需求，以及银行为满足这些需求而推出的金融产品和推行的服务；杨世坤认为：发展我国社区金融，要树立全新的现代商业银行经营观念，加大金融创新力度，提高产品科技含量，加强客户关系管理，注重个人信用制度的建立，同时要想保证社区金融的顺利发展还必须建设一支优秀的客户经理队伍；中国人民银行岳阳市中心支行课题组曾提出：“社区金融”是为了解决区域性相同产业集群、“三农”经济、城乡居民等临时性融资困难，按照自愿、平等、互利原则集结和调剂民间闲置资金，并为会员提供融资服务的松散型民间经济组织，是正规金融的有益补充；钱进认为：社区金融是作为适应和满足社区需求的资金融通过程而产生的，其当务之急是完善银行监管、存款保险、利率市场化等制度建设，并且建立良好的信用环境，来满足社区里的居民群众和中小企业等经济主体的资金需求，并以此为主要依据来提供各种金融业务、产品和服务。另外，根据“实事求是、因地制宜”原则来设立社区银行、信用社等主要金融机构，以满足社区金融的发展需求，从而促进社区经济持续稳定的发展。

另外，专家认为，正是由于社会经济的不断发展和居民生活需求的多样化，“社区金融”才得以出现和发展。金融机构通过实施客户经理制，建立为公众进行投资理财的理念，利用各种新型技术产品，开发金融产品和金融服务，为居民和组织提供优质的全方位的服务。为了加强社区金融与社区的融合，一些金融机构甚至联合开发商共同推出一系列具有现实意义的金融产品和服务。因此，“社区金融”与一般意义上的“社区银行”不同，有效地整合了银行、开发商及社区业主的供给及需求，能够提供全功能的银行业务，并满足其在银行、证券及保险等方面的需求。例如，银行提供企业授信、结算、外汇业务及面向业主的储蓄存款、消费信贷、居家理财、代收代付等各项业务。“社区金融”首要的目标是可以构筑在稳定、可靠的信用条件下的金融运行环境，重建市场经济的信誉机制；其次，是为某一个社区固定的客户提供金融产品与服务，从而为其实现个性化、多元化、网络化的需求提供了有效的基础和条件。有一位专家曾形象地概括了“社区金融”这一模式，即东方亲情信誉加西方商业信誉。

对于“社区金融”的悄然亮相，中国社会科学院现代化研究中心的何传启教授认为，“社区金融”代表了人类社会的发展方向。何传启教授曾指出，人类的群居生活大体上可以分为三个阶段：第一个阶段是以血缘为基础的农村生活方式，目前中国农村的大部分地区依然是此种生活方式；第二个阶段是以经济关系为主的城市生活方式，人与人的关系主要是经济关系；第三个是社区生活阶段，社区已不仅仅是简单的经济、地理单元，而是人们文化与价值取向的单元，概括来说，社区是拥有相同文化及价值取向的人所选择的特定生活区域。随着社会经济的发展，未来会有越来越多的人生活在社区中，抓住了社区就抓住了社会的基本单元，我们只要能满足文化取向相同的群体的需要，就会赢得商业信誉。东方的亲情信誉与西方的商业信誉相结合是“社区金融”的一个很好的模式。另外，全国人大常委会民委主任冯之浚教授也指出，目前中国最大的危机是信用的危机，房地产业同样面临这个问题，如果能在社区内建立起新型的信用机制，将是社会发展的一大进步。

有关“金融”的理解和定义，我们可以参考《中华金融辞库》（1998 年版）里的解释，即“金融”可以理解为凡是既涉及货币，又涉及信用的所有经济关系和交易行为的集合。由此可见，金融的范围不但包括以信用为基础的借贷、担保等资金融通行为，也包括其他与货币有关的资金交易行为。比如，存取款、资金结算、证券投资、保险等。具体到“社区金融”来看，虽然它具有一定的特殊性，但也应服从上述对金融的界定，并能够体现社区公众对金融服务的真实需求。

从某种意义上来说，市场经济的发展过程也就是金融经济的发展过程，金融服务遍布于现代经济生活的各个方面。社区居民群众是一个庞大的消费群体，因此撬动这个庞大群体的消费需求是一项非常重要的工作，这对社区经济的建设和发展具有促进作用。社区居民群众的消费需求也为金融市场提供了巨大的商机。把社区作为金融业的市场，将会促进金融业的发展，促使金融业专注于开发新兴市场，提出更加具体的发展战略。因此，"社区金融"不仅仅是客观存在的经济现象，也是金融机构顺应市场经济需要、完善发展战略、开拓市场的必然选择。由此可见，建设和发展社区经济非常重要。社区金融是银行为社区提供产品和服务的桥梁，它通过多样的金融产品和金融服务为社区居民提供优质的服务，满足社区居民多元化、个性化的金融需求。

随着社会经济的快速发展和财富效应的不断扩散，社区多样化的金融服务需求越来越旺盛。商业银行广泛开展社区金融业务不仅是健全和完善我国金融业的需要，而且对商业银行自身的稳健发展具有战略意义。然而，对于社区金融这一新生的事物，银行应该如何应对和介入，尚是一个亟待探讨的问题。

简而言之，"社区金融"就是指社区居民及组织的金融需求和金融机构为满足这些需求而开展的一系列活动。近年来，随着社会经济的发展，国家加快了城市化进程，不断实施经济结构调整，城市管理更加重视社区建设和发展，管理的重点转向了社区。由于社区的数量和人口密度逐渐增大，由此造就了一个庞大的经济消费群体。社区经济应运而生，如雨后春笋般迅速崛起，且在整个经济生活中的地位和作用日益凸显，社区金融业务逐渐兴起，目前社区金融已成为各家金融机构竞争的焦点。

银行和银行网点要加强与社区的融合，形成对社区的归属感，如果不能与社区的文化环境相适应，就很难受到社区公众的真心欢迎，也不能扩大营销。美国麦当劳快餐店为了融入社区，积极地参与社区活动，与街道组织和学校建立特殊关系，给优秀学生颁发奖学金，向附近学校新生赠送文具，甚至派员工协助交警执勤，努力把自己塑造成中国本土的快餐店。这一案例给银行的启发是很大的，应引起高度关注。

随着我国社会经济的发展，金融体制发生了巨大的变化，政府鼓励金融体制改革的同时，还鼓励发展民营（私营）银行，尤其重点关注私人金融业务的发展。商业银行为抢占市场争相介入私人金融业务，商业银行通过建立统一的私人金融业务网络，以及在全国范围内设置庞大的销售渠道，抢占私人金融业务市场，并通过创立大量的金融品种吸引广大客户，从而形成私人金融业务网络。商品、客户群、销售渠道是影响私人金融业务发展的重要因素，但是由于目前私人金融业务发展不完善，存在产品定位不准确、客户群难以明确、产品创新能力弱、市场占有率低等问题，并且各商业银行的产品和服务雷同，易于模仿，因此目前的当务之急是商业银行应明确市场定位，通过不断改进金融产品和服务提高市场占有率。社区是组成社会的基本单元，也是城市发展与建设过程中的重要组成部分。社区拥有大量的居民，这就意味着居民有各种各样的金融需求，因此，可以说社区拥有丰富的客户资源。根据某项调查研究显示，2002 年初我国个人储蓄余额达 8 万亿元。对于社区投资与消费方面，目前社区金融行业还处于起步阶段，还面临着很多挑战和机遇。因此，商业银行如能顺利进入这一新兴市场，建立良好的产品和服务，占领庞大的消费群体，就能在社区金融行业的竞争中取得优势。

综上所述，社区金融是金融行业发展的一个重要方向，是商业银行开展私人金融业务的发展战略，它有以下一些特点。首先，推进社区金融业务可以促进商业银行重点投入产品开发和服务提升，通过多种多样的销售渠道，在“以客户为中心”服务理念的指引下，促使产品营销更加贴近市场。其次，发展社区金融业务有利于对销售渠道进行梳理，金融机构可通过调整营业网点规模和服务优化资源配置。再次，发展社区金融业务有利于建立庞大的客户群，商业银行可以通过实施一系列方案或措施细分客户群，有针对性地进行营销。此外，社区金融经济的发展，可以促使商业银行和政府、企事业单位等建立良好的协作关系，为商业银行的经营发展夯实基础。

从社会范畴来看，我们通常对社区的认识是指居住小区，它拥有一定的区域和管理与服务机构，通常的管理和服务机构为物业管理公司，这也意味着社区的出现与住宅小区的投入有很大关系。与传统观念上的住宅区不同的是，社区内部各项事务由专业的物业管理公司进行管理和服务，且物业管理公司受业主委员会的监督。这种发展模式充分发挥了社区在提供全方位管理和服务方面的作用，促使社区管理和服务更加专业化。

从上面的论述中可知，“社区”具有满足成员物质和精神需求的各种生活服务设施。“社区金融”则是指社区居民及组织的金融需求（包括存取款业务、证券交易业务、保险业务等）和银行为满足这些需求而开展的一切活动。因此可以认识到社区金融的概念包含两个方面，一是对市场的定位——社区作为一个重要的金融市场，对金融服务的要求具有多样化的特点，如果能认真分析市场并实施一系列政策，明确市场定位，就有机会占有市场。二是银行业务流程的更新与改进——社区的存在就意味着存在大量的商机，银行通过优化业务流程，改进原有体制，制定服务于社区经济的政策，就有机会在这个市场上取得先机。

针对我国目前的实际情况来看，“社区金融”还是一块处女地，还需要政府和全体的社会成员加以重视和努力。“社区金融”意味着以社区发展和社区升级为目标，需要提升不同类型社区金融机构的业务能级和业务集成能力，为社区居民提供有效的金融服务。建设和发展“社区金融”不仅能够为社区居民群众和组织提供一切金融需求，还能促进银行有针对性地开展相关金融活动，而且还是我国社会经济一个新的增长点。

（二）社区金融的特征

当今社会，随着世界经济发展的不断融合和我国社会经济体制的改革，城市管理越来越规范化，我国也在经历社区“社会制”的转变，社区逐步取代原有的单位管理模式，在整个经济生活中发挥更加重要的作用。社区发展过程中，对社区金融服务的需求越来越大。很多金融机构嗅到了商机，纷纷投身到社区金融服务中。新兴的社区金融与传统的银行金融模式相比较，有以下一些特点。

1. 社区金融建设是品牌建设

在西方经济发达国家，由于社区金融发展起步早，政府支持力度大，现在已经取得了很大的成就，社区居民和组织可以方便快捷地享受社区金融服务。而在我国，社区金融是一个新生事物，起步晚，政府的政策支持力度还不够大，社会对社区金融的概念也不明确，造成社区金融发展缓慢。从社区金融的定义上来说，社区金融为社区居民提供丰富的产品和服务，并向社区居民推销一个品牌。从产品服务来看，社区金融改变了以前金融机构固定在柜台服务的常规做法，开始走向社区，主动寻找目标客户，主动开展营销活动。因此，要大力发展社区金融服务，必须改变金融机构的工作思路，建立全员营销的理念，号召大家走进社区，走到社区居民面前，了解居民生活的各个方面，并有针对性地提出金融改革方案，实现为社区提供优质的、多元化的服务。

以银行为例，我国传统的金融机构发展过程中，受官本位思想的影响，加上社会经济发展处于低级阶段，金融产品单一，消费者对金融方面的需求也较少，所以银行不会着重宣传自身的产品和服务，更不会走到社区推销产品和服务。但是，随着社会经济的迅猛发展，金融市场的竞争日趋激烈，银行为拓宽业务不仅提高了服务质量，还开发了很多金融产品以吸引消费者。而应运而生的社区金融，本身就要求银行走到居民中间去深入地开展营销活动。社区金融的发展促使银行不断更新产品和服务，银行通过开展类似理财讲座、金融管理、金融产品使用等课程，不断加强金融产品和服务的宣传力度，以满足社区居民的金融需求。经过改革，银行周到的产品和服务吸引了大量社区居民参与，让社区居民切实感受到了社区金融的方便与快捷。因此，社区金融要与社区相融合，就要求银行必须适应新形势，改变传统的经营理念和管理模式，通过不断更新产品和服务以适应市场发展的需要，实现产品营销的多样化，实施以客户为中心的发展战略，为社区居民提供综合性的、高层次的服务。

2. 社区金融产品丰富多样

社区金融的发展过程，经历了单一产品到多功能产品和服务的过程，经历了官本位工作作风到以客户为中心的工作作风的转变过程，还经历了从仅有的柜台式服务到现在的综合性、多功能服务的过程。社区金融发展过程中以人为本、以客户为中心的经营理念促使银行与客户之间的联系更加紧密，金融机构为更好地吸引消费者，对金融产品和服务进行了革新，让消费者享受到一站式服务。例如，消费者可以像逛超市一样在金融机构进行存取款、信用卡申请、理财咨询、消费贷款、银证转账等活动。另外，社区金融为不同的客户提供了个性化的服务，例如，为个人提供理财建议、代理开展保险公证等手续的办理，消费者可以在金融机构方便快捷地购买金融产品或者代理产品。这一方面为消费者提供了大量商品信息，让消费者能在“金融超市”尽情地选购商品；另一方面一站式的服务功能，为消费者节约了大量的时间。这些都是社区金融能吸引大量消费者的因素。总之，社区金融的建设离不开“以客户为中心”的理念，只要消费者有金融方面的需求，银行就应该千方百计地开发产品、提升服务质量。

另外，“居家银行”也是社区金融建设的一项特色，使得居民能够足不出户就可以办理一切业务。它主要是依靠科技手段，通过网上银行、电话银行将金融业务与家庭生活紧密连接起来，通过社区金融平台，居民可以在家方便快捷地开展存取款、转账汇款、缴费、账务咨询、理财指导等业务。社区金融还为客户提供网上自助业务，让客户足不出户就能申请各类卡证，办理各种现金业务。

3. 社区金融能提供人性化服务

社区金融，顾名思义就是为社区里的居民和组织提供一切金融产品和服务。由此概念可以看出，社区金融的服务对象是社区居民，一般来讲，社区人员稳定性强，对金融产品的需求也较大，能占有社区金融市场，会给金融机构带来巨大的效益。社区金融机构应利用社区的这些特点，开发多样化的产品，针对社区居民实施全方位的服务。例如，金融机构通过对社区以及居民进行考察，了解客户的工作和生活状况，有针对性地为客户提供产品和服务，促使金融机构与客户之间建立一种比一般大银行更加熟悉的关系。在服务层面上，社区金融机构应采用开放式的经营方式，为客户提供温馨的服务环境。例如一些金融机构在营业厅划出专门区域，装修如居家的感觉，为客户提供点心，并配置茶和咖啡，让客户选购产品的同时可以享受美食。在工作闲暇，金融机构的工作人员主动与客户沟通，以增加客户对金融机构的信任感。在客户服务上，社区金融机构还为客户提供开办个人账户服务，在开户之后，金融机构会定期为客户寄送账单，让客户及时了解自己的财务状况；还会为客户寄送金融产品信息，让客户足不出户就能及时掌握金融动态。另外，金融机构还会通过举办客户活动，为客户不定期参加游乐活动、会议等。

根据社区金融的定义和上面的论述，我们可以得出社区金融的基本特征主要有以下几方面。

(1) 目标明确、服务定向。前文分析过，社区金融的服务对象主要包括社区居民、中小企业及单位组织等，由于这些个体与组织都是生活在同一个社区范围内的，他们在生活和工作之间就具有紧密的经济关系、社会联系及文化一致性。因而社区金融机构的服务目标明确，可以从市场细分和定位的角度，立足于整个社区，通过全面调查，了解并分析这些服务对象的需求后，定制个性化的产品和服务。

(2) 提供的产品和服务具有外部性和综合性。社区金融产品可以被看成是准公共产品，能够给社区居民、企业及单位组织提供全面的金融服务，具有真正的外部效益；还能够针对社区金融需要，解决一揽子问题。另外，根据市场运营的规律，社区金融机构还应当兼顾社会效益。从政府的角度出发，不仅要出台并实施税费减免、财政补贴等鼓励及支持政策，积极引导社会金融发展，还需要进一步发挥其组织领导和协调作用，积极参与社区金融的构建工作。总而言之，社区金融服务应该像超级市场一样为客户提供存取款、结算服务、理财咨询、保管箱、消费贷款、转账服务、代理收费及保险购买、债券、投资基金等各种各样的金融产品和服务，让客户称心如意地选购，以满足客户各项需求。

(3) 产品和服务差异性。由于不同社区主体具有不同的金融需求，因此金融机构为客户提供的金融产品也应当根据实际的金融需求而有所不同，以适合各个社区的差异性需求。

(4) 创新性与智能性。随着信息化的快速发展，现在许多社区都实行了信息化。现代化信息科学技术进入到社区后，要想使金融产品和服务贴近社区，其产品和服务的创新就必须根据社区居民的需求来进行，在必要的时候可以进行业务流程再造，通过采取技术密集与信息密集相结合的手段，立志为客户提供高科技、便捷化和个性化服务。譬如开通网上银行、电话银行等，让金融渗入到百姓生活的方方面面，将金融与家庭生活中的购物、存取款、转账缴费、账务查询、理财指导等经济活动紧密地联系在一起。

(三) 社区金融的类型

社区金融这一概念是我国城市金融中出现的新生事物，其金融产品与服务具有定向性、综合性、差异性、创新与智能性的特点。社区金融的建设不仅仅是商业银行新的利润增长点，更是经营理念、金融工具与金融秩序创新。但是社区金融的发展目前还存在一些问题，需要从经营理念、信用环境、金融创新和人才等方面进一步努力，以便社区金融能够更健康、有活力的发展。

一直以来，对社区金融服务组织并没有严格的概念界定，因为在不同的时期和地域，它的表现形式不同，但总的来说，社区金融服务组织有如下几个基本特点。

（1）社区金融的业务范围有一定的区域。它的范围小到一个街道，大到一个省，但一般很少跨区域。社区金融机构以为社区服务为目标，围绕社区的金融需求，为社区客户提供优质的产品和服务，赢得社区客户群，从而获得稳定的经济效益。

（2）社区金融机构的服务对象主要为社区居民，一般以个人为主。金融机构为个人提供存取款、融资、贷款等服务，方便社区居民的经济活动。另外，社区金融机构还为社区内部中小企业提供融资贷款、担保等方面的金融服务，为中小企业的发展提供金融支持。

（3）社区金融机构的主体主要为各类银行等金融机构，还有一些小额信贷企业，以及一些提供担保、保险、抵押等业务的非银行金融机构。

（4）社区金融的产品和服务以零售为主，主要为社区个人客户提供存取款、贷款、担保、抵押等金融服务，还可以根据客户需要定制专业的产品和服务，满足客户各种不同的金融需求，从而吸引大量个人客户。

通过以上对社区金融服务组织的总结，结合现代化市场经济发展的特点可知，健全的社区金融服务组织体系主要有以下几种类型。

（1）银行类金融机构。社区银行的概念源于西方经济发达国家，但是国外社区银行的概念和边界都不十分清晰。大多数国家都认为，一些规模小、资产不够雄厚，主要为中小企业、家庭和个人提供金融服务的地方中小商业银行均可成为社区银行。以社区居民自发组织成立、以居民为股东的民营社区银行，将是我国金融改革的一个方向。

（2）社区合作类金融机构。社区合作类金融机构通常被称为信用社，这类机构由个人或组织集资联合组成，以互助为主要宗旨，在社区开展存取款和贷款等服务。合作类金融机构的发展为农村金融体系的建设作出了很大贡献，成为农村金融体系的核心。它在一定程度上促进了农村小商品经济的发展。这一类金融机构于1849年首次在德国出现，并迅速被世界各国引用，成为世界各国农村金融体系建设的重要力量。

（3）社区政策性金融机构。无论是在市场经济体制下，还是在计划经济体制下，国家为稳定经济、促进社会经济发展，都设置了不同种类的政策性金融机构。政府负责这类机构的管理，政策性金融机构通过满足特定对象的金融需求，达到国家经济稳定发展的目的，实现政府的发展目标。例如，美国的政策性的社区发展金融机构——Community Development Financial Institutions，为社区居民提供就业、消费、创业等方面的金融支持。

（4）社区财富管理机构。随着社会经济的发展，社区内部家庭或个人对理财更加关注，他们通常关注资产、投资风险、现金流、教育、生活支出等项目。为适应家庭和个人的理财需要，为给家庭和个人提供财富方面的管理、投资和咨询等服务，社区财富管理机构应运而生。这类机构专注于客户的理财方面的金融需求，为客户定制专业化的产品和服务。早期，财富管理机构由商业银行的内部机构组成，后来逐渐被私人银行代替，财富管理也逐渐走向规模化和专业化。可以说，社区财富管理机构的主要特点就是服务于特定区域，根据社区客户的需求提供专业的产品和服务。

（5）社区保险和担保类机构。受社会经济的影响，人们的经济利益随着社会经济的不断进步而变得更加复杂，影响人们经济利益的因素变得更多。为了维护社会稳定，促进经济贸易的发展，保障人们经济生活的顺利进行，各类保险和担保机构开始出现。社区保险和担保机构也是这样出现的。这些机构结合社区的发展特点，为社区客户提供专业的金融服务，降低经济贸易的风险，维护客户的利益。

（6）社区准金融机构。准金融机构是指能为社区客户提供具有金融特征的服务，但并不完全接受金融监管的企业。这类金融机构一般只在社区内部运作，为社区金融服务，同时也受到政府的监管。准金融机构的设立一定程度上保障了社区经济的发展。

(四) 社区金融的构成要素

建设和发展社区金融就需要深入分析社区金融的构成要素，这有利于确定各项旨在促进社区金融发展的政策措施所能影响的范围和程度。从严格意义上来说，社区金融是金融市场的一个组成部分，因此也和其他细分市场一样存在着交易对象、金融服务的供给者和需求者。（如图1－1所示）：

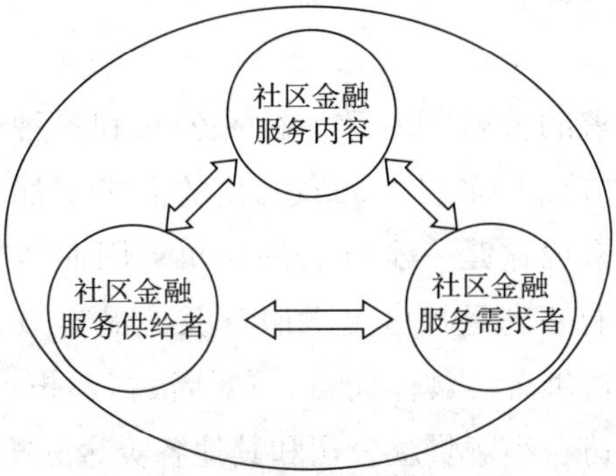

图1－1　社区金融的构成要素

1. 需求者

这里的需求者是指对社区金融服务及产品具有有效需求的，并且具备真正的购买能力的主体。根据上面对“社区”内涵的分析，从需求主体的角度看，需求者的构成主体既包括广大的社区公众，也包括由他们所组成的各类企业、事业单位、机构、其他经济组织及社团组织等。然而，这些不同的主体（自然人和组织机构）分别存在着各自的金融服务需求，并不是全部的需求都能够在社区范围内得到满足，只有其中可以被满足的需求者才被认为是社区金融服务的有效需求者；从社区金融机构所提供的各种金融服务项目及产品来看，并不是所有的社区主体都有购买需求；同时，还要考虑到需求者自身的购买能力，因而某些特定的金融服务项目仅对部分目标客户适用，他们才是特定金融服务项目的有效需求者。

2. 服务内容

“社区金融”作为金融服务市场一个特定的细分市场，它的各个机构可以提供种类繁多的金融服务产品。根据所提供的金融服务产品属性，其金融产品可以分为银行、信托、保险、基金、担保、典当、社保、医保、融资、证券投资等各种类型。另外，金融机构的产品中，根据产品与资金之间的关系又可分为信贷产品和中间业务产品；中间业务产品又可以根据产品提供主体的不同，分为结算类、保证类及代理类中间业务产品；而其他非银行金融机构所提供的产品也可以按照期限、投资回报等标准进行更细的分类。

3. 供给者

与上文中对需求的分析相一致，社区公众和各种企业、单位组织对金融服务产品的多方面、多层次、多元化的需求，都是一个庞大的消费群体，对金融机构来说这是一个巨大的商机，因而能吸引更多的金融服务提供者。我们把能够满足社区金融服务及产品有效需求的金融机构称为社区金融服务的提供者，具体而言，包括银行、投资公司、保险公司、证券公司、财务公司、小额贷款公司和其他各类金融机构等。

第二章　社区金融与社区银行

一、社区金融与社区发展

社区经济属于城市经济的范畴，是具有特定市场属性的具有活力的新型经济，社区经济是深化经济体制改革，市场经济日趋完善过程中凸现出的经济现象、经济环境和经济组合。社区经济是城市经济单元和细胞，社区经济的发展在城市经济的发展中具有重要的地位和作用，同时也为金融业的发展提供了良好的环境与市场。随着我国社会主义市场经济的发展，发展社区金融已成为金融业改革的一个方向。总而言之，社区经济服务我国经济建设的意义十分重大，它将逐渐发展成为城市经济的重要组成部分，社区将是银行占据未来个人业务市场的一个重点领域，发展社区金融是提升社区服务水平的重要手段和必然要求。

20 世纪 80 年代以后，随着我国社区建设的蓬勃兴起，作为构建新型社区基础的社区经济迅速发展起来。社区经济的发展带来了旺盛的金融需求，这种市场的迫切需求致使社区金融应运而生，并且社区金融的产生和发展为社区经济的进一步发展提供了强大的资金支持，两者在和谐共生的道路上稳步发展，逐渐成为我国国民经济中一对不可忽视的经济力量。另外，社区金融在优化配置社会资源、促进社区繁荣稳定、创造新的就业机会、培养社会认同感和改变城乡二元经济结构等方面发挥着重要的作用。

随着社会经济的不断发展，社区经济带动了我国城乡经济的发展，成为领导城乡经济发展的主力。当前社区经济面临的主要问题是缺乏足够的资金支持及社区金融发展还有待进步。人们对社区金融的需求具有多样化的特点，但是由于社区金融起步晚、发展慢，所提供的产品和服务不能及时满足消费需求，造成矛盾不断加深，阻碍了社会经济的发展。因此，我国金融界当前面临的主要问题是发展社区金融。通过发展社区金融，不仅可以解决农村基层金融需求，解决农村经济发展中的贷款问题，还能降低城市经济对农村经济的负面影响，促进农村经济稳定增长。发展社区金融，还能为中小企业发展提供融资渠道，解决中小企业的融资问题，帮助中小企业应对市场竞争。从而使中小企业能吸纳更多的劳动力，能有更充足的资金进行技术创新，充分发挥中小企业灵活经营的特点。另外，发展社区金融还有助于优化金融体制，繁荣金融市场。

由此可见，建设和发展社区金融具有非常重要的现实意义。社区金融是一座"金矿"，潜力巨大，我国发展社区金融业务具有重要的现实意义和战略意义。

（1）拓展新兴市场，填补发展"空白"的需要。目前，社区金融在我国银行业务发展中仍处于起步阶段，社区金融是银行发展，特别是银行个人业务的一块"处女地"。随着居民与所住社区的关系日益密切，它必将成为未来金融服务的主要方式，蕴含着巨大潜力。

（2）拓宽服务渠道，深化客户关系的需要。发展社区金融业务可以使银行与社区有机结合，进一步细分市场，从不同层次、不同角度、多样化挖掘客户潜在需求，根据客户的需求来开发深受客户喜爱的金融产品，进一步满足客户需求，提升客户的忠诚度。

（3）抢占市场先机，赢取竞争主动的需要。随着外资银行的涌入和中小银行的兴起，个人银行业务和中间业务竞争更加激烈，因此在未来的社会中社区将是银行个人业务和中间业务收入的重要战场。许多金融机构纷纷将发展方向瞄向了社区，在社区金融业务发展中先行一步，必然能在新一轮的竞争中处于主动地位。

二、社区银行

根据金融共生理论，农户、中小企业、个体工商户等中小经济体只有与中小银行形成稳定的金融共生关系，才能产生共生利润。因此，只要经济中存在中小企业、个体工商户和农户等，就必须要有中小银行（社区银行）与之匹配。因此，通过组建村镇银行等新型社区金融组织，完善社区金融结构，可以适当缓解我国当前小型经济主体融资困境和社区金融供给不足的问题。

社区银行产生于20世纪70年代的美国。这里的“社区”不是指城市社区，它并不是一个严格界定的地理概念。对于社区银行的界定，各个研究机构和组织都普遍采用通过资产规模的标准来判断。无论是社区银行，还是社区货币，都是社区金融的具体表现形式。社区金融的金融机构主要以社区银行、信用社为主，针对社区的居民、中小企业的需求提供金融产品和服务。社区银行通常把自身的经营活动限定在当地社区，通过在社区内部发展客户，实现吸收存款和提供贷款的目的。经营活动范围有限是由于它们的经营行为集中，并且都是小规模的运作。国外通常把银行资产规模作为界定社区银行的唯一标准，一般情况下，资产规模在10亿美元以下的银行都被称为社区银行。我国银行实行的是总分银行制，而国外银行大多是单一银行。如果社区银行是处于总分银行制下的一个分支机构，由于受到上级部门经营策略的影响，在追求利润最大化目标的趋势下，就无法为社区所有客户或组织服务，因为社区的性质不同或者发展基础不同，一些社区不能为金融机构提供更高的效益，这就给金融机构对社区的服务造成了一定困难；而如果社区金融机构为利润相对薄弱的社区进行服务，就会与上级的政策相冲突，得不到上级的支持，甚至还可能受到上级的阻碍。

（一）社区银行的概念

社区银行的概念起源于欧美等西方经济发达国家，其中对社区的概念并没有严格的界定。社区既可以小到一个街道，也可以大到一个省，但是都是人口聚集群落。凡是投资低、规模小，为社区内部中小企业、家庭或个人提供金融服务的地方小型商业银行均可称为社区银行。

客户定位聚焦于家庭及小企业客户。当今社会经济的集约发展模式要求社区银行发展核心业务，通过为客户提供优质的产品和专业化的服务打造核心竞争力。下面以美国为例介绍社区银行和大中型银行的区别，美国社区银行专注于为社区居民、家庭或社区内的组织提供金融服务，而大中型银行服务对象则为大型企业或中高端客户。这种分类方法一方面能大力发展社区银行，另一方面则有效地避免了行业之间的竞争。社区银行通过这种经营模式把主要业务放在小额贷款和储蓄上，充分证明了社区银行在发展社区经济中具有巨大的影响力。与大中型银行相比，社区银行具有以下几方面优点：一是社区银行为中小企业提供贷款方便快捷。因为社区银行的服务对象为社区内部的个人或组织，更容易掌握社区内部的需求和信息，且能长期与客户保持良好的合作伙伴关系。二是社区银行可以为社区内部的非住宅不动产项目或家庭提供贷款。三是社区银行因为规模小、资金不够雄厚，依赖于社区居民或组织，以吸收个人储蓄作为资金的主要来源，因此，社区银行更专注于为小额储户提供服务。社区银行还具有高效的运作效率，在开发业务、开拓市场的过程中，免除了相对复杂的程序，能快速满足客户的金融需求。相反，大中型银行需要种种内部审批手续才能完成产品的销售或者服务，给交易带来了不便。

社区银行在美国金融体系中起了关键的作用。美国所有社区银行总资产不到 10 亿美元，只占美国银行资产的大约 10%。社区银行给美国的企业和农场提供了 40% 的小额贷款，而在这个领域中，超级大银行不大乐意去做。

截至 2012 年 3 月，美国资产小于 10 亿美元的社区银行数量达 6643 家，资产总额达到 14211 亿美元，分别占所有参保美国联邦存款保险公司（Federal Deposit Insurance Corporation，FDIC）商业银行总额的 90.91% 和 10.2%；存款总额和营业净收入达 11899 亿和 29320 亿美元，所占存款市场份额为 11.6% 和 8.3%。

虽然社区银行在业务整体上处于非主导地位，但是其在服务特定社区、促进社区发展方面起着至关重要的作用。

首先是经营业绩良好，资本实力较强。虽然美国社区银行与中型和大型银行在规模上是无法相提并论的，但在经营业绩方面，尤其是资产回报率（ROA）上，毫不逊色于大中型银行。

从 1995 年起，大型社区银行（资产在 1 亿 ~ 10 亿美元）获得了均值超过 1% 的稳健资产回报率，尤其在 1995 ~ 2007 年间，大型社区银行的资产回报率高于同期大型银行，但稍逊色于中型银行；2008 年以后，美国社区银行和大中型银行都受到全球金融危机的冲击，资产回报率为负值，但是社区银行的处境要明显好于大中型银行。

其次是市场定位清晰，主要收入来源为利息收入。美国社区银行在发展过程中，重视对市场的定位，其服务对象以特定社区的居民、中小企业、小型农场及附近社区居民为主，金融产品较为单一，利息是主要收入来源，非利息收入占比小。

从 1993 年以来，社区银行的纯贷款余额占总资产比重开始超过大中型银行，差距维持在 10 个百分点左右；在存款余额占总资产比重方面，社区银行自 1984 年以来始终高于大中型银行约 20 个百分点。截至 2012 年 3 月末，美国大型社区银行贷款余额和存款余额占总资产的比重分别为 60.7% 和 82.8%，小型社区银行分别为 55% 和 85.2%，而大型、中型银行分别只有 49.7%、71.9% 和 60.9%、77.8%。

截至 2012 年 12 月 31 日，我国居民个人存款余额为 18 万亿元，若 10 亿元组建一个社区银行，全国可组建 18000 个社区银行，这样规模的社区银行，必将对社区居民的生活、创业、理财、养老产生巨大的积极作用。

（二）社区银行的特点

1. 社区银行经营规模较小

根据中国银监会于 2007 年的相关统计资料显示，全国范围内的社区银行或类似社区银行的金融机构，存、贷规模平均下来分别为 32.2 亿元和 21.7 亿元，资产总额约为 15.7 亿元。这与美国社区银行平均每家的所有者权益 0.11 亿美元、资产总额 1.11 亿美元，还有某些相似之处。

2. 社区银行机构设置重点布局于小城镇

社区银行投资小、规模小的特点，决定了它发展的局限性，只有在社区、乡村、小城镇等区域开展相关业务，因为在大型城市里，有很多大型商业银行，社区银行的规模和实力不足以与这些大型银行进行竞争。因此，社区银行要想在激烈的市场竞争中取得发展空间，就必须关注社区、乡村、城镇等边缘区域，并且在业务设置上注意与大型银行有所区别，以取得竞争优势。也就是说，要推出与大银行不同的金融业务，并在大银行无法设置营业网点的区域开展经营活动。

3. 社区银行对社区发展的资金支持

社区银行的服务定位是社区客户，它的资金来源于社区，又为社区服务，这是社区银行区别于其他银行的重要特征。由于社区银行具有仅服务于社区的特点，所以社区银行的机构设置比较单一，服务类型也相对较少。社区银行和大型银行的功能定位也有很大区别。社区银行往往非常重视当地社区的经济发展，只要居民或组织有金融需求，社区银行都有相应的业务流程。社区银行的发展是建立在社区经济发展的基础上的，而大型银行则从不同途径、不同区域吸收存款，并把资金投入到盈利大的区域，并不一定能带动区域的发展。社区银行取财于社区、服务于社区的经营理念不仅取得了较好的经营效率，而且也巩固了其在地方信贷市场上的地位。

4. 社区银行的专业化经营特点

社区银行取财于社区、服务于社区的特点，决定了社区银行必须时刻关注社区经济发展，了解社区居民或组织各方面的金融需求，并对社区金融需求进行细分，为社区居民或组织提供贴心的金融服务，进而形成自己独特的经营特色。

（三）社区银行的优势

1. 信息获取的比较优势分析

随着社会经济的发展，银行专注于追求利益最大化。贷款利率已经不是银行考虑信贷的主要因素，转向关注于贷款的预期收益。银行在放贷之前，会对贷款项目进行评估，而贷款项目的评估需要掌握客户的资产状况、投资规模、财务状况等相关信息。这些信息主要分为四类：财务报表信息、抵押物信息、信用评级信息和关系型信息。银行获得前三种信息的渠道比较广泛，且经过分析能辨别信息的真伪，这三种信息被称为“硬信息”。关系型信息则是最难获得的，且很难从正常渠道收集到，我们称之为“软信息”。申贷过程中，银行可以通过支付较小的成本获取个人或组织的硬信息，从而满足客户贷款业务需求。但是，银行要获取软信息，就要深入到客户中去，收集客户信息，论证贷款业务的可行性。在收集软信息方面，大型银行经营范围广，对软信息的掌握较少，收集软信息的成本就比较高。而社区银行由于扎根于社区，时刻关注社区经济发展，时刻为社区经济发展服务，所以有更多的优势收集软信息，并能及时对相关贷款项目进行评估，满足客户对贷款的需求。因此，社区银行能有效地弥补大型银行在某些金融业务方面的不足，满足社区居民或中小企业对金融业务的需求，为客户提供融资渠道，并保持长久的合作关系。

2. 信贷规模的比较优势分析

大型银行与社区银行的规模不同，经营业务范围也有所差别。大型银行一般的贷款额度都大于社区银行。相对来说，大型银行在大额的贷款业务方面具有较大优势，而社区银行在小额贷款业务方面具有优势。大型银行和社区银行的规模相差越大，两者的收益差别就越大。因此，为了提高收益，缩小与大型银行的差别，社区银行重点发展小额信贷业务，通过实施小额信贷业务获取更大的利润。由于小额信贷业务的需求方主要为中小企业、城乡居民，所以社区银行应该把市场定位在社区内部中小企业和城乡居民这个范围内。

（四）我国社区银行的定位

我国社区银行的定位主要有以下两个方面（见图2-1）。

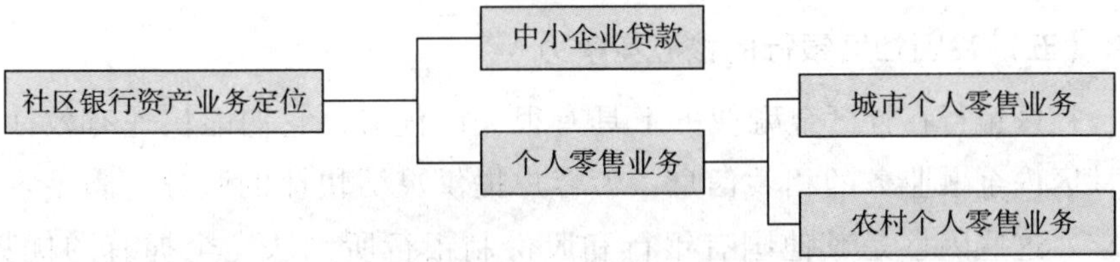

图2-1 社区银行资产业务定位

1. 社区银行定位于中小企业贷款业务

社区银行的这种定位源于两方面的原因。一是大型银行与社区银行相比，在收集中小企业软信息方面需要付出更大的成本；二是由于中小企业规模小，无法为银行提供贷款所需要的硬信息，而社区银行由于能较方便快捷的获取中小企业的软信息，能有效地减少交易成本。因此，社区银行通过建立关系型融资可以减少交易成本，获取中小企业信息，开展小额信贷业务。这也是社区银行吸引中小企业贷款的核心业务之一。

2. 社区银行定位于个人零售业务

社区银行是服务于社区的金融机构，个人零售业务是社区银行的一项重要业务，社区银行的个人零售业务主要包括两部分。

（1）城市个人零售业务。对于城市社区来讲，社区银行扎根于社区，并为社区服务，社区银行的工作人员大都为社区内部居民，他们长期在社区内生活，了解当地的生活水平和内部各项金融需求，且能及时掌握金融交易的硬信息和软信息。这就保证了社区银行能实时掌握申贷人的状况，降低社区银行受到欺诈等风险。个人零售业务的特点就是贷款金额小，因此会给社区银行带来较大的业务量，也给社区银行的利润提高带来了很大收益。根据以上分析，社区银行在获取信息方式、金融业务流程等方面比大型银行具有更多的优势，所以城市个人零售业务成为社区银行推动社区经济发展的一项重要业务。

（2）农村个人零售业务。我国对社区银行在农村地区的发展规划是适当改造农村信用社，利用股份制改革的模式，完善农村信用社的组织机构，把农村信用社改造为社区银行。农村信用社改造为社区银行之后，就有更多的自主权开展农村金融业务，可以为农民、中小企业、个体户等的经营业务提供有力的资金支持，达到促进农村经济发展的目的。

（五）我国社区银行的核心竞争力

社区银行在社区金融业务上具有很大的优势，它们能快速有效地掌握社区内金融业务的相关信息，为客户提供灵活快捷的服务，满足客户需求。这些因素是其他国有银行和股份制银行所无法完全拥有的优势。这就是社区银行的核心竞争力，也是社区银行在金融业务竞争日益激烈的情况下得以快速成长和发展的基础。

1. 社区银行的核心竞争力分析。

（1）金融业务交易成本低。社区银行在设置上就注重经营的灵活性和机构的简单性，所以社区银行拥有较少的分支机构，组织体系分明，业务流程设置一目了然。由于其具有独立经营的特点，有更大的权限加强员工激励，并通过及时修正业务流程来提高工作效率，减少金融业务中不必要的费用支出。从代理成本和组织规模来看，组织规模越大的金融机构，其层级越多，信息的传递就会越长，就越容易出现问题。相对大型银行来说，社区银行因拥有简单明了的组织结构，可以有效地降低代理成本。

（2）产权结构清晰明了。社区银行实施的产权结构模式是股份制形式。这种模式对社区银行的发展起到监督作用，一方面具有约束性，可以促使社区银行按照既定业务流程运行；同时也具有激励性，可以促使各产权所有者全力投入社区银行的发展，获取收益。社区银行的服务对象主要为个人或个体、私营、股份制企业，这些个人或企业均为自负盈亏。这种形式下的供求关系决定了社区银行与客户之间特有的信用关系，远比大型银行和大型企业之间的信用关系更加可靠。

（3）文化契合度高。与国有银行相比，社区银行拥有自己独特的企业文化。国有银行更加注重自身的经济利益，往往忽视客户的经济利益。而社区银行始终坚持“顾客至上”、“为客户服务”的经营理念，在这种理念的带领下，银行与客户之间形成了良好的业务合作关系，有利于社区银行在社区金融业务的发展。

（4）风险易于识别。银行金融业务的风险主要在于不能全面掌握企业经营、资产、偿债能力等方面的信息，造成银行掌握的信息与企业真实信息之间不对称。由于社区银行业务设置目标集中，服务有一定的地域范围，且经营管理人员对社区内部各项金融需求以及客户的经营状况掌握的非常详尽，因此能用较小的成本获得客户更多的信息。这种特点对于中小企业贷款来说具有很大优势。中小企业贷款具有投资小、规模小但风险大的特点，根据美国相关部门对中小企业的生存状况进行的统计结果显示，中小企业成立 2 年内有 23.7% 的失败，4 年内有 51.7% 的失败，6 年内有 62.7% 的失败。由于社区银行能及时获取客户金融方面的信息，最大限度地规避风险，获得比大型银行更大的安全盈利空间，因此社区银行具有比较强的风险识别能力。

综上所述，社区银行的核心竞争力应包括竞争力的过程、环境和资产的综合。其中，竞争力过程主要是指竞争力资产和竞争力环境转化为竞争力的过程，且这一过程涉及银行的业务处理过程和管理过程；竞争力环境是指影响银行竞争力的外部因素，如制度环境、政府政策、法律环境和技术基础等；竞争力资产是指影响银行盈利性和流动性的资本运营和资产负债管理能力，以及影响银行安全性的风险管理能力。

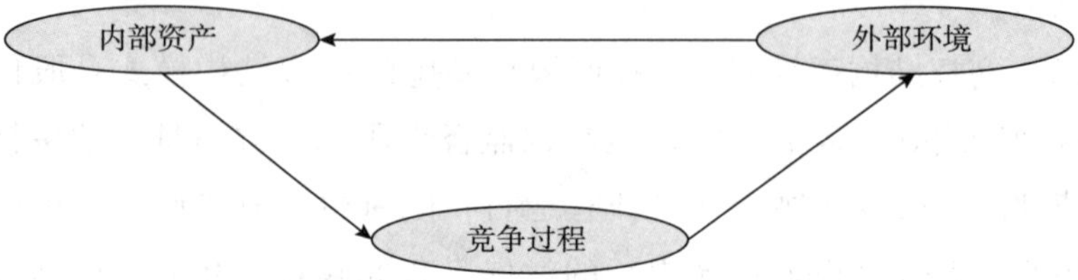

图 2－2　社区银行核心竞争力构成图

2. 如何打造社区银行的核心竞争力

（1）科学评估潜在市场，打造市场层面竞争力。在业务开发方面，社区银行需要认真开展市场调研工作，重点关注社区内部经济状况、客户的潜在需求、社会经济发展态势以及自己的竞争优劣势等问题。在信息掌握方面，社区银行应时刻关注市场动态，及时对收集到的信息进行过滤、分析，再结合国家相关金融政策，提高自身对市场的分析、预测能力，从而保证自身在市场业务开发上占据有利地位。在业务投放前，社区银行应利用风险计量模型等金融工具，分析所有相关金融信息，预测市场形势，找准市场切入点，选择时机把产品投向市场。

（2）重视人才培养，打造人力资本层面竞争力。社区银行“以客户至上”的经营理念要求其必须重视人才的培养，为社区银行的发展打造雄厚的软件资源。第一，社区银行的发展过程中要始终坚持“人才至上”的概念，重视人才的引进和培养，用灵活的培养机制和无限的发展空间吸引大批素质高、能力强的员工。第二，实施人才激励政策，充分发挥员工的主动性和积极性，科学的经营和管理人才。第三，重视人才的使用，要充分认识到每个员工都有优点和特长，在员工的管理上要扬长避短，发挥员工的作用。第四，规范内部各项管理制度，例如通过实施竞聘上岗、绩效考核等制度激励员工，淘汰不合格的员工，促进社区银行人力资源的合理配置，打造人才核心竞争力。

（3）加强社区银行风险控制，打造资产层面竞争力。资产是银行得以生存和发展的基础，做好风险控制是银行得以稳步发展的保障。因此，社区银行要在内部加强风险控制，通过及时掌控客户的硬信息和软信息规避风险；在外部管理上，要从整体上对风险进行分析。社区银行还应重视组织机构建设，通过组织机构调整，完善内部管理制度，规范行业行为，以制度建设和制度创新为出发点，有效地降低风险的发生，打造社区银行的资产层面竞争力。

（4）加强新产品开发，打造产品层面竞争力。社区银行要获得更大的竞争优势，占据社区金融市场份额，就要重视产品创新和技术创新。产品创新属于金融创新的范畴，由于社区金融发展过程中，各银行推出的业务差异性较小，会给银行间带来激烈的竞争。社区银行只有认识到这一点，在竞争中不断进行产品创新和技术创新，才能吸引更多客户参与到金融业务中。

（5）促进服务渠道畅通，打造服务渠道竞争力。社区银行要发展社区经济、占领社区金融市场，首先就要完善服务渠道体系，例如在社区设置营业网点、开发网上金融业务等，还要根据社区金融需求的特点，结合自身对社区软信息的掌握，建立专业化的服务渠道。未来银行的竞争，关键在于服务渠道的畅通、多样化与专业化。社区银行可以扩大营销范围，把服务网点、柜台搬到社区群众中，也可以开展定向营销，银行销售人员与社区居委会、物业等部门建立协作关系，通过这些部门的参与，在社区内部开展营销业务。还可以实施客户关系管理，及时了解客户在金融方面的需求，及时有针对性地开展金融业务的营销活动，同时，利用掌握的客户硬信息和软信息，评估金融业务的风险，评估客户的创利能力，以此来建立客户的忠诚度，稳定客户群。

（6）提高财政支持力度，完善相关税收优惠。首先，监管当局和地方政府应继续推行社区银行评级的政策，制定相关奖罚政策，根据评级结果给予税收、补贴、贷款、投资等方面的政策支持。参照发达国家的做法，社区银行缴存的法定存款准备金率应低于大中型商业银行。政府在推行扶持政策的同时，要鼓励社区银行自主管理、自负盈亏，协调发展。其次，为规范社区银行发展，应尽快完善社区银行的相关法律法规。这一方面能稳固社区银行在金融市场中的地位，还可以对社区银行的性质、权利和义务、经营范围、组织机构、股权设置、监察审计、财务制度等加以规范。二是要加快建立存款保险制度。存款保险制度可以有效地保护银行和客户的利益，实现维护金融秩序、稳定经济的作用。这一制度的确立大大促进了社区银行的发展。此外，存款保险制度还能维护金融体系的稳定，规避经济危机对金融体系的影响。有助于社区银行和其他金融机构的协调发展，维持银行业的有效竞争。

（7）创新社区银行品牌内涵。首先，要利用新技术、新科技手段设置便捷银行，让客户随时随地都能方便的办理相关金融业务，例如方便快捷的办理信用卡、支取现金等，让客户感受到城乡社区银行方便、快捷及周到的服务。其次，要通过实施激励政策，鼓励社区内个人或组织参与社区银行建设。社区居民或组织可通过向银行缴纳一定的股金成为银行股东。与此同时，在开展相关金融业务时，可以享受银行的相关优惠政策。再次，要转变观念，改善管理，提高服务质量，社区银行要改变营销方式，走进社区、主动营销，通过对银行经营观念和服务方式进行全面改革，构建“贴心型银行”。

（8）构建完善的监督体系。首先，要加强行业的自我管理和约束，一方面通过银行行业协会协调各社区银行之间的关系，维护各银行之间的公平竞争，避免恶性竞争。另一方面行业协会要协调社区银行与金融监管机构和政府部门之间的关系，为社区银行争取政策和制度等方面的支持。社区银行行业协会应由各社区银行选派代表管理，行业协会的管理目标应注重为社区各金融机构服务，并在运行过程中保持公平公正。其次，要加强信息披露的管理，加强内部监管。金融监管机构应加强对社区银行信息的监管，对银行的信息披露体系进行评估。金融监管机构可通过高科技手段，实时了解社区银行的资产与负债情况，掌握社区银行的现金流和经营状态，通过开展全过程的监控，确保对社区金融体系建设的管控。

（六）我国发展社区银行的意义

1. 完善银行体系结构的必要措施

随着社会经济的不断发展，人们对金融业务的需求更加丰富多样，这就要求银行体系向多样化发展。在发展过程中要注重各种规模的比例适中、结构合理。目前，由于长期的经济体制原因，造成大型银行在经济结构中的比例非常大，小型商业银行发展比较缓慢，实力相对薄弱，占的比重较小。根据相关统计结果显示，截至2003年年底，我国银行类机构的存款市场份额中，小型商业银行（城市信用社）仅为0.7%，即使加上农村信用社也只有13.7%，而“四大银行”则为69.6%。但是在美国，2002年25家大型银行存款市场份额合计仅占42.69%，“社区银行”占18.79%，加上信用社则为28.26%。

2. 完善金融宏观调控的需要

社区中存在着大量的闲散资金，如果这些资金进入大型金融机构，就会造成资金外流，本地区需要资金的居民或组织将得不到足够的资金支持，不利于本地区的发展。因此，要通过发展社区银行进行金融调控，控制资金的外流，维护社区经济的稳定发展。发展社区银行既可以规范民间的借贷行为，促使借贷行为向正规转化，还有助于促使资金投向本区域的实业领域，实现宏观金融调控。发展社区银行还有利于社会的稳定，通过社区内部金融调控，把资金用于社区经济建设，可以通过扩大就业、改善基础设施等措施改善社区人民的生活水平，缩小贫富差距。发展社区银行还能有效缓解微小企业贷款难的问题，促进微小企业健康发展，有利于扩大就业，从而有助于社会的和谐和稳定。

3. 最为重要的是有利于改善中小企业贷款难的问题

中小企业贷款难是当前国民经济运行中的难点之一。中小企业是指年销售收入不足500万元的小企业（通常也称“规模以下企业”）和个体工商户。在我国，中小企业数量庞大，由于规模小、经营灵活，企业的效益较好，能够承担利率超过15%的民间借贷。因此，从理论上来讲，中小企业有能力偿还利率只有6%~8%的银行贷款。中小企业是银行的一个重要客户群，但是由于银行没有充分认识到这个市场的重要性，造成中小企业存在着贷款难的现象。从银行方面来讲，主要有以下几点问题：①银行与企业的信息不对称，造成金融业务风险大，中小企业由于发展限制，存在信息不透明、财务数据不准确等问题，因此银行不能充分评估企业的偿债能力，加上中小企业规模小、投资小等因素，造成银行感到风险难以控制。②中小企业提高自身经济利益能力差。中小企业贷款存在着金额小、覆盖面广、期限短等特点，且与大额贷款相比，利率较高。所以，从经济效益出发，有能力发放大额贷款的银行机构，通常不愿意涉足该行业。③大型银行难以提供有效服务。中小企业存在经营灵活、资金流动性强等特点，这种特点决定了其贷款业务需要手续简便，应便于资金的借出与回笼。这种特点是大型银行的业务流程难以满足的。

近年来，我国中小企业普遍遭遇融资“萎缩”，而小型商业银行的情况有所不同。具体而言，中小企业由于抵押物相对不足、财务报表不完备，加之容易隐瞒甚至制造扭曲的信息，导致大银行因不能了解其经营能力、经营状况及贷款所投向的项目的情况而对其贷款更加谨慎。而社区银行以服务社区为宗旨，与大型银行相比其信息反馈的期限较短，经营决策较灵活，资产规模较小，组织层级也相对简单。另外，社区银行的运作都在本地，对区域内客户的情况更为熟悉，易与客户建立长期稳定的业务关系。因此社区银行更易于解决贷款中的委托代理问题和了解客户收入变动、支出状况等有一定保密色彩的个人信息，能够降低由于信息不对称而造成的道德风险和逆向选择发生的可能性。因而相比于大型商业银行，社区银行在服务中小企业中就比较有优势。以台州市泰隆城市信用社为例。这是服务于个体工商户和民营中小企业的“准社区银行”，它在发展过程中努力发挥在地缘、人缘、信息等方面的优势。从1993 年成立以来，“泰隆”累计发放贷款 350 余亿元，其中 90% 以上投向当地的民营中小企业和个体工商户，2004 年末在“泰隆”有贷款余额的客户有 3865 户，户均贷款 70. 8 万元，其中 50 万元以下的小额贷款户有 2745 户，金额合计 6. 73 亿元，分别占贷款户总数及各项贷款余额的 89. 06% 和 24. 61% 。

对于某些金融机构来讲，如果能同时满足以下两个条件：一是保持户均贷款金额在 50 万元左右；二是 50 万元以下的贷款合计占各项贷款的 10% 以上，则认为该机构是面向微小企业的。

城市信用社经过整合，组建成为城市商业银行，规模增加，资产增加，有实力开展更大的金融业务，所以其市场定位也随之变化。信用社被股份制银行收购之后，市场定位也会发生剧烈变化。当然还有其他一些因素，例如，新的负责人来自大银行，他们熟悉大银行的各种制度和管理方法，并自然而然地用大银行的工作方法规范城市商业银行。但是由于其对微小企业不了解，反而不能带来多少改善。

由于农村信用社机制欠灵活，又要集中主要力量支持“三农”，故虽然也对微小企业放贷，但是却不能像城市信用社一样有足够的资金和政策支持微小企业。目前，金融体系中限制小型商业银行的发展，但又要求大银行支持微小企业的做法，不利于经济的协调发展。因为大型银行和小型商业银行的功能职责不同，能提供的金融业务种类也不相同，两种金融机构的错位发展模式其实是有利于社会经济建设的。想要微小企业贷款难得到有效缓解，就要鼓励“社区银行”这类小型商业银行按照经济发展规律发展起来，实现促进社会经济发展的目的。

4. 为居民提供投资渠道与增值服务

目前的社会经济条件下，我国居民手中的闲散资金较多，居民希望对资金进行合理利用，实现资金的增值或保值，因此希望能寻找到新的投资渠道。但是由于我国经济发展起步晚，金融市场发展水平较低，金融产品的创新严重不足等原因，给居民寻找新的投资渠道带来不小的困难。从这些方面来看，社区银行因为与大型银行有不同的发展规划，市场定位为服务于社区居民和社区内中小企业，在营业网点布局上多在农村和城郊等区域，注重与大型银行错开，填补了大型银行的服务及布点的空白。社区银行在开展金融业务时，非常关注贷款人的个性、家庭情况、收入状况和家庭日常开销等，从而对客户进行还款能力评价，并能根据客户的综合情况提供独特的服务。社区银行同时也注重改进自身，通过不断完善公司相关管理制度，不断进行业务跟踪和改进，为客户提供独特的金融服务。社区银行的这种独具特色的因人而异的金融服务，能给金融市场带来更大的资金注入，进而促进社区金融市场的发展。

5. 有利于促进银行体系结构的优化，降低系统性风险

根据产业组织理论，CR4 > 80% 为高集中度，60% ≤ CR4 ≤ 80% 为较高集中度，40% ≤ CR4 ≤ 60% 为中集中度，CR4 ≤ 40% 为低集中度。从资产的市场集中度看，根据相关机构的数据可以算出，截至 2004 年包含国有银行和股份制银行（CR15）的市场集中度为 68.5%。其中我国国有商业银行资产总额达 169321 亿元，市场集中度（CR4）为 54.1%；而负债的 CR15 和 CR4 分别为 68.4% 和 53.4%。这些统计数据说明了我国国有

银行业处于垄断地位，不利于市场经济的运行。我国银行业的这种垄断态势不利于中小企业发展，也影响社会经济的健康发展。通过设立和发展社区银行，可以有效地改善金融体系结构，降低垄断对社会经济的影响，分散由于金融机构资金需求与供给的同质性造成的系统性风险。总之，完善社区银行的设置，有利于降低金融系统风险，调整各种社会资金的流向，规范金融行业发展，促进社区资金市场的建设。

6. 有利于促进社区金融服务水平，协调社区经济发展

社区银行在设立之后，会通过提供多种多样的服务、开展各种金融业务等抢占市场，这就会刺激国有商业银行进行市场化改革，以保持自身的市场地位。社区银行相比大型银行来说，具有区域性特点，这决定了区域内部的中小企业会通过实施互相监督，实现区域内部的共同利益。社区银行可以促进中小企业建立良好的信用习惯，推动社会信用状况的改善。另外，社区银行注重服务于社区，与社区发展相融合，有助于社区银行与政府机构的自治管理，完善金融市场的管理。具体而言，社区居民或单位可以通过其在社区银行中的股东或成员地位，参与社区相关金融业务，通过协调银行资金投放范围，参与社区各项服务和建设工作，并实现社区的建设与管理中的群众自主性作用。因此，社区银行通过参与社区经济建设，为社区发展提供了必要的资金支持，同时也通过不断完善金融服务，助推社区经济建设的协调发展。

7. 可以有效地遏制民间非法金融的蔓延和发展

近年来，由于政府的融资机制还不够完善，民间融资发展迅猛，对地方金融的影响也越来越大。造成这种情况的因素除了地区市场化程度和利率市场化水平不高、民间融资的利润较大等外，最重要的因素是由于没有真正符合经济要求的小型银行。很多中小企业在发展过程中无法获取足够的发展资金，从而无法实施相关设施的建设或产品更新等工作，造成中小企业发展缓慢。因此，政府要真正认识到小型银行对社区经济发展的重要性，重视小型银行的建设，通过实施调控将小型银行的发展纳入国家正规金融渠道，为民间资本的发展提供政策上的支持，逐步降低民间资本潜在的金融风险，促使民间资本逐步走向规范化、组织化和机构化，防止民间金融边缘化。

三、社区金融与社区银行的关系

要了解社区金融和社区银行的关系，首先需要掌握社区金融与社区银行的概念，二者的联系与区别分析如下。

（1）二者所属的范畴和类别不同。根据前文定义，社区金融特指一定区域范围内金融供求关系和满足金融需求的活动，它是一个相对广泛的概念，涉及社区保险、证券、基金、信托、担保、典当、融资、社保、第三方支付等各类金融服务产品，以及这些产品的需求者和提供者（即各金融机构）以及各机构间的交易规则。而社区银行则是一个相对较小的概念，特指在一个特定社区范围内满足一定标准的特定类别的有独立法人或派出机构的金融机构。由此可见，社区银行只是社区金融里金融机构的一个子类别，它从属于社区金融的范畴，而社区金融则是属于金融要素相互关系的范畴，除了包含社区银行等金融机构外，还包括许多其他内容。

（2）包含关系。我们可以从所属范畴及定义的分析中看出，社区银行只是社区金融的一个必要构成要素。从服务提供者的角度而言，社区金融除了包括社区银行外，还包括其他非银行金融机构。同时，除了服务提供者外，社区金融的构成要素中还包括各种金融服务产品及作为服务需求者的社区公众及其组织。

（3）社区银行是提供社区金融服务的一个主体。自产生以来，经过几百年的发展，银行已经逐渐成为现代金融的主要力量，无论是从金融产品的广度还是金融服务的深度来看，其他类型金融机构都不能够完全替代银行，银行所提供的服务已经渗透到了社会生活的各个方面；而从满足社区金融需求的功能与作用方面来看，从最基础的存取款、结算转账、贷款、个人投资理财服务到代理收费、代理保险、代理信托等各种中间业务，社区银行所能提供的各种服务内容都随着社区金融需求的发展而不断完善和创新，而其他非银行金融机构则无法取代银行在社区金融中的主力地位，因为其目前无法做到这样全功能的一揽子服务。

此外，相比旺盛的社区金融需求而言，社区金融服务与产品供给明显不足。而作为社区金融服务提供者中的主力军，社区银行是解决供需矛盾、发展我国社区金融的关键。率先发展社区银行的实际意义在于以下几点。

（1）有利于改善中小企业融资困难问题。由于我国社区信用体系不完备，信用监督机制不健全，中小企业信用能力不足，银行与中小企业之间信息不对称，加上企业失信成本较低，因此，银行在“安全性、流动性、盈利性”原则下不得不作出逆向选择，形成了中小企业银行融资困难的局面。由于社区银行的社区化运作，根据信息优势假说，社区银行易于了解客户个性化的软信息，有利于降低社区银行与中小企业之间由于信息不对称造成的道德风险。

（2）有利于促进社区信用体系建设。由于社区银行在发展过程中存在与客户信息不对称的情况，为了确保在社区金融业务中维护社区成员的共同利益，中小企业之间会实施自我监督。通过社区成员之间的相互监督，造成了社区成员较高的违约成本，促使社区成员提高信用意识，有利于社区的信用建设。

（3）有利于优化银行体系结构。根据产业组织理论，行业集中度指数 CR 是以行业内规模最大的前 N 家企业的销售额、资产总额等相关数值占整个行业的份额，来表示行业的集中程度。例如，CR4 是指四个最大的企业占有该相关市场份额。CR4 ≤40% 为低集中度，40% ≤CR4≤60% 为中集中度，60% ≤CR4≤80% 为较高集中度，CR4 >80% 为高集中度。

按照资产规模来看，据统计，截至 2004 年我国国有商业银行资产总额达 169321 亿元，包含国有银行和股份制银行的市场集中度 CR15 和 CR4 分别为 68.5% 和 54.1%，而负债的 CR15 和 CR4 分别为 68.4% 和 53.4%。换句话说，我国银行业的资产集中在国有商业银行。而银行体系存在内在固有的脆弱性，在外部冲击作用下，容易形成系统性危机。因此，完善社区银行建设可以有效地推进社会金融体系建设，降低大型银行在金融业务中的系统性风险，助力社区经济的发展。

（4）有利于引导民间非法融资转向合法途径，加强社会稳定。在我国，东部一些地区的民间融资活动频繁，这虽然解决了一部分融资供求矛盾，但由于民间融资的不规范，容易引起法律纠纷，给社会带来一些不稳定因素。培育和发展社区银行，为引导民间融资合法化提供了具有可操作性的途径，同时，有利于加强社会稳定，有利于构建和谐社会。

（5）有利于填补村镇社区金融服务的缺失。国有商业银行等金融机构退出村镇社区后，导致村镇社区的基层金融服务“空洞化”现象日益严重。而社区银行则具有面向社区居民和社区当地中小企业提供金融服务的“草根性”，因而，社区银行的建立将有利于填补村镇社区金融服务的缺失，解决村镇社区贷款困难的问题，缓解金融机构对村镇社区资金的“虹吸”作用。

（6）有利于推动金融差异化服务。当前，我国银行业的金融服务产品、市场定位长期“趋同”，而企业和居民的金融需求具有多元化、层次化的特点，这要求金融机构提供具有个性化的差异性产品。而社区银行具有了解客户个性化信息并提供个性化服务的特点，因此，建立社区银行有利于推动金融服务的差异化发展。

以美国为代表的国外社区银行的发展已经相当成熟，国外学者们对社区银行的看法也相对比较统一。Scott E · Hein、Timothy W · Koch、S · Scott Macdonald 等国外学者从国际通用定义出发，认为社区银行是指以中小企业和个人客户为主要服务对象的，在一定区域范围的社区内按照市场化原则自主设立并独立运营的中小银行。Berger 等学者（2004）则对社区银行进行了更为具体的界定，并按照资产额的大小对发达国家和发展中国家的社区银行进行了划分，其中发达国家的社区银行是资产规模在 10 亿美元以下的国有银行，而发展中国家的社区银行是资产规模在 1 亿美元以下的国内银行以及外资银行。R · Alton Gilbert、William R · Emmons 和 Timothy J · Yeager 等人认为成为社区银行的金融机构应具备规模小、区域集中度高、具有关系型信贷优势等特征。

关于社区银行的经营风险，国外学者也进行了大量研究，并得到了相对一致的研究结果：社区银行比大型银行在中小企业信贷支持方面具有更强的优势。伯格（1998）研究了社区银行专注于小企业信贷业务的原因，认为对于信息不公开的小型企业来说，相比向大银行融资的不经济，社区银行拥有信息成本优势，且运用软信息的能力相对较强，能够满足其长期融资关系的需求，并在研究过程中得出，银行规模大小并不能完全决定盈利水平高低的利好；Haynes（1999）也提出了相似观点，认为大型银行更偏向于将其资产投放到规模较大、成立时间较长、信贷安全性较高的企业中去，因而相比于社区银行，其投放到中小企业的资产份额更低；Whalen（2001）认为能否实现盈利是社区银行生存和发展的关键，并通过调查研究发现，集中在同一区域内的社区银行分支机构比在多个社区内分散经营的盈利状况更好。

基于对社区银行经营风险的研究结果，国外许多学者还采用实证分析的方法对社区银行促进经济发展、就业率提高和 GDP 增长等方面的重要作用展开研究。早在 19 世纪 80 年代，外国学者 Edwards 和 Heggestad（1973）就基于 1954 年至 1966 年的银行业分析数据，得出地方市场集中度与银行风险相关，即地方市场集中度越高，其银行面临风险反而越低的重要结论，从而为小型地方银行的风险分析提供了早期的实证依据。

De Young（2002）对风险调整后的社区银行每股收益率进行了计算，得出了社区银行收益率与大银行不相上下的结果；Keeton、Harvey 和 Willis（2003）对 2002 年美国社区银行和经济数据展开了调查，Berger、Hasan 和 Klapper（2004）剖析了从 1994 至 2000 年间 49 个国家的银行相关数据，均从一定程度证明了社区银行在促进信贷流扩大、提升银行业经营效率的积极作用。

此外，与大银行的差异也是社区银行研究领域的重要部分，Berger 和 Udell（2002）认为和大银行相比，社区银行规模较小，更善于处理各类软数据，因而对于信息不透明的中小企业来说，其更是融资的首选渠道，并据此提出了“小银行优势”假说；Keeton、Harvey 和 Willis 则基于过去 10 年的数据分析，认为社区银行在整体上保持了良好的盈利能力，其表现并不逊于大银行；De Young 和 Duffy（2002）通过对社区银行的业务特征展开分析，认为其凭借人性化服务和区域优势，能够在某些业务上占据优势，从大银行手中获得市场。

国内对社区银行的研究起步较晚，目前在具体的界定指标上尚未形成统一结论，而在服务对象、业务范围、运作原则等方面基本达成一致的观点。巴曙松（2002）对社区银行的界定与国外学者 Scott E · Hein 等基本一致，认为是以中小企业、居民家庭及个人客户为主要服务对象，在一定社区范围内按照市场化原则自主设立并独立运营的地方性中小商业银行；王爱俭（2006）则认为我国社区银行应是以盈利为主要的经营目标，以一定区域的社区经济为服务对象和经营范围，以股份制或股份合作制为建立模式，资产规模在 20 亿元人民币以下的现代商业银行。此外，他还认为，相比大银行而言，社区银行具有经营定位独特、成本低、人缘地缘广、安全性高及体制灵活便捷等多方面的比较优势，因而，其在获取稳定存款及关系贷款方面能力较强、市场准入门槛低、退出机制灵活，能够契合中小企业融资困难的问题。

从上述观点中我们可以发现，无论是国外还是国内，对社区银行的概念尚未有一个公认的界定，划分标准也不尽相同，但普遍认为社区银行具有以下特征：资产规模较小；服务范围在限定区域内；市场定位面向中小企业、社区居民；资金来源于社区内企业和居民的核心存款；提供服务采用互动方式；具有关系融资优势。我国学者与国外学者对社区银行的界定都强调了社区银行的地域性特征，但侧重点不同。国外学者多从规模的角度界定社区银行，而我国许多学者则对总分银行制下，分支机构在发挥社区银行各项职能时可能出现的问题尤其关注，并将独立性作为社区银行的一个重要特征来加以强调。

第三章　社区金融发展的国际经验

世界各国在发展过程中形成了不同的社会制度和文化，生活习俗不同，经济发展水平也不尽相同，但是在社区金融发展方面却有着共同的特点。在西方发达国家里，社区金融主要是依托银行类金融机构来实现，同时由于多数国家实行的是以单一银行制为主的管理方式，社区银行也就成为社区金融服务领域中最为活跃的因素。从某种意义上来说，西方发达国家的社区金融建设史基本上也就是社区银行的成长史。社区金融机构最早出现于美国等西方发达国家，我国目前社区金融的发展处于起步阶段，所以积极吸收、借鉴发达国家的经验，对发展和完善社区金融服务机构、方便居民日常生活和促进社区和谐发展具有重要意义。下面我们来分析一下各国的社区金融发展情况。

一、美国社区金融的实践分析

社区金融活动在美国的经济金融运行中占据了相当重要的地位，这些以社区银行为代表的区域性的金融机构在大型银行的市场竞争压力下获得了活跃的发展空间。

2000 年，美国独立社区银行协会（Independent Community Bankers of America / ICBA）对社区银行的数量和分布进行了统计，统计结果显示，美国的社区银行总数有 8300 个，社区银行在全美开放 36803 个网点，其中有 54% 的营业网点分布在农村，29% 的营业网点分布在郊区，17% 的营业网点分布在城市。根据分布区域计算，美国的中北部分布比例占 26%，东南部分布比例占 21%，西南部分布比例占 16%，中西部分布比例占 18%，西部分布比例占 11%，东北部分布比例占 8%。

20 世纪 30 年代的经济危机让美国政府认识到发展社区金融的必要性，美国政府出台一系列政策限制银行跨州营业和开设分行，该政策极大地改进了美国金融市场的发展，促进了美国社区金融的繁荣；20 世纪 70 年代，美国社区金融机构进入发展的巅峰；1994 年，美国放松了金融管制，掀起了金融自由化和银行业并购的风潮，曾造成社区金融机构的不断减少。但是，由于经济发展的要求，美国涌现出了更多的社区银行，并于 1999 年达到顶峰。据统计，美国 1999 年的社区银行设立数量高达 205 家。

为了鼓励金融机构在特定区域设立社区银行，推动经济不发达地区的经济发展，为社区居民或组织提供金融服务，美国政府于 1997 年颁布了《社区再投资法》，并于 2002 年重新修订。该项政策推动了社区银行的发展，为社区经济发展作出了非凡的贡献；根据美国独立社区银行协会（ICBA）统计，2003 年，社区银行机构数占了全美银行总数的 93.6%；2008 年底，此比例下降到 92%，共有 8000 多家社区银行，占全美银行资产总额 35%，按照通行的 10 亿美元资产划分标准，其银行资产结构分布如图 3－1 所示：美国拥有世界上数量最多的中小金融机构，且结构非常分散。作为中小金融机构的代表，美国社区金融机构虽然规模较小，但在全美的社区金融活动乃至整个金融体系中扮演着重要的角色，发挥着巨大的作用，并受到美国政府的大力支持。

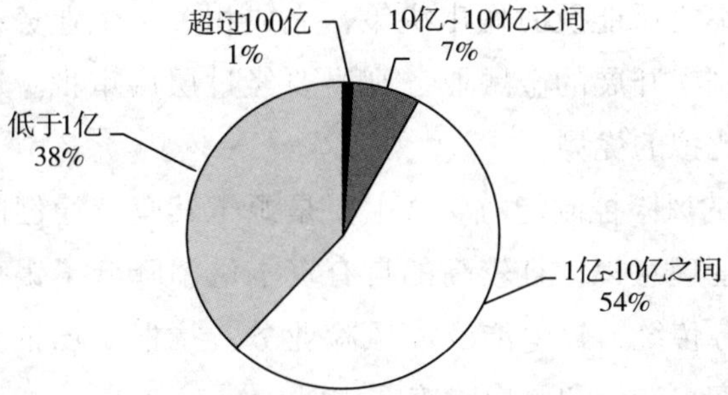

图 3－1　美国银行资产结构分布图（单位：美元）

美国社区金融机构的发展策略和经营模式具有以下特点。

（1）美国社区银行是建立在社区强烈的金融需求基础之上的，且资金组成大部分来源于民间资本，产权明晰，组织机构、经营管理较规范，因此可以实施市场化运作。

（2）业务范围位于特定的社区，拥有地缘和人缘上的优势，美国社区银行在发展过程中注重对社区内提供金融产品和服务，市场定位主要针对社区内的中小企业和居民。社区中小企业和居民的资金需求量少、需求不规律的特点造成大型银行不愿为这类客户提供金融服务。社区银行则根据这一特点发展求异性战略，有针对性地为这类客户提供金融服务。在资金使用方面，大型金融机构由于其固有的特性，往往会吸收一个地区的资金并投向其他地区，满足其他地区客户的金融需求，这就造成银行投放到本地区的资金减少，给本社区的经济发展带来了障碍；而社区金融机构则能把从社区吸收的闲散资金运用于本社区，满足社区内中小企业和居民的金融需求，促进社区经济的发展。

（3）社区金融机构的员工往往来自于本社区，对本地市场、经济状况等了解透彻，能完全融入到社区生活中；大型银行的员工则由于银行业务的限制，相对远离社区居民或组织，难以掌握社区相关金融信息。在进行审批贷款时，社区金融机构的工作人员不仅会了解客户的相关财务数据，还要掌握客户的各项特征，例如性格特征、收入状况、家庭构成、日常消费等；而大型银行在审批金融业务时，由于不能及时准确掌握客户的软信息，则只能根据客户提供的相关财务数据得出结论，可能会增加金融业务的风险。社区金融机构立足于社区，网点设置在社区，在完成信息收集之后能及时做出决策，完成相关金融业务；而大型银行由于政策的限制，开展的金融业务则需要经过层层审批。这些都是社区金融机构无可比拟的优势。

（4）卓越的风险控制能力。这主要是源于其坚持稳健的经营理念和高敏感的风险管理意识，且较高的自有资本比率降低了银行的信贷风险偏好，使其业务传统，较少涉及高风险业务。扎根现场带来的人缘、地缘优势利于其客户选择和风险监控。

（5）组织结构简单，减少了信贷决策环节和软信息的扭曲、流失。在信贷模式的选择上，美国社区银行注重关系型信贷。美国的社区银行一般为股份制银行，其股东和员工基本上来自于本社区，因此社区银行对客户的相关信息掌握得更加清晰，便于在社区内部开展各种金融服务。

社区银行的组织形式也相对简单，管理较方便，能快速开展各种金融服务和实施各种金融决策，在金融业务上的投入成本相对较低。社区银行专注于服务有限地理区域内的小型企业、家庭和个人，从社区吸纳资金又将其运用于社区。由于社区银行的这种特性，社区银行的业务收费相对大型银行较低，这也是社区银行能吸引大量客户的一个重要方面。美国相关机构于2001年对金融机构业务收费进行了统计，统计结果显示，美国社区银行在支票账户等服务方面的收费比大型银行低15%左右。

（6）服务于中小企业，解决中小企业的经营困境。由于社区银行设立的目的就是为社区中小企业服务，且其自身也属于中小金融机构，因此能充分认识到中小企业所面临的经营困境。一般来说，中小企业设立初期需要经历成本管理、制度管理、市场开发等过程，这一过程需要经历3~5年才会有机会盈利，因此社区银行根据中小企业的这种经营特点，为其提供独特的金融服务，并提供相关金融咨询业务。

（7）社区金融机构实行人性化服务，注重参与社区活动及自身的亲民形象。社区金融机构长期与社区客户开展业务合作，并掌握了客户的大量信息和需求，这就给社区金融机构实施市场细分提供了便利条件。社区金融机构能根据客户的不同需求为客户提供多样化、专业化的金融产品和服务，为客户提供贴心的金融服务。

（一）美国社区银行

1. 产品定位

美国社区银行鉴于自身的资金规模，最为突出的特点就是针对客户提供个性化服务。社区银行以向客户提供零售服务为主，包括较低收费的支票、中小企业贷款、农业贷款、投资产品、信用卡和借记卡服务、楼房按揭等。同时，社区银行在发展过程中非常注重业务的创新，为了保持业务的持续增长，以确保在激烈的竞争中占据优势，社区银行转变思路，除了之前的存贷款业务之外，还根据市场需要积极开发信托、投资等业务，以满足客户的各种金融需求。例如美国的信用卡市场，尽管各种大型银行已经凭借雄厚的经济实力和各种金融业务几乎垄断了整个市场，但是各种社区金融机构并没有放弃这一块市场，社区金融机构积极开发市场，主动推出各种特色金融业务，在信用卡市场上也占据了很大的份额。

2. 客户定位

美国的社区银行能掌握客户的各种信息，也能为客户提供优质的服务，并且在办理业务过程中，由于制度的成熟和完善，可以快速地完成，从而加快资金的周转，及时解决客户的资金需求，因此中小企业、社区居民和农户成为其主要客户。也因此社区银行在美国很受中小企业的欢迎。据统计，在美国资产规模在5亿美元以下的银行对中小企业的贷款占其总资产的比重达到10%以上，占其贷款额的比重达到50%～80%；而资产规模在100亿美元以上的大银行的上述比重分别为2.3%和15.6%。据统计，同样是对中小企业开展贷款业务，一般大型银行的业务集中于中型企业，而社区银行的主要业务对象为小企业和微小企业。因此，社区银行的发展能有效地促进中小企业的经济发展，同时，中小企业要做大做强，离不开社区银行灵活的金融政策支持，可以说社区银行与中小企业有着互为帮助、互为促进的关系。社区银行在发展过程中，始终坚持为社区居民或组织服务，为社区企业发展提供有力的资金和政策支持，这不仅让社区银行取得了较好的业绩，还促进了社区银行在金融市场中的发展，例如，根据《美国银行家报》（*American Banker*，1995）的调查结果显示，全美有206家社区银行由于业务量大、服务到位，深受社区客户欢迎，获得了“特优银行”的称号。

3. 竞争区域定位

社区银行的业务范围为社区，而“社区”并不是一个地理概念，既可以指城市或乡村居民的聚居区域，也可以指一个州、一个市或一个县。美国的很多社区银行为州立银行，这些银行为各个州的地方经济服务，它们从各个州吸收资金并投放于本地市场，满足本地市场上客户的资金需求，促进各个州的经济发展；而各个州的社区银行的发展又有限地减少了本地资金的外流，促进了基层金融体系建设。社区银行这种以特定区域为服务范围，助力于地方经济，促进本地中小企业发展的做法，深受当地政府和居民的欢迎。同时，社区居民或组织为社区银行提供了生存和发展的基础，在一定程度上也巩固了社区银行在当地的经济地位。

4. 在美国商业银行体系中地位的变化

(1) 社区银行在美国商业银行体系中仍占据重要地位。美国社区银行在发展过程中经历了巨大的变化，有其发展、并购、壮大的过程。社区银行在经历并购浪潮之后，依然在金融体系中占据重要的地位，其主要原因在于大型银行和社区银行之间的业务特点不同。大型银行资金雄厚、业务多样，但是，由于其开展各种金融业务的成本较高，各种信息不对称造成金融风险加大，对客户的各种信息掌握主要从财务报表和信贷报告中得到，不利于掌握客户的真实信息。所以，大型银行并不愿意向中小企业发放贷款。而社区银行重视“关系银行业务”（Relationship banking)，社区银行依靠社区内部的人际关系，及时掌握客户的各种软信息，再做出相关金融决策，满足当地客户的金融需求。根据对美国社区银行的信贷情况统计，尽管在过去的20年里社区银行对企业的贷款份额有所下降，但是仍占据小企业贷款份额的1/3，也超过了小型商业房地产贷款的40%；美国社区银行在推动农业发展方面起到了更加积极的作用，社区银行为农场提供房地产贷款占总量的65%，提供低于50万美元的经营贷款和小额农场贷款分别占61%和75%。总的来说，发展社会经济，不仅需要大型银行开展各种金融业务，还需要各种社区银行作为补充，这样才能共同发挥大型银行和社区银行的作用。在一定程度上来说，大型银行和社区银行都是为了促进市场经济而存在的，它们其实并不是完全的竞争关系，还是一种互补关系。

(2) 美国社区银行的经营业绩一直较好。美国的商业银行体系受到了市场竞争的冲击，经历了剧烈的并购过程，在并购浪潮之后，美国社区银行的数量急剧减少，资金和存款也大幅度减少，但是并购浪潮也促进了美国商业银行体系的发展，使很多社区银行得以发展壮大，形成了强大的竞争力。社区银行在美国商业银行体系中仍占有重要的地位，主要有两个方面的因素：一是社区银行能为社区提供专业化的金融服务，牢牢占据社区金融市场的地位，一直保持较好的经营业绩；二是尽管社区银行的绝对数量下降了，但是并没有削弱其经营能力。从资产回报率来看，小型社区银行的资产回报率低于大型社区银行和中型社区银行。1985～2003年，美国社区银行的平均资产回报率指标仅略低于中等规模银行和25强银行。在客户关系方面，社区银行能及时掌握客户的经济状况，也能及时为客户提供各式各样的金融服务，所以能与客户建立良好的长期合作关系。这不仅给银行开展业务合作提供了便利，也能降低社区银行在开展信贷业务方面的风险，因此，在对各银行的资产不良率的统计中，社区银行的资产质量比中等规模银行和25强银行略高。以上数据显示，尽管美国社区银行经历了激烈的并购过程，但是并购之后的社区银行具有更强的生命力和竞争力，能快速地适应市场，为客户提供更加专业的金融服务。

（3）大规模并购行为导致美国社区银行的数量、资产及存款规模显著下降。近二十年来，美国金融市场受到多种因素的冲击，例如非金融机构迅速崛起、资本市场逐步繁荣等，传统的银行业务下降，为了加快与市场的融合，获得竞争的领先地位，许多银行通过并购重组以达到扩大市场份额的目的，同时也达到管理效率的提高和助推社区经济的目的。随着经济全球化的发展，银行为适应市场需求，进一步加快了并购行动。据统计，自1980年以来，美国银行业发生的并购事件累计高达9418起，其中小型并购事件占总数的95%以上，共计8970起。在小型并购事件中，按照被并购银行的资产规模分类，资产规模在5000万美元以下的并购达4158起，5100万到1亿美元的并购达2010起，1亿美元以上到5亿美元的并购达2448起，5亿美元以上到10亿美元的并购达354起。社区银行的并购浪潮严重影响到美国的经济发展，造成美国社区银行的数量、资产规模、存款比例都发生了急剧的下降。

5. 美国社区银行的竞争对手

（1）美国社区银行竞争发展日益激烈，社区银行的业务范围也越来越广，在社区金融体系中的地位也越来越高。

根据对各银行的金融业务方面的统计表明，资产规模在5亿~10亿美元之间的社区银行在确定竞争对象时，一般把大型银行作为其主要的竞争对象，但是两者的主要竞争业务只是集中在信贷业务方面，主要包括个人信用贷款、商业信用贷款和房屋净值贷款等。社区银行与大型银行之间的这种关系，其实并不是业务竞争关系，而是两者之间的业务互补关系。社区银行与大型银行的特点以及两者之间的区别，充分说明了社区银行的定位与大型银行不同。

（2）美国社区银行的主要竞争者——信用社。社区银行机构认为，来自同行业之间的竞争始终存在，社区银行非常关注社区其他金融机构，以保持自身在贷款业务、担保业务等方面的竞争。同时，为了保持竞争地位，社区银行把其他社区金融机构看作主要的竞争者，及时改善服务、改进业务，及时为客户提供各种担保、存贷款等活动，以吸引社区居民或组织参与社区经济建设的同时，扩大社区银行的市场占有率。

美国的信用社实行民主管理制度，所有的重大事项必须经过全体会员投票决定，且会员无论存款多少，都有投票的权限。作为社会非营利性金融机构，信用社在管理上实施民主管理原则，所有会员都有参与信用社管理的权利。在吸纳会员方面程序简单、操作方便，根据信用社成员入会的相关章程规定，只要符合入会标准，并在信用社内存入至少 5 美元，就能顺利地成为信用社会员，成为会员之后可以享受信用社提供的各种金融服务。目前美国的信用社主要分为联邦特许的信用社和州特许的信用社，其中联邦特许的信用社又分为社区信用社、单一共同纽带信用社、多重共同纽带信用社。在信用社的成员组成方面，社区信用社的成员主要来自于本社区；单一共同纽带信用社的成员主要来自于单一的协会或职业等；多重共同纽带信用社的成员则主要来自于同一协会或同一职业。近年来，美国的信用社也经历了并购浪潮，通过并购，信用社的数量大大减少。但是社区信用社的资产份额却出现了大幅度的增加，其主要原因是 1997 年以后，社区信用社的数量出现了大幅的增长，增幅达 162%。

美国政府一直非常支持信用社的发展，推出了很多扶持政策，如：①建立信合保险制度，为信用社及会员提供更好的服务，实现了信用社及会员财务方面的安全保障；②免税政策，政府始终坚持对信用社的免税政策，政府各级税收管理机构制定相关政策，免除信用社的各种税收，支持信用社在社区内部的发展及扩大经营；③免除信用社的存款准备金，通过免缴存款准备金降低信用社的进入门槛，支持信用社的设立；④切实保障信用社的自主经营权利，政府给予相关政策，确保信用社能自主开展经营管理、利润分配、人事任免等工作，一方面保障了信用社管理的灵活性，另一方面还为信用社发展提供了动力。由于政府一系列的扶持政策，非营利性质的信用社得以顺利发展，并占据了较大的市场份额，成为商业银行的一个重要的竞争对手。信用社的这种发展态势促进了美国的金融体系建设和金融市场的稳定。

（3）社区银行和信用社之间的竞争。根据对信用社和社区银行资产规模的统计显示，截至2003年年底，资产规模在1亿美元以下的信用社占总数的88%，而资产规模在1亿美元以下的社区银行的比例仅占总数的50%。因此，信用社和社区银行在资产方面有着较大的差异，再加上两者的发展地域不同，都暗示着两者在发展过程中必然存在激烈的竞争。

相关部门通过对既存在社区银行又存在信用社的地区进行调查显示，1994~2003年间，社区银行和信用社的存款份额主要发生了如下变化：社区银行的存款份额平均下降7%，而信用社的存款份额则平均增加了大约8%。这在一定程度上反映了两者之间存在着竞争关系，而社区银行和信用社之间产生竞争的原因则主要在于两者在农村金融业务方面和客户服务方面有相似之处。政府为了发展信用社，推出了很多优惠政策，但是社区银行却缺乏类似的政策支持。尽管信用社在政府的支持下得以迅速发展，但是由于起步晚，发展条件还相对有限，依然没有对社区银行形成有力的挑战。这主要是因为美国的信用社客户服务对象为个人，而社区银行则以为中小企业和个人为服务对象。

6. 美国社区银行的资金来源

美国社区银行在发展过程中，吸收了社区内部居民、中小企业大量的稳定存款，这部分存款被称为社区银行的核心存款（Core deposit），美国社区银行的核心存款为社区银行的资金流动提供了核心支持，确保随时满足社区各种金融业务需求。同时，由于社区银行以较低的利率获取客户的大量存款，并以较高的利率向社区中小企业和个人提供贷款，所以能保证社区银行的高收益。因社区银行的服务对象为社区中小企业和个人，这部分客户由于政策的限制难以向大型银行申请贷款，只能转向社区银行寻求资金支持，而社区银行往往会对这类信贷业务收取较高的贷款利率，这样才能保证其净利差高于大型银行，为社区银行的资金稳定和快速发展提供保障。

随着竞争的不断加剧，美国社区银行逐步开始探索资金的其他获取途径，并且开始学习大型银行获取资金的经验。但是，大型银行的一些资产获取方式却并不适合社区银行。因此，社区银行应主动开发适合自身发展的资金来源。同时，社区银行还要加强传统资金来源的管理，做到以传统为主，适当开发，全面发展，降低由于多渠道获取方式给社区银行发展带来的风险。

7. 美国社区银行稳健经营的制度保证

（1）严格的监管制度。为了便于对社区银行的发展进行监管，美国社区银行实施了股份制改革，并形成了以内部控制为基础、政府专管为核心、自律组织的自律监管、中介组织的社会监督为补充的监管体系。

美国政府对社区银行实施严格的监管，主要监管机构包括州政府、联邦存款保险公司、联邦储备银行和货币监理署等。各机构对社区银行的监管内容各不相同，州政府主要监管社区银行是否按规则运行，存款保险公司主要监管社区银行的资产流动情况，联邦储备银行主要负责信用监管，货币监理署则主要负责业务监管。同时，为了实现社区银行的自律，美国已经形成了多个社区自律协会，例如社区银行分会、独立社区银行协会（ICBA）等，这些机构的设立规范了社区银行的行为，促进了美国金融体系的发展。

（2）健全的法律体系。美国政府历来就有完善的法律制度，政府为支持社区银行的发展，颁布了很多法律法规作为社区银行发展的法律保障，例如，《小企业法》《社区再投资法》等。《小企业法》颁布的主要目的就是为解决中小企业的融资难问题，该法实施之后，美国政府设置了小企业管理局，以规范小企业的发展，为小企业的融资提供了保障。在对小企业的扶持措施上，主要有以下几方面：一是推出各种贷款优惠条件，鼓励小企业参与信贷业务；二是完善贷款担保体系的建设；三是明确小企业贷款的优先权等。

为适应市场发展的需求，1977 年，美国政府颁布了《社区再投资法》，并在具体实施中不断对该法规进行修订，为社区银行的规范发展提供了保障。根据《社区再投资法》的相关规定，银行监管机构定期对实施信贷业务的金融机构实施评估，并将评估结果作为金融机构发展分支、开展新业务等活动的审批条件。

（3）完善的存款保险制度。在保障社区银行的发展方面，美国政府给予了政策上的支持。1993 年，美国政府通过了“格拉斯— 斯蒂格尔”法案，通过该法案的支持，政府向全国 9900 家金融机构提出了半强制性的参加存款保险的要求；为了便于具体实施，又成立了联邦存款保险公司。美国政府推行的存款保险制度为存款类金融机构提供担保服务，降低了金融机构的经营风险。在金融机构因经营不善或市场竞争不利造成破产或倒闭时，该保险基金就会发挥作用，及时向存款客户还款。该项制度的推行，有助于社区银行与大银行的公平竞争，也在一定程度上稳定了社区银行的运行，保障了社区银行的信誉，增强了存款客户对社区银行的信心。

（二）美国农村金融体系

1. 私营金融

美国开展农业信贷业务的主要金融机构为各种商业银行和人寿保险公司，这些金融机构基本上都是私营金融。美国的商业银行种类多、机构多、历史悠久，在 20 世纪 30 年代以前就开始办理农业信贷业务。在经历长期的发展之后，商业银行形成了灵活的经营机制，具有较强的市场竞争力，其在促进农业发展中也起到了非常重要的作用。相对其他行业来说，美国的农业生产有独特的性质即农民获得贷款的途径一般来源于个人。在中短期贷款方面，往往采用分期付款方式与退休农民签订土地购买合同。在金融机构紧缩贷款时，这种信贷模式往往占到土地买卖的一半以上。

2. 合作金融与政策性金融

在合作金融和政策性金融发展方面，主要包括以下几个方面。

（1）联邦政府所提供的保证贷款。联邦政府通过提供保证贷款，保障高风险但又必须实施的项目顺利实施。这种贷款的优惠力度较大，贷款利率较低。

（2）美国的农业信贷体系。美国的农业信贷系统兼具合作性和政策性的特点。1993 年以后，美国形成了相对完善的农业信贷体系，主要包括 12 家生产信贷公司、12 家联邦土地银行、向农场提供中短期贷款的地方联邦土地银行协会及由它们组织的地方生产协会。

(3) 联邦政府的直接贷款。联邦的直接贷款具有还贷期限长、利率低的特点，因此受到申贷者的欢迎。美国的农业部获得的联邦直接贷款相对较多，主要来源包括：小企业局的贷款、农产品信贷公司的贷款、农场主家庭管理局的贷款。

(4) 美国政府的出口信贷政策。美国的出口信贷形式有：①长期优惠贷款。它主要是向出口国提供贷款。②短期商业信贷。它主要是农产品信贷公司和美国进出口银行对农产品进出口给予买卖方贷款。不过，在进出口银行的业务中，为农产品出口的贷款或贷款保证只占其业务的一小部分。农产品信贷公司参与大多数短期商业信贷。

3. 美国农业信贷系统的结构

美国的农业信贷系统（The Farm Credit System，FCS）的组成主要有借贷机构和提供相关服务的组织。这些机构主要为农业、渔业人员提供相关信贷服务，也可以为其开展农业、水产业活动提供贷款，还可以为农业、水产业的相关生产活动提供信贷支持。与商业银行和储蓄机构不同的是，美国农业信贷系统内的机构无法接受存款，其信贷资金来源主要是系统内的债券和票据等。

二、欧洲社区金融的实践分析

（一）欧洲社区金融概述

虽然欧洲具有完备的金融体系和发达的金融网络，其集中垄断程度也相对较高，但是20世纪90年代后，不少金融机构由于经营困难而进行网点撤并，给很多地区的社区居民带来不便。当地金融服务的缺失迫使居民到金融服务完备的地区进行消费，造成当地社区商业衰退、经济萧条，给居民带来额外的经济成本。

这导致了英国、苏格兰等欧洲国家开展了一场“社区银行服务运动”。该运动的目的在于为社区提供与其经济发展水平相适应的各种金融产品及服务。社区金融机构的建立说到底是为了满足社区的金融需求，以传统银行业务为主，不以盈利为目的，而是注重社区功能，主要通过以下四种渠道提供社区金融服务：设立新社区银行、共享分支网络、利用分支机构和特许经营。

截至1998年年底，欧元区各国约有7000多家类社区金融机构组织。其中，德国有2000多家类社区金融机构组织，法国和英国也有100家以上。这些社区金融机构主要为所在地区的中小企业和居民提供金融服务，在支持中小企业发展和方便个人消费上发挥了重要作用。

（二）德国的农村金融体系

德国在长期的农村金融体系建设方面，形成了其特有的发展特点：一是德国农村合作金融组织实力雄厚，成为欧洲最大的合作银行体系；二是德国相对其他国家来说极少干预合作金融，仅在外部监管上予以干预，主要通过中央银行和合作银行对行业进行审计；三是德国农村合作组织体系经历了长期的发展，具有层次分明、体系完善的特点，能最大程度发挥合作金融的作用。

德国的农村合作金融机构具有三个层级，一是基层的信用合作组织，主要由农民、城市居民、个体私营企业、合作社企业和其他中小企业入股组成；二是中层的地区信用合作银行中心，由地方合作银行入股组成；三是高层的德意志合作银行，由地区信用合作银行中心和基层信用合作组织入股组成。农村合作金融的三个层级不存在隶属关系，各自独立。德国的合作金融体系通过经济上的联合，具有较强的发展优势，形成了强大的竞争力。为丰富农村金融市场，进一步推动农业生产的发展，德国除了鼓励合作性金融的发展之外，还积极发展政策性金融，同时鼓励和支持商业银行和私营金融机构的发展。

德国发展农村合作金融主要原因在于农村信贷一系列特性不利于农民获取信贷资金，例如，农民信贷需求不稳定、信贷需求资金量少、信贷需求在空间上较零散，这些因素增加了信贷的成本，要减少这部分消耗，就需要有信贷需求的农民自发组织起来，成立合作金融组织，并通过国家的行政管理，完善合作金融组织的设置，规范合作金融组织的运行，并对运营过程中的风险进行管控，发挥合作金融对农村经济的促进作用。

19世纪中期以后，德国开始实施土地改革，农民借助土地改革的力量从地主手中获取了很多土地，从1849年起，德国的合作社组织就开始利用农民的土地扩大经营，并规定凡在农村拥有价值1500马克以上土地的农民均可加入合作社。德国这种合作社的建立模式成为现代土地抵押给信用机构的雏形，其实质是为农民提供更多的信贷资金，以扩大生产经营，提高生活水平。德国的农业合作社发展模式也成为主要的长期农业信用机构和德国土地金融制度的核心。

德国的土地金融体系建设采用“自下而上”的发展模式，即先组建各地的土地抵押信用合作社，然后向上发展成立联合合作银行。这种信用合作社属于私营金融组织，是由社员自发组织并为社员提供金融服务的机构。经过长期的发展，目前土地抵押贷款广受德国农民的欢迎，土地抵押合作社也成为支持德国农村经济发展的长期金融机构。

三、澳洲的农村信用合作机构

和欧洲国家一样，澳洲也是在面临银行分支机构遭遇撤并威胁时提出创建社区银行的。澳洲的社区银行（说得更确切些，是提供社区金融服务）采取三种形式。

（一）分支机构模式

分支机构模式是以银行分支行形式、建筑协会（building society）、信用社（credit union）形式出现的。分支机构模式提供的主要金融服务包括现金便利、支票便利和支付便利。一般来说，对以分支机构模式设立的社区银行实行特许经营，主要实施方案是通过单个实体组织在社区内部开展集资活动，并用集资资金作为资本向银行申请建立分支。这种形式的分支行成立之后，社区就能拥有各种行政、管理、业务等方面的权力，可以实施母行所拥有的一切业务。社区负责分支行人员的招聘和薪酬管理，但是由于雇员并不是母行编制，无法拥有母行员工相同的收入，但是在经营过程中，雇员可以接受同母行员工一样的专业培训。通常情况下，银行的利润收入会上缴到母行，由母行重新进行分配，同样，由于社区银行的分支行归属社区所有，其利润收入也要上缴到社区银行。社区银行会把这部分资金在社区内部进行重新分配，进一步满足社区客户的信贷需求，促进社区经济发展。因此，这种分支行模式的社区银行在澳洲西部最受欢迎，如库林（Kulin）、Trambellup、图吉（Toodyay）、

Granbrook 和古马灵（Goomalling）等地。这类社区银行的设立大大促进了当地的经济发展。

（二）代理模式

社区金融的代理模式，主要是指社区内部某一企业组织代表银行或信用社为社区提供各种金融代理业务。澳洲的代理机构一般为“澳大利亚邮政”（Australia Post）。由于企业性质不同，所能提供的代理业务也不尽相同，但是在基本业务代理方面，都保持了基本的业务代理功能，例如提供存款、有限的资金提取、账户结算等。目前，代理模式最成功的是澳洲银行的邮政直接转账服务（giropost/Australia Post）。邮政直接转账服务是澳洲邮政银行服务，根据澳洲邮政与主要的金融机构签订的代理协议，澳洲邮政代表主要金融机构为社区提供金融服务。目前澳洲办理邮政直接转账服务的邮局有至少 2700 家，其业务范围主要为：存取款业务、信用卡业务、账户余额查询业务和新个人账务业务等。

有些乡村邮局没有连接邮政直接转账服务网络，因此，它们仅办理英联邦银行（Commonwealth Bank）存折户的存取业务。2000 年 4 月，澳洲邮政开始办理网络支付业务（internet billpay service）。客户可直接通过澳洲邮政网开展账单支付业务。

（三）电子银行模式

电子银行模式的出现是金融体系发展过程中的又一大进步，它有效地满足了社区的金融需求。这种社区银行由于发展模式不同，无法拥有分支机构模式和代理模式的社区银行所实施的所有金融业务，但是它所具有的电子化、高科技化的特点能为客户提供便捷的金融服务。常用的业务有：网上银行（online banking）、自动柜员机（automatic teller machines）、电话银行（telephonebanking）、销售电子银行转划系统（electronic funds transfer at point of sale/EFTPOS）等。

除了以上三种形式以外，澳洲当地政府和地区发展部（Department of Local Government and Regional Development）还通过店内银行（Instore banking），警察护士信贷协会（Police and Nurses Credit Society）和乡村交易中心计划（The Rural Transaction Centres，RTC）为社区提供内容广泛的金融服务。

四、亚洲社区金融的实践分析

（一）日本的社区金融实践

社区银行是日本发展社区金融的主体机构，又称地方银行，日本社区银行发展起步较早，最早出现于明治末年（1910年前后），在第二次世界大战期间和战后金融管制时期，为了大力促进地方经济的发展，满足地方经济对资金的需求，日本大力发展社区银行，促使社区银行很快成为地区核心金融机构。但是在后期经济发展过程中，随着金融体系的市场化，社区银行面临着激烈的竞争，特别是在经历泡沫经济破灭的长期萧条期之后，日本社区银行的经营状况开始恶化，并出现经营亏损等状况，很多社区银行由于有大量的不良贷款，至今还未能走出困境。

虽然日本金融垄断程度最高，但日本也存在60多家社区金融机构。这些机构活动范围在一定区域内，业务主要面向中小企业，为小型企业和当地居民提供传统的金融服务，对当地中小企业贷款比率一般占全部贷款的70%～80%。各国社区金融对社区银行或社区金融机构有很强的依赖性，可以说，社区金融机构是金融体系必不可少的补充。

日本在发展金融体系方面取得了很大的成绩，这主要取决于日本良好的商业策略。首先，日本地方经济较发达，中小企业分布广泛，地方金融机构根据日本经济的特点，采取一系列战略举措，确保合理布局、务实精干。日本金融机构对营业网点进行均匀合理的布置，避免出现机构繁多、业务杂乱的现象，并规范金融机构的管理，确保各项金融业务的公正性和便利性；其次，地方金融机构始终坚持合理的经营战略。在不同的发展阶段，金融机构均采用统一的发展战略，在贷款业务上认真分析自身和客户的实力，再去开展贷款业务，从而达到控制贷款风险的目的；最后，在发展经济方面，日本的金融机构与政府联系紧密，但从组织形式的角度看，其依然是实行市场化运作并独立于政府之外的经营实体，作为典型的民间商业机构，其并不会受到政府的过多干预。

受各种因素的影响，日本社区金融的发展不如美国社区金融的发展，造成日本社区金融发展滞后的原因是多方面的，一是由于日本宏观经济的影响，日本经济形势低迷的现状严重影响社区金融的发展；二是日本大多数社区金融机构发展战略相对落后，没有实施差异化发展模式，在市场定位、业务开发等方面出现了偏差。日本社区金融在与城市银行、信用银行等竞争时，不能很好地掌控市场，造成优质客户流失、成本升高、利润下降，在经济形势下降的情况下，更易受到冲击。同时，日本社区金融机构在偏离“求异型策略”后，为了抢占金融市场，改善经营现状，均采用扩张的发展战略，这就导致了各银行金融产品的同质化更加严重，同行业之间的竞争更加剧烈，从而造成利润进一步下降。

日本县域金融体制基本组织结构如下。

一是日本县域金融体制的典型特点。日本的县域金融经历了长期的发展，形成了政策性与合作性交互的典型特点。日本的农业金融体系包括三个层次：一是中央农林金库和全国信贷协会；二是都、道、府、县的信用联合会；三是基层农协的信用组织。同时在基层和中间层次又有农、林、渔三种不同的行业协会成立信用联合会。日本的农村信用合作采取三级组织管理模式，即农民入股进入“信农联”、“信农联”入股组成农林中央金库，三级组织实行自上而下的管理和服务，且都能实现自主经营、独立核算。信农联是日本农村合作金融体系的中层机构，它的服务对象是基层农协，主要职责是调节基层农协的资金平衡，资金来源主要是基层农协上存的资金。农林中央金库是农协信用业务的最高机构，它按照政府的要求推行相关财政政策或货币政策，为信农联提供资金和政策支持，协调全国信农联的资金活动，并指导信农联的工作。农林中央金库的主要资金来源包括两个方面：一是信农联的上存资金，二是国家批准发行的农村债券。

二是日本农村金融系统结构。日本的农村金融系统结构主要包括农业合作社、渔业合作社和林业合作社。整个结构被国家级的组织所覆盖，这些机构为合作社提供咨询、保险、融资等服务。日本的农林中央金库是各种合作社的中央银行，农林中央金库通过各种合作社的金融业务为广大客户提供贷款服务，并从地方获取资金支持。日本农林中央金库在日本的合作社体系中发挥了重要的作用，能顺利地完成融资工作并进行资金调剂，还能为其他国家级联盟提供融资服务。

与中国农业的发展情况类似，日本农业发展具有地少人多、自然条件差、小农意识强等特点。第二次世界大战以后，为了发展农村金融体系，促进农村经济发展，改善农村贫穷的状况，日本政府推行了一系列政策支持农村金融体系的建设。

在农村合作金融体系建设中，合作金融发挥了不可替代的作用。作为农民自发建立的互助金融组织，其主要服务对象为社区内的农民，解决农民的信贷资金需求。在金融体系建设上，合作金融的网点已经覆盖了农村整个金融组织。在业务创新方面，合作金融始终坚持为社区服务的理念，在经济发展的各个阶段，根据会员的金融方面需求，不断调整政策和业务，为会员提供多样化的金融产品，提供优质的金融服务，满足会员的各种金融需求。合作金融在社区经济发展中的良好表现，吸引了更多的客户参与金融体系建设。因此，可以说，在农村金融体系建设方面，合作金融起到了不可替代的作用。

日本的合作金融具有合作性和政策性相结合的特征。合作金融不同于商业金融，合作金融主要解决农村小额资金需求，具有服务灵活、资金需求量少的特点，因而能以较低的成本获取较大的收益，从而改善长期以来农业的弱势产业地位。同时政府积极实施政策性金融，为合作金融无法开展的业务提供资金支持，这类资金极大地解决了社区中资金需求大、占用时间长的信贷项目。合作性金融和政策性金融在我国农村经济发展过程中发挥了极大的作用，两者具有不同的分工，所能提供的金融服务也不尽相同。在发展农村金融体系建设方面，政府的调控政策发挥了重要的作用。日本政府为改善农村金融体系建设颁布了很多关于政策性金融和合作性金融的相关法律法规。在合作性金融方面，政府通过财政补贴的方式给予合作金融组织以支持，促进贷款业务的发展，弥补贷款政策给金融组织带来的损失。政府还为合作性金融组织提供存款和税收等方面的优惠条件，以促进合作性金融组织的业务增长。总之，日本政府通过资金和政策，为农村金融体系建设提供有力的支持，减少了农村金融业务的成本支出，促进了农村金融体系的建设和发展。

（二）孟加拉国的乡村银行

孟加拉国的乡村银行主要为农民提供微型信贷服务。其创始人为穆罕默德·尤努斯，由于在乡村银行建设方面的突出贡献，尤努斯于 2006 年获得了诺贝尔和平奖。1974 年，孟加拉国农业发展遭遇了严重的危机，出现了严重的饥荒现象，为了扶持当地经济，尤努斯在当地开始推行小额信贷，以帮助农民渡过危机。孟加拉国的第一家乡村银行于 1976 年在乔布拉（Jobra）村创办成立，在 1983 年获得当局的认可并注册为银行。之后，乡村银行的分支迅速占据全国各地，成为全国金融市场上一个重要的金融机构。目前，孟加拉国乡村银行的金融服务遍及全国 64 个地区的 68000 个村，运行中客户的信用状况较好，还款率超过 97%。在具体实施方面，为了实现对当地贫困人员的金融支持，乡村银行及时推出了微型贷款业务，且不需要相关担保手续，其对贫困人员发放贷款的主要对象为妇女。这种信贷政策大大促进了贫困人员的创业热情，改善了她们的生活，且贫困人员在生活改善之后能及时还贷，也促进了乡村银行的发展。孟加拉国乡村银行的这种微型信贷业务是世界首创，有效地缓解了农村经济发展过程中的资金供应不足的矛盾，促进了孟加拉国的经济发展。

在现行金融体制下，金融机构为促进自身的发展，获取更大的收益，往往不愿意为贫困人员提供信贷资金，而更愿意为经济基础较好的企业和人员提供信贷资金，因为金融机构认为向贫困人员提供信贷资金不仅会给资金回笼带来麻烦，还会增加金融机构的运营风险。而尤努斯则认为金融机构应该为穷人服务，帮助穷人走出困境。尤努斯认为，信用是平等地赋予每一个人的基本品质，并不是少数富人的特权。所谓物以稀为贵，对于穷人来讲，不可能拥有社会地位、财富等其他重要资源，因而他会对信用格外的珍惜和保护。这也是孟加拉国村民小额贷款的违约率极低的重要原因。作为一项贷款业务，如果有极低的违约率，再有相对不错的收益率，那它将是一项非常好的业务。孟加拉国乡村银行之所以能取得这样的成功，重点在于其能为客户营造一个相互制约的环境，建立一个有着共同利益的互助组织。孟加拉国的乡村银行能取得成功的这一事实也说明了一个问题，只要有合理的制度和完善的政策，穷人能让人感受到更多的信任。穆罕默德·尤努斯本人也说："穷人拥有比富人更高的信用，他们坚守诚信规则，通过努力的工作，及时归还信贷资金。”穆罕默德·尤努斯也给了穷人证明自己信用和智慧的机会。按照传统观念以及人们对信贷的认识，穷人根本不可能有能力偿还贷款，因此发展向穷人贷款的业务毫无意义，浪费了社会资源，使银行的业务得不偿失。但是，孟加拉国乡村银行通过实施这一政策之后，却收获了较低的坏账率，这一点足以证明向穷人开展信贷业务是一项非常成功的举措，也让那些瞧不起穷人的所谓的社会精英认识到了穷人的信用。穆罕默德·尤努斯在他的自传《穷人的银行家》里，曾有这么一句话：如果我们能平等地对待穷人和富人，给予他们相同的机会，穷人也能摆脱贫困，如果没有制度和政策方面的束缚，穷人本身能创造一个没有贫困的世界。对于穷人来说，他们对于文明世界的要求其实并不多，最重要的就是希望能获得信任、理解和公平。一旦拥有这些，他们会感到生活得更加体面。众所周知，在现有的金融体系中，几乎所有金融机构的贷款业务都需要相关担保业务，这主要是因为在经济学中有一个理论叫作“自利最大化假定”。根据这个假定，很多商业银行开展贷款业务过程中，最担心的就是客户不能及时还清贷款，更担心客户欠款不还，于是政府和金融机构通过制定严厉的法律条款，要求客户提供担保服务，以降低出现坏账的风险。而穆罕默德·尤努斯则持有相反的观点，在开展金融业务过程中，他假定所有借款人都坚守诚实守信的原则，能够及时归还欠款。穆罕默德·尤努斯金融机构的发展离不开对人们的信任。孟加拉国乡村银行能取得这么大的成绩，与对客户的信任密不可分。

穆罕默德·尤努斯创建孟加拉国乡村银行的目的是为了支持当地乡村经济发展，使当地人们摆脱贫困，但是他所开展的业务并不是简单地向穷人捐款，而是认真研究造成当地人们贫困的因素，寻求解决贫困的措施，然后再向穷人发放贷款，从而使穷人能够顺利摆脱贫困、走向富裕。为此，他制定了一套严格的考察制度，对申贷人进行分类考察，并只把钱贷给有理想的、立志于摆脱贫困的穷人。在这种体制的作用下，穆罕默德·尤努斯创办的乡村银行在乡村经济建设中发挥着越来越大的作用，并获得了很大的收益。穆罕默德·尤努斯发展乡村银行的目的是帮助穷人实现个体创业，从而顺利摆脱贫困生活。尽管在发展过程中，乡村银行一直实施小额信贷业务，但是却取得了很大的效用。穷人通过参与信贷业务，逐步摆脱了贫困的面貌，有一部分人甚至在事业上取得了非常大的成功，因此，可以说乡村银行在孟加拉国金融体系建设中具有不可替代的作用，乡村银行的发展为孟加拉国金融体系的完善和社会经济的发展作出了非常大的贡献。

2006 年，穆罕默德·尤努斯又推出了一项扶贫计划，主要针对路边的乞丐。该项目主要为乞丐无偿提供 9 美元的贷款，鼓励乞丐通过小额贷款自谋生路。乞丐可以用这笔钱做一些小生意，摆脱挨家挨户乞讨的命运。在这种自食其力项目的感召下，尤努斯的这种政策吸引了大量的乞丐参与。尽管该项目实施的时间较短，但是收效较好，在很短的时间内就回收了资金，很多人摆脱了乞讨的命运，转变为小商贩，也改变了被人歧视的命运，得到了应有的快乐和尊重。乞丐们由于有了生存的资本，他们开始学习生存技能，掌握经商技巧。乞丐们表示，之前很多人对他们避而远之，现在很多人还主动跟他们接触，让他们觉得活着有了尊严。

（三）印度县域金融体制

印度为农业发展提供信贷资金的主要途径为商业银行、地区农业银行和农业信贷合作社等金融机构。印度政府通过大力推行农业信贷政策，鼓励农民通过信贷业务扩大经营，为农业的现代化发展提供了政策和资金支持，有效地推动了农村经济的发展。但是，印度的信贷政策还存在着一些问题，例如，部分金融机构注重自身利润的增加，忽视了农民的权益；金融机构地区分布不合理，造成部分地区的农民无法享受相关信贷政策；部分农民把贷款用于非生产方面，造成资金无法专款专用等。由于这些问题未得到妥善的解决，严重影响到农村的经济发展，使农民的资金需求难以及时得到满足。因此，印度在发展农村金融体制过程中，要重视农村金融机构的发展，通过完善相关政策，切实保护金融机构和农民的利益。

印度县域金融体制的结构如下。

印度的信贷主要有两类：现代信贷机构和传统的放债人。目前，印度农业信贷合作机构所能提供的贷款主要有短、中期贷款和长期贷款两大类。其中，能提供短、中期信贷业务的金融合作机构主要由邦联银行、中心合作银行和初级农业信用社三级组织机构构成。目前，印度已经形成了覆盖全国的信贷网络，覆盖面从中央一级的国家农业和农村开发银行到基层的初级农业信用社。作为印度的中央银行，印度储备银行设有农业信贷部，但是根据该行的规定，它不能为农业直接提供贷款，而只能通过联邦商业银行、联邦合作银行和联邦政府等机构发放贷款。印度的商业银行在发展前期注重满足城市的金融需求，在支持县域经济发展方面起步晚。印度商业银行现在为农村提供信贷政策，通过直接信贷和间接信贷为农村发展提供金融服务。近年来印度农村信贷取得了较大的进步，但是由于政策的限制，很多资金没有到达也没有落实到位，导致贫困农民无法顺利得到信贷资金，无法改善生活。印度的农业中间信贷机构和开发公司能为农业发展提供金融服务。这类金融机构的资金主要来自于外资，例如世界银行的贷款、国际农业发展基金等。为了促进县域经济发展、规范农村金融机构的运营，印度政府于 1982 年 7 月 12 日正式成立了国家农业银行和农村开发银行。这两个银行直接代表印度中央政府和中央银行，其职能在于监督和检查农村信贷合作机构和地区农村银行的工作，帮助和资助商业银行的县域信贷活动。目前它们是印度最高一级的县域金融机构，在整个农村金融体系中的地位非常重要。

五、国外社区金融发展实践的启示

通过对美洲、欧洲、澳洲、亚洲四大洲国家社区金融活动的考察，我们不难发现：社区金融活动的蓬勃发展得益于各国政府的政策扶持，得益于社区金融的正确定位，得益于监管当局的有序监管。从发展趋势看，尽管未来社区银行等社区性的金融机构可能会因为并购等而出现数量下降，但是从总体市场格局看，社区金融活动在各国的金融活动以及社区性的经济运行中依然会相当活跃。由于我国社会的进步和经济的发展，我国社会管理的中心也发生了转变，“社区制”管理模式逐渐进入百姓的生活。社区经济在整个经济生活中的地位和作用正逐步凸显出来。社区金融服务也随之被提到社区建设的重要议事日程上来，并且已成为各家商业银行竞争的焦点。

在国民经济体制建设中，最需要扶持的对象就是农村、农民，因此在发展县域金融体系建设方面，各国都非常重视对农村和农民的扶持工作，通过实施各种金融政策为农民、农村经济发展服务。国家要发展农村金融体系，必须要重视县域金融机构的发展，为农村和农民提供更加优惠便捷的金融业务。

农业政策性金融是发展政策性金融的一个重要方面，农业政策性金融的实质是国家或地区对农业发展提供政策性支持，以推动农业发展，并为三农提供更好的金融服务。在具体实施方面，我国的农业政策性金融涉及与三农发展相关的众多领域。发展农业政策性金融的基本目的是为了促进农业持续稳定的发展、振兴农村经济、提高农民生活水平，只有切实发展农业政策性金融，才能充分发挥其对农业发展的促进作用，实现农村经济的快速发展。

在发展农业政策性金融方面，国家应提供以下几个方面的支持：一是为合作性金融机构提供资金和政策支持，以促进合作性金融的发展。在具体实施上，可以通过技术扶持或资金支持助力金融机构发展，也可以制定相关金融政策，鼓励商业性金融机构的发展。二是国家助力发展一部分合作性金融机构，国家通过政策的支持，让农民从信贷机构享受到小额信贷的金融服务。由于合作性金融机构与商业性金融机构的性质和业务内容不尽相同，合作性金融机构的业务稳定，业务面固定，国家可以通过在制度和税收等方面给予支持，助力合作性金融机构的发展。三是国家对县域金融机构进行个性化的监督，政府通过设置某些专项管理机构，监督县域金融机构的发展。

发达国家和地区，特别是美国，已具有一百多年的发展社区金融的经验。虽然美国、欧洲、日本等国家和地区经济发达，与我国实际情况有很大的差别，但国外社区金融的实践分析与宝贵经验仍然为我国社区金融的发展具有一定的借鉴意义，具体如下。

1. 准确的市场定位

“求异型”市场定位策略的选择是充分发挥社区金融机构优势的关键，这是美国和日本社区银行初期发展的实践经验，通过将目标客户选定为大型国有金融机构所不愿涉及的中小企业、个体工商户和农户等小额贷款主体，以获取更大的市场空间，抢占市场空白。同时，当目标市场定位确定后，不要轻易做出更改，也不能偏离市场，否则会受到新的风险的影响，失去原有的市场优势，进而走入困境。

2. 多样灵活的运作模式

首先是机构多样，机构既可以是社区银行类的金融机构，也可以是非金融机构（如邮局、商店、网络等）。其次是方式灵活，可以采用新设立社区金融机构，也可以依托现有的机构采用代理、特许经营等方式。

3. 市场化与社区化相结合的经营方式

国外很多社区金融机构取得了很大的成功，这归功于市场化的运作手段。很多社区金融机构在发展前期，需要政府给予支持，但是在经历一段时间的发展之后，当金融机构能够独立开展金融业务时，就要及时自主经营，采用市场化的运作方式，经受市场竞争的考验，在竞争中发展壮大。我国在发展社区金融方面，也应采用市场化的经营手段促进社区金融机构的发展，社区金融机构的信贷行为、利率标准等，要根据市场需要进行调节，一切运行机制都要在市场化的框架下完成。同时还要发挥社区居民在金融机构建设中的作用，例如通过向社区居民发行股份、雇佣社区居民等方式，加强与社区居民之间的联系，形成利益共同体，使社区金融机构的发展具有更大的优势，顺利占有社区金融市场。

4. 政府支持与介入

鉴于金融在国民经济中的重要地位，为了完善金融体系建设，确保经济运行的稳定，降低金融系统风险，各国政府都不同程度地介入金融系统的发展，对银行系统进行监管。政府在发展社区金融机构方面起到了非常重要的作用，例如美国的社区银行和孟加拉国乡村银行，这两个国家的社区银行在促进社区经济发展方面都取得了很大成功，这都离不开政府在法律、政策、制度、环境等方面的大力支持。我国农村经济发展较落后，农村金融发展十分滞后，一直处于弱势地位。政府应充分认识到农村金融的现状，应在政策上给予支持，在发展上给予保护和规范，以免造成农村金融市场的畸形发展。所以，政府应完善社区金融体系建设的相关法律法规，完善对社区金融体系的监管，为社区银行提供良好的发展平台，促进社区金融机构的发展和壮大，让社区金融机构发挥为社区服务的作用。发展社区金融需要政府给予直接和间接的支持，政府应发挥政策的调控作用，为社区金融的发展提供优惠政策，鼓励社区金融机构开发新业务，促进社区经济发展。政府还可以通过实施税费减免、财政补贴等制度，鼓励社区金融机构扩大经营范围，开发业务渠道。另外，还可以仿效澳洲的特许经营模式，在欠发达地区的一定地理范围内（如五公里范围内）授予该社区金融机构独占经营权。

第四章　中国社区金融发展的历史沿革与现状分析

随着社区概念的引入，社区成为一种全新的社会形态，成为人们生活和工作的重要区域。近年来，随着我国经济建设的步伐加快，社区的发展也非常快，社区的发展也对金融服务提出了新的要求。发展社区银行成为社区金融建设的一个重要方面，建立社区银行可以为社区居民提供更好的金融服务，有利于整个金融体系的建设，能促进银行业务的延伸，有利于银行抢占客户群。社区银行在我国是新生事物，社区银行的金融产品和服务具有综合性、定向性、差异性、创新与智能性的特点，有利于社区的经济建设，所以说社区银行的建设和发展非常必要。国家应把社区银行的发展纳入国家发展战略，在政策方面给予大力支持，通过颁布相关制度、法律法规，积极稳妥地推进社区金融体系的建设。

一、中国社区金融发展的历史进程

1949年新中国成立以后，以农村信用合作社的组建为主要标志，我国开始了现代金融制度的正式改革，至今为止，金融体系的不断完善和演进已经历经了半个多世纪，其中，社区金融也得到了一定的发展。具体来看，我国社区金融的历史进程可以划分为两个大的发展阶段：第一个阶段是1951~1978年，此阶段中国已经初步形成了比较全面的社区金融体系，包含了以中国农业银行为代表的国有商业银行、以中国农业发展银行为代表的农村政策性银行、以农村信用社为代表的农村信用合作组织和以村镇银行、小额贷款公司等为代表的民间金融组织等各种层次、多种类型的社区金融机构；第二个阶段是1979年至今，我国社区金融的改革时期，此时的社区金融才是真正意义上的正式金融。本节所讨论的也主要是改革开放之后这段时期的社区金融改革的三个阶段（见表4-1)。

表4-1 中国社区金融的发展阶段

阶段	恢复和建立阶段	完善和发展阶段	商业化和多元化改革阶段
时间	1979~1993年	1994~1996年	1997年至今
宏观环境特点	大力发展农村商品经济，农村金融需求扩大	农业和农村经济得到更快速发展	金融服务重点由农村大量转移到城市
政策导向	开始重视社区金融安排和民间自由借贷，放宽民间资金借贷管制，鼓励民间合作金融组织的组建	构建三位一体金融体系，为农业、农民、农村经济发展提供及时有效服务	“发展中小金融机构，支持地方经济发展”的基本策略
社区金融发展特点	恢复和建立新的社区金融机构，正规社区金融组织体系慢慢成形，多元化格局确立	中国农业发展银行的建立和改革；农村信用社等的商业化改革，满足一定的农村融资需求	各国有商业银行开始退出县域范围，收缩基层分支机构，业务重点转移到城市企业和项目
不足	不能满足迅猛发展的农村经济状况及社区金融需求	农村小额信贷等金融需求及农村基础设施与公共服务建设的资金需求缺乏有效支持	资金更多地流向了城市，农村经济发展的金融供给依然不足

（一）恢复和建立阶段

十一届三中全会的顺利召开，拉开了我国改革开放的序幕，标志着我国经济建设进入了一个全新的时期。在农业发展方面，会议统一了对农业相关问题的认识，并讨论通过了《中共中央关于加快农业发展若干问题的决定》，该文件提出了促进农村经济改革和农业增产的二十五项政策措施。在十一届三中全会之后，农业方面形成了以家庭承包经营为基础、统分结合的双层经营体制。中央关于加快农业发展的政策让农民有了更多的自助经营权利，调动了农民的生产积极性，解放和发展了农村生产力，使我国的农村经济体制得以快速发展。可以说，十一届三中全会的召开敲响了深化农村经济体制改革的钟声，敲开了促进农村健康快速发展的大门，更昭示着我国整体经济将会保持高速的发展。农村经营体制改革给我国农村经济发展带来了巨大的变化，农业生产和农民生活也因此发生了巨变。这些变化也促使我国农村金融体系进一步开展自身的改善和优化。1979 年之后，我国各种正式和非正式的社区金融机构都取得了一定程度的发展，这在表 4 - 1 中有所体现。其中，正式的金融机构主要是 1979 年成立的以农户为主要贷款对象的中国农业银行，此后一段时期，在政府鼓励成立民间合作金融组织的政策导向下，大批新型的正式社区金融机构也相继成立，如农村发展信托投资公司、国家农业投资公司、经济开发信托投资公司、林业投资公司等；随着正式金融机构的兴起，许多非正式的社区金融服务机构，如农村合作基金会、经济服务部、金融服务部、私人票号、钱庄及各种合会、抬会等也如雨后春笋一样出现在社区金融市场上，其中以农村合作基金会的快速发展最为突出。

为适应农村经济体制改革的需要，中国农业银行于 1979 年 2 月正式恢复成立。作为国家的专业化银行，中国农业银行主要职责是：对扶持农村的资金进行统一管理、开展农村信贷业务、监督管理农村信用合作社的发展、完善农村金融体系建设等。

1984 年 6 月，国务院批准并转发了农业银行《关于改革信用合作社管理体制的报告》，报告指出，要通过加强农村信用社管理，发挥农村信用社服务于群众、管理民主、经营灵活的作用，把农村信用社建成真正为三农服务的基层合作金融组织。同时，为了加强农村信用社的管理，农业银行通过信用联社对农村信用社进行监督，农业银行也大胆地放开业务权限，使农村信用社得以快速灵活的发展。

1986 年 4 月，邮电部和中国人民银行联合发文，明确正式开办邮政储蓄业务。在这一政策的激励下，邮政储蓄业务得以迅速发展，业务网点很快遍布全国农村地区。邮政储蓄银行实施“只存不贷”的金融政策，吸纳的存款全部交予中国人民银行进行统一管理。

1993 年 11 月，国务院颁布了《关于金融体制改革的决定》，文件指出“根据农村商品经济发展的需要，在县联社发展的基础上，可以有步骤地组建农村合作银行。按照规定，农村合作银行在县级以下地区进行组建，农村信用联社也从中国农业银行剥离出来，独立经营，成为基层信用社的联合组织。按照相关规定，国有商业银行可以向农村合作银行参股，以支持农村合作银行的发展，获取利润，但不能改变农村合作银行的集体合作金融性质。”

（二）完善和发展阶段

1994 年以后的阶段，主要是对已有的社区金融机构进行改造，对服务体系进行完善和进一步发展，包括中国农业发展银行的建立和完善，及农村信用社等的商业化改革。首先是中国农业银行进一步加快了商业化改革的步伐，其经营管理机制不断完善和改进，机构体系也更加符合现代商业银行的发展要求，迅速向国有商业银行转变；而农村合作信用社也于 1996 年开始进行了商业化改革，主要包括其与中国农业银行的行政隶属关系的结束，开始脱离中国的政治体制，变成了独立的法人机构，并在经营管理及业务操作上也逐渐实现独立，并且试点组建了农村合作银行，逐渐恢复了其“合作”的身份，向合作制方向发展。同时，还对一些非正式的社区金融机构进行了整顿，尤其是农村合作基金会，起初是对其业务范围的限制和规范，并最终进行了取缔。在中国农业银行和农村信用社进行商业化改革的同时，原来由这两个银行共同承担的社区金融发展业务转移到了于 1994 年新成立的具有农村政策性银行性质的中国农业发展银行身上。

1994 年，中国农业发展银行成立，主要开展农村政策性金融业务。随着农业政策性银行的确立，农业政策性金融与商业性金融逐步开始分离。中国农业银行加快转型升级，通过实施一系列改革，向商业化方向转变，例如在业务方面全面推行经营目标责任制、对信贷资金进行规模经营、集中管理贷款的审批权限等。

1996 年 8 月，国务院颁发了《关于农村金融体制改革的决定》，这是对农村金融体制的又一次改革。根据决定要求，农村信用合作社从农业银行的管理体系中剥离，由中国人民银行负责监管。农村信用社的业务管理，改由信用联社负责。

1997 年 11 月，中央金融工作会议召开，会议要求各国有商业银行收缩编制，减少县级以下的金融机构，推进中小金融机构的建设，支持地方经济发展。包括中国农业银行在内的各大国有商业银行开始收缩县级以下金融机构。中国农业银行在这次金融工作会议之后，加快了商业化步伐，业务中心逐步从农村转移到城市。

在中央金融工作会议之后，农业银行在农业方面的业务日趋减少，而农业发展银行由于发展缓慢，不能很好地满足农村金融需求。同时，国家开始规范农村金融市场，打击各种非正规金融活动，明确了农村合作基金会是非金融机构，不得办理存贷款业务。这一系列的因素促使农村信用社成为农村金融体系的主力军。

（三）商业化和多元化改革阶段

1997 年以后，社区金融需求日益紧张，为了解决社区金融供需之间的矛盾，国家相继出台了许多改革措施，以完善社区金融体系建设。

2003 年以来，为了发挥金融机构对三农发展的贡献作用，国家加大农村金融体制改革的步伐，政府明确了重点对农村信用合作社进行改革的思路。同时，政府实施了一系列促进农村信用合作社发展的政策，例如：通过放宽对农村信用社的贷款利率浮动范围的限制，以增加信贷业务量；通过加大国家财政投入，解决农村信用合作社的不良资产问题；通过深化农村信用合作社的改革，推动金融体系建设等。

2003 年 6 月，国务院出台了针对农村信用社改革的《深化农村信用社改革试点方案》（国发［2003］15 号文件），以“明晰产权关系、强化约束机制、增强服务功能、国家适当支持、地方政府负责”作为改革的总体方针，将农村信用社的改革试点扩散到全国范围，以管理体制、业务范围及产权制度作为改革的主要方面，推行农民、农业和农村经济三位一体的服务模式，促进农村信用社的股份制改造，并且其股东以农民群体、农村个体工商户和农村社区各类经济组织为主，进而更好地为农村经济结构调整和发展提供资本支撑。

同时，随着农村信用社的改革和发展，农村邮政储蓄业务也借助于农村邮政服务体系已有的优势获得了快速的发展。2007 年 3 月，中国邮政储蓄银行的正式挂牌成立，并将其近 60% 的储蓄网点分布在了农村地区，更标志着农村邮政储蓄的日趋成熟。同年，四川仪陇惠民村镇银行正式成立，标志着我国社区金融的改革又进入了一个新的阶段。随后，银监会又进一步放宽农村地区银行业金融机构的准入条件，鼓励和吸引各种资金参与到新型社区金融机构的组建中，从而大大促进了社区金融体制的改革。在此阶段，信用合作社和邮政储蓄业务得以快速发展，而农业保险方面的业务则由于起步晚、规划落后等原因，难以满足农村经济发展和农业产业化的需求。

2006 年 12 月，银监会发布了《关于调整放宽农村地区银行业金融机构准入政策更好地支持社会主义新农村建设的若干意见》，意见明确了对金融体系进行改革试点，要求在四川、内蒙古、吉林等六个省区开设村镇银行、贷款公司和互助协会以扶持三农发展。同时，为了吸纳更多的资金投入到农村金融体系建设，政府鼓励多种资本到农村设立银行业金融机构，大幅度降低在农村设立银行业金融机构的门槛，鼓励引导各类金融机构到农村增设网点。

二、中国社区金融的发展现状与存在问题

（一）中国社区金融发展的整体态势

1. 中国社区金融区发展取得的成果

新中国成立以来，我国实行了城乡二元结构的发展模式。农村和城市的经济发展分为两条不同的线路，在计划经济时期，为了促进城市工业的发展，国家将资金、技术、人才等生产要素集中投向城市，同时依靠农业积累支持城市工业发展。其结果是在城市形成了较为完备的工业基础，但是由于国家只重视城市的建设，忽视对农村的投入，造成农村与城市有了非常大的差距。在金融体系建设方面，农村同样与城市有了很大的落差。入世之后，我国商业银行面临越来越激烈的竞争，因此开始重视金融产品的创新，商业银行积极转变经营观念，通过产品创新和提升服务质量抢占市场。市场经济给越来越多的人带来了财富，因此社区居民的金融需求也越来越多样化，银行业也认识到社区是一个具有强大生命力的目标市场，纷纷把经营目标转向社区，在这种情况下，社区金融应运而生。社区金融在发展过程中，呈现出了良好的发展态势，主要有以下几个方面。

（1）取得了一定的经营成果和社会效益。为了抢占社区金融市场，商业银行积极转变经营观念，调整经营策略，实现了业务向社区发展的

推进。以中国建设银行为例，2002 年 2 月 28 日，中国建设银行正式在全国各地统一推出社区金融服务，通过在社区设立营业网点，有针对性地积极推行社区特色产品和业务，通过大力宣传各种产品和服务，吸收了大量的社区存款。同时，为方便社区居民，在国内率先系统地推出方便、快捷、实惠的金融服务，并通过完善相关制度、积极培训业务人员、加大营销力度等手段，吸引广大顾客参与社区银行的建设，取得了良好的效果。

（2）社区金融的合作伙伴逐渐增多。社区金融的服务内容涉及面广，因此，需要各种行业的协作，社区银行在发展过程中，与越来越多的单位建立了良好的合作关系，目前合作面已涉及电信、证券、房地产、物业等多种行业。与社区金融发展紧密的社区金融学校和理财工作室等也发展迅猛，这些机构的发展也进一步推动了社区金融的发展，为社区金融的业务发展和金融机构提高经济效益展现出了广阔的前景。

（3）社区金融机构设置以储蓄所为主，网点布局主要集中在繁华地段。根据对社区金融机构营业网点的调查显示，我国目前许多区域的社区金融机构的分支行、分理处、储蓄所遍布各街区，其中有 93% 的网点是储蓄所，只能为居民提供方便快捷的储蓄服务。就网点布局来看，在商业中心和繁华地段的大型社区里，社区金融的营业网点设置比较集中，而位置较偏、经济环境相对较差的社区附近则很少设立服务网点。

（4）社区金融服务品种多样化，服务手段实现电子化。目前，社区金融发展呈现出日益多样化的特点，首先是金融产品的品种多样化，例如，我国目前的社区金融服务产品大致可分为储蓄、代收代付、银行卡、电子银行、个人投资理财、个人贷款等六大类，资产业务品种有个人住房贷款、汽车消费贷款、助学贷款、小额质押贷款等。目前在我国的许多大城市里，社区金融的发展有以下一些变化：针对个人业务的金融产品种类有几大类、数十个品种；产品更新时间快，每隔一段时间就会有新产品问世；服务手段向电子化方向发展；功能种类也越来越齐全；服务更能体现以人为本。同时，社区金融机构之间的竞争也更加激烈，各金融机构争相推出自己的产品和服务以吸引大量客户。

此外，随着我国金融体系的发展，特别是经过改革开放以后各个阶段的改革，我国已经建立了相对完善的社区金融服务体系，在一定程度上解决了社区居民对金融产品和服务的需求，促进了我国经济社会发展。

2. 中国社区金融发展存在的问题

目前，金融组织所提供的金融产品和服务，还无法满足社会经济发展的需要。毕竟社区金融在我国尚属新生事物，还处在建设初期，存在着很多的问题，主要表现在社区金融基础设施建设不足、营业网点覆盖率低、服务效率低下、产品种类少、信用制度不健全等方面。具体分析如下。

（1）经营观念问题。金融机构对发展社区金融服务的认识不到位。尽管目前我国以商业银行为主体，四大国有商业银行已经实行了商业化经营，但是其改制和产权问题仍未得到彻底解决，缺乏走出行门融入社区的激励。在经营观念上仍有计划经济的残留成分，体现在服务态度差、产品单一、功能不全等方面。现今，在我国金融业的发展过程中，部分商业银行还没有充分认识到对社区金融开发的重要性，缺乏对社区金融的深入了解，普遍认为当前社区建设有的还没有形成规模，有的还不成熟，在社区开设银行营业网点会造成银行成本增加，且收效慢。这些考虑因素导致各种金融机构对进入社区设置网点一直持谨慎态度，很少有银行愿意到社区设立营业网点。更为关键的是，尽管四大国有商业银行正在进行股份制改造，但是它们的经营观念依然停留在过去，仍然固守开发大企业、大客户的思想，而没有真正融入社区，使得发展社区金融面临观念上的障碍。

（2）创新问题。社区金融产品、服务功能及机构创新意识不足。社区金融需要的是具有个性化、多元化的综合性金融产品与服务，我们把“社区金融”比作一个大的“金融超市”，即是说社区金融应该为社区居民解决一揽子金融需求提供全方位的服务，客户可以随心所欲地选购称心如意的产品，但是我国目前的金融产品存在着结构单一、功能简单等问题，无法满足客户的金融需求。社区金融的发展需要为客户提供金融创新型产品。各商业银行的产品创新能力不足，没有产品创新的权力和产品设计人员，缺乏自我开发金融产品及服务创新意识，不能从根本上解决社区居民和组织的金融需求。由于缺乏创新，为社区居民提供的研发品种就相对单一，多功能的产品数量少，就造成无法为客户提供专业化的金融产品，无法满足客户的各种金融需求。

（3）人才问题，即金融机构缺乏复合型高素质人才。社区金融的概念传入时间不长，造成人们缺乏对社区金融的认识，社区金融所实施的客户经理制度在我国也没有得到很好的发挥。社区金融发展过程中，需要大量的高素质的金融人才，但是由于我国金融行业的现状，造成人才匮乏，而社区金融在市场开发、营销等业务方面需求最多的就是高素质的复合型人才。这些因素都给我国金融行业的发展带来了困难。

（4）资源配置问题，即社区金融资源配置不合理。我国四大国有商业银行涉足社区金融服务领域的时间比较长，营业网点也遍及各个社区，但是由于这些服务网点大多只有储蓄功能，无法为社区居民提供更多的金融服务，造成金融资源的浪费，银行服务于社区经济的作用也不能得到很好的发挥。农村信用社和邮政储蓄等金融机构由于政策、竞争环境等因素的制约，在社区的营业网点分布较少，市场占有率也较低，这也造成了金融资源的浪费。

（5）银行与客户的信息交流不对称。造成信息交流不对称的原因主要有两个方面，一是金融机构在开发新的金融产品之后的宣传阶段，缺乏“走出去”的营销策略，往往采用柜台式营销，且营销有一定的时限，如此就造成大部分客户不了解新的金融产品和服务。二是社区居民接触社区金融的时间短，缺乏相关知识，且向金融机构进行业务咨询的渠道相对狭小，造成了客户无法全面了解金融产品的功能，使得客户的金融需求无法得到满足。

（6）信用环境问题。在之前的金融体系发展过程中，我国对客户关系管理的认识还不够，个人和企业信用体系也才刚刚建立，再加之银行与客户之间存在严重的信息不对称等一系列问题，致使银行的信用环境进一步恶化。近些年来，已经出现过某些社区经济活动主体的信用缺失行为，这更加重了各金融机构对社区金融业务开展的担心，从而极大地限制了社区金融服务业务的范围、实施及效率，这样对社区金融的建设和发展就产生一定的阻碍，也不利于我国社会经济的发展。

3. 社区金融理论研究的局限性

迄今为止，国内理论界和实务界对社区金融组织的研究，主要是对国外经验的学习以及对银行类金融机构服务于社区金融的分析，加上目前金融方面的制度还不够健全等因素，我国现实的社区金融发展有一定的局限性。主要从三个方面进行分析：①农村信用社、农村合作银行致力于服务“三农”工作，在农村发展社区金融业务；②商业银行在城市开发社区金融业务，或者把分支机构打造为社区金融组织；③小额信贷组织改造为社区银行的尝试，希望能获得监管部门的认可并参与改革试点，把小额贷款公司改制为村镇银行。

以案例进行说明，宁波银行是服务于宁波社区经济的银行，该行在宁波地区承担了代发养老金（失业金）、代收水电费等多项社会性服务项目，拥有的客户群较大，但是由于很多客户不会使用自助电子设备，造成客户对社会服务方面的业务不满，影响到了银行的客户满意度。为了摆脱这种局面，宁波银行在2010年9月启动了“社区银行计划”，根据该计划成立了长丰社区支行。把服务分支直接设置到社区，方便了居民的金融需求。在社区开设金融机构分支的做法，不仅完善了金融机构的营业网点，为银行宣传产业和业务提供了便利，还能促使金融机构提高服务质量、改进金融产品等，适应了市场发展的需要。

2009年初，中国人民银行诸城市支行牵头制定了《农村社区金融服务指导意见》，意见指出：依托农村社区服务中心，鼓励银行业机构在社区服务中心设立金融服务站。同时，市政府也出台了一系列优惠政策，鼓励银行业机构设立金融服务站，例如社区金融服务站向企业和农户发放的贷款，每年按新增额的0.5%对银行业机构给予风险补偿。截至2009年12月末，诸城市已发展“金融服务站”187个，占农村社区总数的89.9%，共进驻银行业机构服务人员347人。

我国地域辽阔，不同地区之间的经济发展水平差异很大，从而决定了我国各个社区对金融服务的需求各不相同；同时，我国社区金融起步相对较晚，在其发展过程中，一直都或多或少地存在着诸如社区基层金融服务空洞化、中小企业融资困难及社区个人金融需求个性化不够等问题。

（二）村镇社区金融的现状、问题及原因分析

目前，我国已经形成了相对完善的农村金融体系，在体系建设上，

巩固了正规金融机构的主导地位和农村信用社的核心地位。在金融机构的设置上，做到了商业性金融机构、政策性金融机构以及合作性金融机构并存发展。另外，还有民间借贷组织等非正规金融机构也得以发展。商业性金融机构主要包括邮政储蓄银行、农业银行、农村商业银行及村镇银行等机构，政策性金融机构主要为农业发展银行，合作性金融机构主要指农村信用合作社，非正规金融机构主要包括联合会、私人钱庄等组织。

党的十七大明确提出，要重视农村社区的建设，并把农村社区建设与城市社区建设放在同一高度，力争把城乡社区建设成统一、完善、协调发展的社会生活共同体。经济建设离不开社区的发展，新农村建设也要重视农村社区的发展，社会主义新农村的建设首先就是发展农村社区经济，从而带动整个农村经济的发展。因此，在农村发展社区经济，为农村社区提供完善的金融服务成为各金融机构的研究课题。农村社区金融发展的核心目标是服务“三农”，金融机构必须重视农民金融意识的培养，为农村社区居民打造良好的金融发展平台，为农村社区居民的金融需求提供便利条件。

农村金融在农村经济发展中起着关键作用，农村金融的发展能推动农村经济的快速发展，促进农业生产方式迈向现代化，并起到改变农民生活方式和改善农民的生活水平的作用。随着我国经济体制的不断优化升级，农村地区的经济发生了巨大的变化，政府不断对农村金融体系进行改革，重点是完善农业相关金融机构的管理，同时对非正规金融机构进行清理整顿。但是改革没有从根本上解决农村社区对金融发展的需求，改革仅仅关注农村金融机构的存在形式，忽视了农村经济对金融资源多元化的需求，更忽视了农村金融体系在农村经济发展中的作用。农村金融的这种发展模式与我国农村经济体系的本质要求并不一致，造成改革的结果并不能真正适应农村经济的发展要求，无法从根本上解决农村经济发展过程中遇到的问题。因此，要从根本上发展农村经济，完善农村金融体系建设，就必须认真分析农村社区的金融需求。

目前，农村社区金融服务的业务范围主要是银行的存贷款业务、保险机构的保险业务和互助性质的投融资及担保业务。在我国的很多农村地区，金融机构为了更好地服务于农村经济，实现占领农村金融市场的目的，设立了农村金融服务站。在农村金融服务站内部，各银行机构和保险机构都有工作人员驻点，他们为客户提供方便快捷的贷款业务、理财业务、农业直补发放业务、保险业务等。在社区内还建立农家书屋，并设置金融角，配备大量的金融方面书籍，方便社区居民学习金融知识，提升居民的金融意识。同时，还扩大 ATM（自动提款机）的网点设置，在各种金融服务机构设置 ATM，方便居民的存取款需求。此外，各金融机构为了更好地服务于社区经济，主动走入社区中小企业和居民家中，调查企业和居民的金融需求，从而为他们提供更好的金融服务。以上所述均为社区金融对社区经济发展的贡献，但是由于社区金融发展还不完善，在发展过程中还存在一些问题。例如，社区金融还不能很好地掌握社区中小企业和居民的金融需求，对金融信息的收集不够全面和及时，造成分析的结果与实际有偏差。此外，由于社区金融服务是一个新生的事物，很多人对这方面的知识掌握较少，存在着不配合的情况。虽然说社区金融服务给社区工作增加了一定的工作量，也给金融机构工作人员增加了负担，但是它是一项有意义的工作，只有所有人员都全面认识社区金融服务，以积极的心态投入社区经济建设中，才能更好地发挥社区金融的作用。

由于村镇社区金融业务的利润率不高，大量村镇金融资金流向了城市，用于能够获得更高收益的地区、企业及项目，导致村镇社区金融供给不足、服务品种少、中间服务匮乏、市场垄断、竞争不合理、需求无法有效满足，甚至有些村镇社区在金融基础设施和基层金融机构方面依然还是空白，因而我国现有的村镇社区金融体系根本无法满足农村经济社会发展和新农村建设中的资金需求，尤其是以下两个问题尤为突出。

1. *需求增长与供给不足之间的矛盾*

家庭联产承包责任制的实施，大大提高了农民的劳动热情，有效地促进了科技农业的推广、生产规模的扩大以及种植业和养殖业的发展。在这种状况下，村镇社区金融需求也随之迅速发展。从最简单的存取款基本服务，开始寻求必要的资金融通及投资获利服务，然而与快速增长的需求相矛盾的却是市场服务供给严重不足，目前村镇金融机构提供给村镇居民们使用的支付结算手段非常少，将存款转化为贷款的金融产品也很少，因而闲置资金仅局限于依靠信用社或农行存款来获取有限的利息收入，融资渠道少，效率也不高，支农贷款的发放在规模和效率上无法满足市场需求，资金利用效率较低。

2. 经营策略与职能定位相背离

农村信用合作社逐渐成为村镇社区金融业的支柱以后，也开始不断对其自身的经营目标进行调整，并对发展策略进行优化和改进。然而，其在如何将追求利润最大化的经营目标和提供村镇金融服务的基本职能进行很好结合方面依然还是有很多需要改进的地方。在实际发展过程中，村镇社区金融机构并没有很好地发挥其繁荣村镇金融、服务村镇建设的职能，反而成为“城乡资金搬运工”。他们虽然在不断努力地将网点开到城市边缘或城乡接合部以期获取更多的资金资源，但却并没有将这些从村镇社区吸收的存款资金合理利用到村镇经济发展和农业工业生产建设中，而是将其转到城市里去进行贷款发放以获取较高的利润。

以上问题的产生原因，主要有以下几方面。

1. 城乡二元结构导致资金投入不足

金融机构在计划经济时期主要是在城市里为国有企事业单位提供结算及融资业务服务，以满足其实现工业化的目标和需求，而在广大村镇社区，国家投入的金融资源则极为有限，仅有极少数的邮政网点为居民提供汇款等最基本的服务。这种情况虽然在近年来通过农村信用社的建立和完善得到了一些缓解，但由于城乡二元结构的发展模式，国家投入到村镇的金融基础资源依然严重不足，不能满足广大村镇社区的金融需求。具体来看，城乡二元结构中的“价格剪刀差”政策，一方面人为地降低了村镇社区居民的生活水平，极大地抑制了农民正常的金融服务需求，同时增加了村镇金融市场上吸收存款的资金成本和发放并收回贷款的管理成本；另一方面却将本应由农民自由支配的剩余资金转移到了城市，大大促进了城市金融服务的发展。这更进一步拉大了村镇社区与城市社区在金融市场容量和利润率上的差距，从而进一步降低了村镇社区对金融机构及金融服务资源的吸引力，使得以四大国有银行为代表的各金融机构在村镇社区采取了收缩战略。

2. 供给主体界定不明确

虽然很早以前我国的学者和管理者已经意识到了村镇金融服务对农村经济建设具有十分重要的意义，但是在发展村镇社区金融的具体实施过程中，对于其金融服务供给主体的认识却不是很明确，究竟应该将哪一种金融机构引入村镇社区中，作为金融发展的主力军一直都没有得到政策层面清晰的指引。

与村镇社区居民最为贴近的金融机构主要包括农村信用社、邮政储蓄所及四大国有商业银行的各分支机构等。虽然这些金融机构提供给村镇社区的金融服务种类相对比较少，效率也较低，但多年以来却一直承担着村镇社区生产生活经济支持的重任，不断促进村镇社区的发展。从我国社区金融发展的历史进程可以看出，在20世纪90年代以来，随着我国由计划经济体制向社会主义市场经济体制转变，金融体系也处于不断完善和发展的阶段，四大国有商业银行开始进行大力度的市场化改革，主要是对分布于县乡镇效率低下、盈利能力较低的基层网点机构进行大量的撤出和合并。虽然四大国有商业银行撤出农村金融服务市场给农村信用社和邮政储蓄让出了巨大的市场空间，但同时也为其留下了难以承担的重任，使得金融产品和业务供给不足的问题更为突出。

3. 发展扶持政策不到位

在村镇还不够成熟的金融市场上大力推进金融机构的建设和发展，需要政府给予强有力的扶持政策，而由于政府自身也对村镇金融市场缺乏科学的全面认识，因而并没有很具针对性地及时推出一些有效可行的扶持和鼓励措施，更多的是要求金融机构自力更生，艰苦奋斗。这势必会导致金融机构在经营过程中要承担一部分本该由国家支付或者给予补贴的基础环境不足所带来的额外成本，从而导致其资金利润率降低到金融业平均水平之下，而无法获得预期的利润收益。对于以追逐利润为目标的金融机构而言，当得不到国家的政策支持时，必将选择撤出村镇社区金融市场，或者将筹集到的村镇资金转投向利润回报丰厚的城市社区等其他金融市场，进行贷款发放来获取收益，而不考虑村镇社区的资金融通等问题。

4. 信用管理体系不健全

在信用环境恶化的总体态势下，村镇社区金融的信用管理体系同样还处于起步阶段，十分不健全，这也是造成当前村镇社区金融服务供给者及各种产品服务严重不足的重要原因。信用管理的不规范，导致村镇金融机构在进行各种金融业务操作时征信难度较大，获取客户的信用状况信息等交易成本过高，进而影响了金融业务的利润率，不利于其良性发展。

5. 缺乏严格有效的监管体系

任何金融机构的经营管理都需要一套科学合理的引导和严格有效的监管，尤其是对于尚不规范的村镇金融市场而言，更需要建立和完善监管制度来提升其资金的运作效率。然而，农村信用社等专门的村镇金融机构大面积组建后，其金融监管体系却并没有随之有效跟进。监管的不到位使得村镇金融机构在日常运营过程中出现了许多问题：①由于对员工缺乏明确的准入要求及监督考核标准，村镇金融机构从业务人员良莠不齐，普遍素质不高，甚至出现金融犯罪活动，这不仅不利于村镇金融资产的安全保管和有效运用，同时也致使村镇居民丧失对所有金融机构的信任，不利于金融业务的发展；②对金融机构的经营效率缺乏监督与促进，由于村镇金融市场缺乏有序竞争，因而当外部监管不强时，更养成了其工作惰性，很难促使其依靠自身力量来自觉地维持或提高资金利用效率及服务质量水平；③对资金去向及使用范围监管不足，发展村镇社区金融机构及业务归根到底是要为村镇的经济发展和基础建设服务，但是由于缺乏对资金流向的监管，资本却在其追逐更高报酬率的本质驱使下，流向了村镇社区以外的金融市场。

根据上述分析，我国要发展村镇银行，就要学习国内外村镇银行的发展经验，再结合自身需求，开展制度设计和业务开发，明确村镇银行的社区化发展方向。村镇银行的社区化发展方向是我国经济发展的必然要求，也是其自身发展的需要。首先，村镇银行目前业务单一，只有存取款业务、信贷业务、汇兑业务三种，不利于后续的发展；其次，在网点分布、联网结算、资金规模、与社区之间关系等方面与其他商业银行、农村信用社有差距；再次，金融监管机构对村镇银行的定位为发展县域经济，变单纯的实施政策性金融业务为自主经营、自负盈亏。村镇银行在实施社区化转变时，要注重以下几个方面的定位：一是明确消费群体，要认识到自身的服务对象为当地微小企业和农户；二是明确自身发展定位，村镇银行主要为发展农村金融，要扎根小城镇建设，发展农村经济，服务于三农；三是要进行产品定位，要根据小城镇和农村的发展情况，实施制度创新、经营模式创新，开发适合小城镇和农村经济发展的金融产品。

（三）县城社区金融的现状、问题及原因分析

相比村镇社区而言，县城本身的行政级别要高于村镇，其金融市场容量更大，除了社区居民户外，还包括中小企业、微型企业及大量的个体工商户等金融需求者。

1. 中国农业银行在县域金融发展中的不足

（1）中国农业银行所实施的战略转型，减少了农村资金来源。中国农业银行为加快向现代商业银行的转变，开始逐步缩减农村营业网点和人数，调整网点在农村的布局，开始逐步退出农村金融市场，并把经营目标转向服务大型企业和城市社区。中国农业银行对农村经济发展所起到的作用越来越微弱，其商业化的特点越来越鲜明。根据调查结果显示，自 1999 年以来，中国农业银行在农村的营业网点均失去了信贷功能，基本上只具备存取款、转账等功能，成为上级银行的储蓄所。中国农业银行本应为农村经济发展提供服务，解决农村经济发展中的问题，为农村经济提供资金和服务，但是由于商业化的转变，变成了农村资金的吸收机构。这就造成了大量的农村闲置资金流向大型企业或城市社区，投入到高盈利性、短周期的行业。农业银行的这种做法不仅没有为农村经济提供帮助，还给农村金融市场的发展带来了障碍，造成农村资金供给不足，经济发展速度减缓。

（2）缺乏对农村中小企业或农民的扶持力度，存在信贷歧视。无论是城市社区还是农村社区，中小企业在发展中均存在着贷款难的问题，在农村社区中，中小企业或农民实施分散化经营，他们的整体实力比较薄弱，资金需求的缺口也较大，对信贷业务的需求也就越大，由于现有的经济政策无法满足他们的资金需求，对发展和提高农村经济造成了负面影响。在利益最大化的支配下，中国农业银行不愿意把资金投入到收益少、回收慢的农村中小企业或农民手中，更愿意向大型企业或城市社区提供各种信贷服务。农村中小企业或农民在无法通过农业银行寻求资金支持的情况下，转向通过民间融资等方式获得资金。这些都造成了中国农业银行在农村金融体制中的作用日益减弱。

2. 中国农业银行支农缺陷的原因

（1）中国农业银行在农村规模缩减的原因，从表面上看，各种金融机构越来越重视农村金融市场的开发，造成农村金融市场的竞争日益加剧，农村信用社在农村的发展逐渐强大，分流了中国农业银行在农村的很多业务，农业银行获利的机会也越来越小，因此，农业银行选择了退出农村金融市场。其实，造成中国农业银行退出农村金融市场还有更深层次的原因。首先，由于国家在金融领域的垄断政策不适应农村经济发展要求，造成了银行规模不断收缩。在市场竞争过程中，企业发展的目的是为了实现利益最大化。中国农业银行在设立之初的目的就是为了发展县域经济，由于历史原因，造成银行在机构设置和制度上无法实现利润最大化。我国在改革开放初期，对农村经济体制进行了彻底的改革，农村经济活力开始放开，农民收入水平也逐步提高，农民对金融的需求迅速增加，极大提高了生产力水平。但是由于国有商业银行还没有实现企业化，农村金融机构处于垄断地位，垄断金融机构开始在农村疯狂扩张，以获取更多的资金，国有银行的扩张造成了大量的农村剩余资金外流，破坏了农村经济的稳定性，造成农村经济发展速度减缓，进而使农村经济陷入困境，国家从农村获取的收益减少。在这种情况下，国有垄断金融组织只有缩减农村金融机构的规模，才能实现新的平衡，因此造成了国有商业银行大规模地退出农村金融市场。其次，商业银行在发展过程中，重点关注经营集中、需求大的金融市场，而农村金融市场有着经营分散、规模小、需求少等特点，农村金融市场的发展需要大量的小额贷款，且周期长、利润低，商业银行的这种管理模式、经营体制并不适合农村金融市场的要求。事实证明，如果要提高银行对农村经济的支持力度，就需要实现农村经济的规模化发展，通过市场化的手段，努力提升农业的现代化水平，吸引银行机构为农村金融提供专业化的金融服务。

（2）信贷歧视的原因。中国农业银行设立的主要目的之一就是为农村金融服务，因此，更应该支持农村的信贷业务，但是由于各种因素的影响，造成中国农业银行在农村的信贷业务难以顺利实施。第一，由于农村经济中普遍存在着农业收入不稳定、信贷抵押不足、投资和消费难以区分等，造成农业银行在实施农村金融业务中的信息成本过高，也难以实现对金融的监管。而农民在寻求信贷业务时，难以提供足够的证据证明自己的收入情况、还款能力等，因此给贷款业务带来了困难。第二，由于政府实施的利率管制措施，造成农村金融市场上流通的资金低于实际需求量，在不考虑非正式金融机构的情况下，商业银行由于经营利润降低，缺乏开发市场的动力，从而造成信贷业务量下降，同时还会产生信贷歧视的现象。第三，由于农村经济发展还处于相对落后的状态，农民的法律意识比较淡薄，银行对农民的信息掌握也不全面，在向农民放贷之前，需要收集足够的信息，造成放贷成本提高，加上交易程序复杂，因此银行不敢向农民放贷。这就造成了银行的信贷业务在农村难以快速实现规模化发展。此外，银行本身的信贷政策也存在不足之处，加上商业银行追求规模化的发展策略，都是造成信贷歧视的重要因素。以上所述，就是造成我国农村中小企业融资难的主要原因。

农村金融机构的资金来源主要为农民或农村组织的闲置资金，从我国目前农村的资金融资渠道和流通情况来看，资金主要流向农村中小企业和农户，以满足他们发展经济的资金需求。资金的融资渠道分为直接融资和间接融资，直接融资相对简单，间接融资手续比较复杂，在民间的借贷中，直接融资的成分比较大，但是间接融资在农村经济中仍占据重要的地位。根据目前的金融市场状况，一般情况下吸收资金的金融机构主要有中国工商银行、中国农业银行、中国建设银行和中国银行等国有独资银行以及农村信用社和邮政储蓄机构，但是从农村金融发展的信贷业务来看，只有中国农业银行开展了这方面的业务，其他几家国有商业银行不仅没有在农村地区开展信贷业务，还从农村吸收了大量的闲散资金，并把资金投向城镇，而中国农业银行受市场和政策的影响，也逐步减少农村的信贷业务。据统计，截至 2011 年年底，中国农业银行的存贷款总额分别达 96220.26 亿元和 56287.05 亿元，涉农贷款余额达到

16753 亿元，涉农贷款比例仅占总额的 29.76%。随着改革开放的深入，市场经济体制得以顺利发展，越来越多的农户参加农村经济建设，为了实现生产、分配和消费等经济活动，农民有了较大的资金需求，这就必然需要产生资金的融入和融出活动。

对于农户来说，其融出行为的发生取决于可选择方式数量和其货币收入量。在 1978 年以前，农村经济发展落后，农民手中只有很少的闲散资金，且农民难以依靠这些闲散资金进行再投资，因此会把这些为数不多的资金存入金融机构。1978 年之后，我国经济发生了巨大的变化，农村金融市场开始活跃，金融机构也逐渐增多，农民收入得以增长，闲散资金也逐渐增多，尽管农民融出资金的方式出现了多样化，但是存款仍旧是融出资金的主要方式，这主要是由于农户经济实力弱，抵御风险能力较差，在进行资金融出时非常重视资金的安全性和保值性。因此农户会优先选择存款作为资金融出方式，并选择农村信用社作为融出资金途径。对于广大农民来说，由于经济实力差，手中缺乏资金，无力进行扩大再生产活动，他们对资金的需求更加强烈。根据对农村信贷业务的相关统计显示，农民借贷资金中来自于民间信贷的资金所占比例超过 80%，来自农村信用社的资金比例不超过 30%。可以看出，尽管农村信用社设立的目的是服务地区经济、促进社区经济发展，但是其对农民的信贷支持力度并不大，其主要原因是农民的贷款需求规模小、需求分散，且具有较大的风险，因此大多数农村信用社不愿意对农民实施信贷业务，更愿意把资金投向农村地区中小企业，以获取更大的利润。通过以上分析可知，由于多方面的原因，造成金融机构无法或不愿为农民提供贷款，农户的资金需求就无法得到满足，因而只能转向非正式金融寻求资金支持。

3. 中国农村合作金融的制度缺陷

合作金融具有自己独特的组织形式，与一般的股份制企业不同，其主要特性有：实行出入自由的原则，人们可以自由地参加或退出合作金融，社员之间是互相独立的财产主体；参加合作社之后，相互之间的独立保证社员还能继续发展自营经济；合作社重视民主的力量，每个人都有赞成权和否定权；在内部实施扶助措施，不以营利为目的，在外部所营收入按照比例进行分红等。信用社起源于西方发达国家，在西方经济中经过了不断的完善，已经能很好地服务地区经济发展。中国引进西方的信用社制度之后，力图通过信用社助力农村经济发展，但是由于当初经济处于特殊阶段，农村信用社无法建立健全的管理制度，无法系统性地开展业务。随着我国农村信用社的逐步发展壮大，政府的调控措施在信用社的发展上起到了良好的作用，但是由于农民参与意识差和政府干预等因素，使农村信用社成为缺乏系统性特征的金融组织。这就使农村信用社既有合作金融的共性因素，又有历史原因造成的个性因素。因此，从我国当前农村合作金融的发展情况来看，农村合作金融存在着制度上的缺陷。

（1）经济组织的制度缺陷。我国传统的经济组织是建立在以血缘和家庭为纽带的关系之上。尽管后续国家经历了工业化改革，实施了市场经济发展模式，在一定程度上摧毁了原有的经济组织制度，但是由于新的经济组织的建立需要一定的时间才能完善，因此我国的经济组织具有二元化的特点，其原因就是由于新旧经济组织的制度造成的。主要表现在其发展的外在现象和内在动力之间的矛盾，这种结构性的矛盾成为组织规范不能正常发挥效力的主要原因。在农村经济体制改革初期，农村家庭承包制的实施提高了农民的生产积极性，极大地解放和发展了生产力，给农户提供了发展个体经济的平台。由于农户能独立开展经济活动，他们有了更大的主动性和积极性，这一政策从根本上改变了农村的经济结构，促进了农村非公有制经济的发展。但是，由于改革并没有完全改变农村经济体制，造成农村经济组织结构运行不稳定，农民生产过程中面临竞争力差、经营分散的状况，在市场竞争中占据不利地位。这就严重地挫伤了农民的积极性。同时，由于国家在金融政策方面发展不成熟，没有形成一套完善的发展思路，尽管我国农村对资金的需求较大，也愿意通过合作经营的方式取得发展，但是由于政府不承认信用社是正规金融机构的合作组织，造成农村信用社被内部人士控制，无法发挥其推动农村经济发展的作用。

（2）信息不对称。民主管理是农村信用社建立的原则之一。农村信用社由社员通过参股的形式发展起来，服务对象主要为社员，因此它与社员之间的信息交流与传递在理论上没有障碍。但是我国农业受传统经济的影响较深，不重视信息的收集与研究，加上农村信用社的治理流于表面化，造成农村信用社的信息不对称，主要表现在四个方面。

第一，客户之间与农村信用社的信息不对称。农村信用社的主要服务对象为农村中小企业和农户，这些组织或个人可以分为存款客户和贷款客户。贷款客户与存款客户与农村信用社之间的信息都存在不对称的现象。对于贷款客户来说，农村信用社无法完全掌握贷款人的相关信息，从而无法给贷款客户通过信息优势获得贷款的机会。目前，信用社不良贷款的比例居高不下，主要原因就是在开展信贷业务的同时，没有及时准确地掌握贷款人的财务状况。对于存款客户来说，农村信用社对自身的财务状况和信用等级都非常清楚，在农村信用社不对外公布其经营状况的情况下，贷款客户无法掌握信用社的经济状况，无法预估风险，存款人从信用社取得贷款的压力增加。在资金需求的情况下，贷款客户可能要面对高风险的贷款业务，造成资金的流动性和安全性下降，还可能引发不良贷款的增加。

第二，社员与农村信用社之间的信息不对称。由于体制的原因，信用社归中国农业银行管理，信用社是中国农业银行在农村的基层组织，信用社的经营管理不受社员控制。此外，信用社的发展必须按照国家的相关章程和宏观经济政策来运行，信用社的很多信息都不会及时向外部传达，加上自身民主管理组织不健全等，社员无法掌握信用社的各种信息。自 1996 年起，政府加强了对农村信用社的规范管理，按照合作制的原则开展工作，但是在实际运行过程中，并没有完全做到账务公开，并且信用社的各种经营政策由中国人民银行和各信用联社制定，导致经营权限受政府的控制，民主组织不能发挥其作用。由于社员无法掌握信用社的财务状况等信息，造成信息的不对称，再加上一些不确定因素的影响，信用社代理人可能会利用这些因素来满足自身需求，有时还会牺牲委托人的利益来满足自身需求。这种信息不对称、内部控制的情况，加大了信用社合作制改革的难度。

第三，金融市场与农村信用社之间的信息不对称。我国各地区经济发展不平衡，造成了各地区的农村信用社资金分布情况非常不均衡，地区之间的资金存量相差较大。央行为了推动农村信用社的发展，放开了限制政策，让农村信用社能够进入资本市场和货币市场，由此，部分农村信用社出现在银行间的资金拆借市场。但是由于金融市场与农村信用社之间的信息不对称，农村信用社作为资金的拆出方，资金风险加大，这也是导致农村信用社在资金拆借市场上的数量不大的重要原因。

第四，中国人民银行与农村信用社之间的信息不对称。自 1997 年 6 月起，我国农村信用社开始受中国人民银行直接领导和管理。但是由于农村信用社的下属机构众多、经营分散，中国人民银行无法全面掌握信用社的资产状况、经营情况等信息，这就给农村信用社利用自身的信息优势获取更大的利益提供了机会。两者之间的信息不对称，使得中国人民银行无法及时掌握农村信用社的经营风险。同时，由于信息的不对称，中国人民银行无法全面了解信用社的经营状况，也无法保障农村信用社的各项工作有序进行。在这种情况下，中国人民银行为保障农村信用社能够取得较大的收益，给农村信用社的贷款利率提供了较高的上限。但是这一措施却使农村信用社缺乏开拓市场的动力，效率低下，农民的资金需求也得不到满足，不适应农村经济发展的需要。

4. 中国县域合作金融改革面临的困境

（1）经营内部人士掌控。农村合作社设立的原则就是坚持自由、平等、互助，且以非营利为目的，但是我国的农村信用社在发展过程中很难体现自由、平等的特性。我国农村信用社受到国家的行政干预和金融监管机构的监管，在运行过程中，一些业务带有很强的强制色彩；且由于每个会员参股的资金较少，社员对信用社的所有权不能完全得以体现。由于自由、平等是农村信用社设立的基础，其他特性也无法显现。农村信用社在经营过程中要经受经营风险，所以内部职工会比其他人员更加关注信用社的经营状态。信用社领导的任命上，也体现出了强烈的个人和政治色彩，例如，信用联社领导对信用社领导有任命权，员工却没有权利选举领导，这背离了信用社自由、平等的原则。信用社领导任命之后，所开展的各项管理和业务都体现了上级领导的意图，其实质上是受信用联社领导控制，这就可能造成股东的所有权得不到充分的保障。再加上信用社受地方政府的行政管理，信用社的各项管理制度、行政职权等无法发挥作用，社员大会、监事会、董事会无法实现对信用社经营管理的监督，造成农村信用社的发展脱离了本质目标。由于农村信用社的这些特点，信用社的各级管理人员成为信用社的实际掌控人，成为信用社的既得利益者。

（2）历史债务的影响。农村信用合作社受到历史因素的影响，面临发展的困境。在农村信用社建立初期，中国农业银行在剥离农村信用社时，给信用社遗留了很多呆账、坏账，严重影响了农村信用社的发展。信用社建立初期的政府强制干预政策也带来了债务包袱。形成呆账的主要原因有四个方面：一是农村信用社在建立初期，受农行代管，在此期间，农行避开规模指令给信用社发放了很多贷款；二是在建立初期，农行强行要求信用社购买的企业债券，至今无法兑付；三是农行与信用社正式分离之前，通过转换贷款凭证，把不良贷款转移给农村信用社；四是对于一部分贷款，农行责令信用社实施放款业务，造成资金流失。

（3）地域限制和规模效率之间的矛盾。农村信用社规模小、范围小，决定了信用社具有经营灵活、信息成本低的优势，但是这种优势却与金融业的网络性、金融风险外部性特征有很大的矛盾。因此，发展信用社和发展规模经济是相矛盾的。合作社的发展优势在于其具有低的信息成本，但是由于其规模小、范围小的限制，决定了信用社只能小范围发展，这就要求农村信用社控制经营规模，避免盲目扩大经营。但是下面一些因素却与小范围、小规模的要求背道而驰。第一，农村信用社不具备联网结算能力。要实现农村信用社的联网结算功能，就要设立专业性组织为众多农村信用社提供联网结算服务，因此，可以通过在中央、省、市建立信用联社发挥联网结算功能，但是要确定这种信用联社能否真正为农村信用社提供服务，还需要经过长期的检验。第二，农村信用社的负担较重。目前农村信用社还承担着种类多样的其他负担，例如，政府摊派的费用、上缴农金办的费用、与上级主管部门以及税务部门业务往来中产生的费用等。由于农村信用社的营业网点工作人员数量较少、常规金融业务量少，因此无法承担如此大的附加业务负担。除此以外，农村信用社还可能会受到各种违规行为的影响，经受上级主管部门的吃拿卡要，造成农村信用社利润降低。受多种不利因素的影响，资产状况差、规模小、处于经济不发达地区的农村信用社都面临着经营业务亏损的问题。

在金融供给方面，县城社区的金融机构数量和类型相对丰富，目前能够部分满足居民及企业的资金结算、存取款服务、国债投资等基本需求，但是随着经济水平的不断提高，金融需求的日益多样化，县城社区的金融系统也逐渐暴露出一些问题。

（1）多样化金融需求无法满足。县城社区的金融需求主体主要包括大量的中小企业、微型企业及个体工商户等，而这些经济主体也是县城社区经济的主要构成部分，其发展状况直接决定了县城社区的经济建设程度，而随着其不断发展壮大，融资需求也更为迫切。此外，伴随县城经济发展的是广大居民可支配资金及生活水平的大幅提升，个人的金融需求从最基本的存取款服务已经延伸到了股票、保险等投资项目及理财服务。面对各经济主体及个人复杂多样的金融需求，目前县城社区的金融机构数量有限，产品创新性不够，许多需求被压制，或者通过社区外的其他方式来解决，这非常不利于促进县城社区金融的发展及整个县城的经济建设。

（2）城市对县城资金的虹吸效应日益严重。资本追求高利润率的本性使得城市社区除了对村镇社区资金具有虹吸作用外，对县城社区资金的虹吸效应也日益严重。特别是在目前县城社区金融体系中，存款通道较为通畅，而贷款业务控制则十分严格，这虽然在一定程度上降低了资金风险，但却导致社区资金很难回到社区当地经济循环中去服务其经济建设，而是被迅速转送到城市等高利润率的金融市场。

（3）服务产品量少质低。一方面，随着县城社区经济的发展，企业及个人的金融服务需求不断上升，且呈现出多样化的趋势；另一方面，随着国有商业银行分支机构的大量撤并，各县城社区金融机构则主要由部分中国农业银行经营机构和少数信用社营业网点组成。相比需求而言，其服务供给主体显得严重不足，产品数量也不够。竞争不足、基础设施、人员及技术等问题也使得其产品和服务效率不高，缺乏创新性，无法快速应对各类金融需求。

经过分析，以上问题主要由以下几方面原因造成。

（1）县城社区功能定位的偏差。深入分析城市对县城社区资金虹吸效应产生的成因，可以看出，对县城社区功能定位存在的偏差是这些问题产生的核心要素，从政府行政划分的角度来看，为便于管理，按照地域范围，县城被人为定位为一个区域的管理中心，并获得了相应的行政权力及资源投入。但是，这种定位和分配只是从其管理层次的角度出发的，并没有结合其自身经济发展水平。因而，随着县城社区经济的不断发展成熟，必然使得其金融需求旺盛、多样与服务供给严重不足之间的矛盾日益凸显。

（2）国有商业银行收缩战略的影响。在前文的社区金融发展进程中，我们对国有商业银行成长的历史条件及背景有了一些了解，经过一次大的撤并后，近年来，县城社区金融市场上仅剩下农业银行的网点，其他国有商业银行分支网点机构则屈指可数，这使得县城社区金融服务市场出现大量空白，金融服务和产品数量减少，竞争程度减弱，金融机构工作效率降低。同时，在收缩战略的影响下，保留的各银行营业网点的贷款发放金额、期限、担保方式等审批权一般也被上收至中心城市管理行，这极大地抑制了县城社区内的贷款需求。

（3）信用管理体系不健全。信用管理体系的不健全是整个社区金融市场共同面临的问题。涵盖征信、信息管理及发布等一套统一规范的信用管理体系在县城范围内仍然没有建立起来，因而面对小型、微型企业和个体工商户等主要的贷款对象，县城社区金融机构无法及时准确地获取其完整的信用资质，同时也不能像村镇社区金融机构那样采取亲缘等较紧密的联保方式来获得贷款安全保障，征信成本较高，在降低银行贷款实际收益率的同时也使贷款资金安全无法得到保证。

5. 县域民间金融的顽疾

民间金融的发展是一把双刃剑，一方面它能有效地促进农村经济的发展，助力中小企业和农民做强做大；另一方面由于政府的监管不到位，给社会经济发展带来了负面的影响。在经济发展过程中，由于政府的监管重心主要在正式金融机构上，民间金融处于放任发展状态，这就造成了一些问题。第一，农民在无法取得正式金融机构贷款业务的情况下，转向民间金融的高利贷，这就给农民带来了更大的金融风险，增加了农民的负担；第二，在一些地区，由于监管存在漏洞，犯罪组织通过民间金融开展非法交易，造成资金没有流通到真正需求的农民手中，对社区经济发展起不到促进作用；第三，民间金融的高利贷、非法交易等，影响到当地的治安。很多地下金融组织雇佣大量人员，且很多人员为地痞、流氓等扰乱社会治安分子，他们横行当地，从社区攫取大量资金到非法金融业务中；第四，民间金融的风险高，安全性较低。由于民间金融组织的规模不一、层次不同、经营状况不同等因素的制约，部分金融组织经营管理不善，效益降低，还有一些非法金融机构在社区从事非法业务，扰乱了社区的金融秩序，影响了社会的安定团结。因此，县域金融机构在发展过程中不但要承担正常经营产生的较高风险，还要承担非法业务带来的风险。

6. 农业政策性金融问题

中国农业发展银行是国有农业政策性银行，直属国务院领导。在成立之初，农发行信贷质量较差，不良资产比例较高。造成这些问题有国家政策和监管等方面的原因，也有企业经营不善方面的原因，还有农发行自身发展不完善的原因，主要表现在以下几个方面。第一，粮棉企业经营不善，机制欠灵活。中国农业发展银行成立的主要目的之一就是开展粮棉方面的信贷业务，一直以来，粮棉流通领域受国家政策的管控比较严，国家出台了很多政策保护粮棉企业的发展，因而造成粮棉企业对政策形成了依赖感，企业管理不善，财务状况较差，机制呆板。在经营过程中粮棉企业形成了大量的坏账、烂账。同时，由于粮棉企业实行的是商业化经营方式，并实施政策性业务，这就给企业使用不正当手段运作提供了机会，粮棉企业会把大量的坏账、烂账推脱到政策性亏损上。粮棉企业由于经营不善产生的大量坏账、烂账增加了农发行的不良贷款量。第二，国家财政补贴的杠杆作用不明显。国家对粮棉企业一直实施保护政策，以实现保护农民权益、调控粮棉生产与流通的目的。以粮食为例，政府为了维护农民的权益，有权自行定价，但是由于信息的不对称，政策带来的市场反应往往需要一段时间，政府收集到的新的市场信息就相对较晚，出台的政策也不能适应市场需求。政府为了保护粮食企业，出台的指导价相比市场价略高，这就造成采购的粮食都居于高价位。

政府的这种保护性收购行为是一种典型的政策性行为，因此，粮食的价格没有按照市场规律进行调节，违背商品的价值规律。而在粮食销售环节，政府放开了监管，要求企业遵循价值规律，参加自由竞争。政府在粮食收购和销售方面的两种不同的政策，使企业无法顺应市场发展要求，库存增加，效益减少，资金无法实现良性循环，信贷资金也不能及时归还。根据国家出台的相关政策，粮棉企业的亏损由国家买单，这就给农发行的业务发展和资金利益带来了不利影响。第三，市场经济给农发行带来的风险。随着改革开放的逐步深入，粮食的购销也实现了市场化，这也给农发行的信贷业务增加了风险，企业经营成本升高。一方面表现在保护价的收购政策造成购销成本升高，难以实现效益的增加；另一方面表现在加入 WTO 之后的国内外竞争上，商品的销售面临国内和国际双重市场的冲击，但是由于粮棉企业受到旧体制的影响，无法顺利完成市场化的转变。第四，农发行自身发展上的不足。农发行目前发展还不完善，在信贷业务方面缺乏有效的监管机制，对于出现的问题没有完善的处理措施，且农发行一直希望用低成本的微利经营方式为农业经济发展提供资金支持，由于政策等方面的原因并没有真正建立起来，其指定的信贷业务方面的一些管理措施也没有真正得到落实。

（四）城市社区金融的现状、问题及原因分析

在城乡二元结构发展模式下，城市所获得的金融资源投入远远超过了村镇社区，以四大国有商业银行为代表的各金融机构在这样的环境和支持下获得了很大的发展，资本实力显著增强，且各网点机构也日趋成熟，基本覆盖了城市区域内所有的社区。这些金融网点机构在整个城市社区里建立起了一个齐全有效的服务网络，城市社区金融以这个强大的服务网络作为依托，基本满足了居民、企事业单位及其他组织的基本存取款、贷款、一般结算及理财投资等需求。尽管城市社区已经取得了如此大的成就，然而我们需要看到如此庞大的金融机构网点和服务网络依然存在无法满足社区金融需求的问题，因为它毕竟不是专门为社区而设置的，具体来看，在其发展中，还存在以下问题。

（1）供给主体类型单一，效率不高。虽然我国城市金融服务已经历经了多年的发展，但目前具备保险、融资和投资理财等综合功能的金融机构网点在城市社区范围内却并不多，而基本以商业银行的储蓄网点作为主要的金融供给主体。针对社区的基本需求，这些储蓄网点的人员配备、产品服务、业务流程设置及强项等都以基础性的存取款和结算服务作为主要依据，而将其他如信用卡、代理基金及代理保险等服务只作为附加服务来提供，这便与其所属的金融机构本身所从事的主营业务种类和重点不一致，从而影响其业务办理质量和效率，降低服务深度和专业性的同时，不可避免地发生网点资源占用的冲突。社区金融服务的供给主体主要包括银行类的正式金融机构及财务公司、保险公司、证券投资公司等其他非银行类金融机构。每一类金融机构所提供的服务种类、重点都不相同，其各自擅长的业务及其质量要求均是其他金融机构所无法替代的，偏向以储蓄网点作为单一供给主体必然会导致服务品种的缺失，从而无法满足城市社区公众相对于其他社区层次而言更为多元化的金融服务需求，进而使得社区客户到社区以外的环境中去寻求满足自己需求的渠道，并最终导致城市社区金融服务的不断萎缩。因而，单一的市场供给主体结构并不利于服务效率的提高及城市社区金融的发展要求。

（2）产品结构简单，缺乏创新。除了金融服务供给主体的单一外，目前城市社区金融服务的产品结构也比较简单，仅有极少部分产品是由银行以外的金融机构提供，而绝大部分产品都是由银行提供的传统金融产品，并且这些传统产品针对性较差，在城市社区的各家银行机构间的区别很小，存在严重的同质化问题。由于这些金融服务产品缺乏创新，且没有有效地针对营业网点所在的社区特点和偏好进行个性化的开发，因而很难迅速满足社区内客户的需求，导致客户仍然要到社区以外的其他金融机构去寻求所需要的金融服务，在加大了社区客户的交易成本的同时，还将本应属于自己社区的业务效益让渡到了社区外的其他机构，在一定程度上降低了自己的经济收益，也不利于社区金融服务业务的良性开展。

（3）资金外部化，社区利用不足。从社区金融机构的功能定义上来看，其主要职能是服务于整个社区的生活、生产及基础建设等，其金融业务所获得的存款等各项资金应该以社区自身需要的满足作为首要目标。但是，目前我国城市社区金融机构的实际情况却是，存款被吸纳进入社区内的金融机构后被迅速上收至了管理行，由管理行在全辖范围内有选择地进行贷款发放。这造成了社区资金的外部化，使得本社区的资金很难直接回到社区，用于满足社区自身的经济发展和居民生活水平提高等各种资金需要。

2011年我国城市化率达到51.27%，首超50%，我国开始迈向以城市型社会为主的新阶段。随着社会发展和经济机构的变化，我国的社会管理重心从“单位制”向“社区制”转变。伴随我国社会结构逐步向城市化、社区化、老龄化方向发展，金融服务在不同城乡区域、不同类型企业、不同机构配置、不同社会群体上的分布不均衡，成为当前我国金融服务面临的主要结构性问题。社区作为城市的基本单元和城市社会经济活动的重要载体，公共服务的水平直接决定了社区的安全、宜居、宜商、和谐程度，也直接影响到社区的建设水平。社区的建设和发展离不开金融的支持，同时，金融市场的发展也需要社区发展作为重要支撑。而在社区公共服务中社区金融服务又是比较特殊的一种，其既包括基本公共服务又包括非基本公共服务。基本公共服务需要政府按照规范化、标准化、均等化提供，非基本公共服务需要在政府引导下差异化提供。

中国建设银行为推行社区金融服务，率先于2006年7月23日在深圳桃源居小区会所举行了桃源人家龙卡发卡仪式，这是国内首创的社区金融联名卡。桃源居是我国知名的超大型社区，被誉为“最具影响力的30大社区”之一。建行这次发行的社区金融联名卡集银行卡和门禁卡于一身，实现了金融服务和社区管理服务的有机结合。在金融理财方面，使用该卡可以方便快捷的开展存取款、转账支付、结算、缴费、理财等业务。在社区管理方面，使用该卡可以自由进出小区，还可享受小区的各种物业服务。建行副行长范一飞在出席发卡仪式时致辞说，此次建行与桃源居的合作，表明建行在不断提升金融服务水平，金融服务更进一步深入社区，深入客户。范一飞表示，为社区居民提供一站式方便快捷的金融服务，为客户提供建行式的服务，是建行人努力把建行建成国际一流零售银行的奋斗目标。桃园人家龙卡与深圳桃源居合作开发的社区金融卡，不仅为社区居民理财提供了方便，还给社区居民的生活带来了便利。这体现了建行为社区提供服务的理念，也体现了金融机构的产品正在逐渐走进社区、走向个人，为个人提供高品质服务的发展趋势。通过推出社区金融卡，建行为客户提供了特色的产品和个性化的理财方案，建立了与社区居民之间良好的合作关系，促进了社区金融的发展。在经历了多年的发展与完善之后，建行在开展金融服务方面形成了自身的发展优势，其营业网点遍布全国，培养了一大批专业的营销人员，形成了良好的品牌效应，建立了庞大的客户群。在银行卡销售领域，建行龙卡发卡量已达 1.7 亿张，是我国目前最大的发卡银行之一。

（五）社区银行的现状、问题及原因分析

1. 发展社区银行要以“新建”为主、“改造”为辅

我国目前社区银行的数量较少，能够通过改造直接成为社区银行的机构也较少。社区银行作为服务于县域经济发展的商业银行，不仅要明确产权、政企分开，还要满足国家相关法规的要求；更重要的是，多办一些像美国、欧洲一样的民间的股份制社区银行将极大地促进社区金融的发展。目前我国的金融机构中，城市商业银行由于其业务性质，无法改造成为县域商业银行。农村信用社属于政策性金融机构，由于政策性的存在，也无法改造成商业银行。尽管目前我国有很多金融机构被称为农村商业银行，但是实际上并不具备商业银行的特征。目前，现有的城市信用社可以作为改造的对象，据统计，目前全国城市信用社共有 389 家，由于经营状况不佳，大部分处于亏损状态。在经营状况较好的城市信用社中，一部分发展规模较大的信用社正在向城市商业银行转变。此外，随着经济的发展，我国对社区银行的需求量会越来越大。按照美国社区银行的比例，目前美国平均每 4 万人口有一家社区银行，而我国即使按照每 10 万人口有一家，则需要社区银行 13000 家，远远超出目前信用社的实际数量。由于我国目前经济发展还不完善，社区银行及其营业网点还没有得到充分的发展，百万人口中的营业网点数仅为美国的 1/4 左右。因此，发展社区经济必须重点推动社区银行的建设，并且要考虑到改造金融机构所面临的困难，实施过程中采用“新建”为主、“改造”为辅的策略。

2. 对社区银行采取必要的支持和配套政策

在鼓励社区银行发展方面，要为社区银行的发展提供必要的支持，

主要有以下方面。一是要重视政策的引导，通过制定优惠政策鼓励社区银行向中小企业和居民开展贷款业务，例如可通过实施贷款规模与优惠政策挂钩的措施，如果社区银行对中小企业的贷款达到一定规模，政府可以在税收方面给予优惠。二是要对社区银行所开展的政策性业务予以补偿，社区银行承担着国家的部分政策性业务，国家为鼓励社区银行完善政策性业务，需要为社区银行提供政策性业务补偿资金，确保社区银行的正常运营。三是要完善社区银行的存款保险机制，降低社区银行的风险，吸引更多的客户参加社区银行的存款业务。四是要优化地方金融体系建设，在社区加强信用意识的宣传，督促中小企业按照政策要求参与金融服务，建立一套完善的信用体系，实现多部门、多金融机构的信息共享，减少各金融机构、金融监管机构的信息不对称。

3. 先实施"区域试点"，再全面铺开

开展区域试点，就要将一些条件较完善的地区作为试验区，通过国家给予的一系列政策措施，推进社区银行的设立与发展，并做好对社区银行的监管。为了实现社区银行建设的稳步推进，可以先进行区域试点，试点过程中不断完善各种法律法规和管理制度，待条件成熟之后，全面推行社区银行的建设。但是要对区域试点和个别机构试点进行区别看待，分清两者之间概念的区别，避免出现混淆发展的情况。区域试点是对社区银行的各项制度、监管体制等进行全面改革，而个别机构试点只是在目前的制度下，选择个别的金融机构开展某些业务的试点。浙江省的台州市、温州市、宁波市等均具有良好的试点条件。选择为试验区的市（地）应当具备下列条件：政府给予社区银行各种优惠政策等支持社区银行的发展；社区银行在发展过程中有较大的自主权；对社区金融监管严格；社区内部个体私营经济发达；社区民间资本充足等。

4. 积极探索组建社区银行的各种方式

在社区银行的发展模式方面，世界各国都有可以借鉴的经验。我国的金融体系有其独特的特征，根据目前的金融现状，我国在发展社区银行时可以采用以下一些措施。

（1）引导民间非正规金融机构发展成为社区银行。根据央行对民间融资的调查结果显示，目前我国民间融资规模约为9500 亿元，占 GDP 的

6.96%左右。在江浙等民营经济比较发达的地区，民间金融的融资规模更大，几乎占到国有银行系统的1/3。在开展金融业务方面，由于民间金融规模小，经营灵活，其从事资金交易的效率非常高，中小企业能通过民间融资快速取得发展所需资金，满足自身需要。因此，如果能通过组建社区银行，吸收民间资本，引导民间金融等非正规金融机构走向正规化的发展轨道，对农村社区的发展会起到积极的推动作用。在社区银行发展方面，政府可考虑通过吸收民间资本作为促进社区银行发展的一个途径，引导民间金融资本正规化。由金融监管部门牵头，选择经营业绩良好、资本雄厚、信誉良好的企业或资本持有人作为社区银行的“发起人”，通过发起人良好的社会形象吸引辖区内民间金融资本参与，同时通过建立完善的股权制度、组织结构等加强规范和管理，引导民间金融资本进入正规化的发展轨道。

（2）把现有小型金融机构改造为社区银行。目前，由于受金融行业内部激烈的竞争和制度不完善等方面的影响，城乡信用社都面临着经营转型的问题。城乡信用社作为小型金融机构具有经营灵活、服务范围小的特点，政府可以鼓励这些小型金融机构通过实施股份制改造转型为社区银行。在改造过程中，要根据各地区的发展特点，按照市场化的原则，采用不同的改造方式。在经济发达地区，城乡信用社发展状况较好，资本较雄厚，民间资本也较活跃，参与组建社区银行的意愿也比较强，因此可以通过制定相关引导政策，吸收民间资本参与改造，通过股份制改革和资产优化等方式把城乡信用社改造为社区银行；而在经济不发达地区，城乡信用社的资产质量较差，还可能有遗留下来的呆账、坏账，如果仅通过自身进行改造，难度非常大，因此，可以考虑取得中国农业银行和中国农业发展银行的支持，与它们合作持股完成股份制改革，并选择资产质量得到改善、效益得到提高之后，及时引进民营资本，完成城乡信用社向社区银行的彻底改造。基于目前我国各地区的经济发展水平和地方信用社的经营状况不同，在改造过程中，政府要引导金融机构不断吸取经验，不断完善法律法规，引导城乡信用社向社区银行的顺利转型。

（3）鼓励民营企业资本组建新的社区银行。随着经济发展逐步走向市场化，民营企业成为我国经济发展的一个重要组成部分，经营状况好的民营企业也希望能参与组建民营银行。但是，民营企业进入金融行业的主要目的是获取利润，这种强烈的趋利动机可能会引发金融机构的过度膨胀，增加金融行业的风险；而股东在参与金融机构建设过程中，可能会发生关联交易等问题。因此政府应引导和完善相关法规，杜绝以上问题的发生。

我国各地区的经济发展水平不同，区域内的中小企业的经营水平、发展状况等也不尽相同，因此在组建社区银行时，政府要因地制宜，规范社区银行的组建。在组建社区银行的资金配置方面，根据《巴塞尔协议》的要求，建议资本金配置在1000万元～5000万元之间为宜。

5. 要注意促进金融企业家成长

发展社区银行时，要充分认识到金融企业家所起到的作用。一是社区银行健康发展的需要。金融企业家一般具有高业务素质、高职业道德，并有大量的资金可投入到金融行业，其与银行之间的合作是共赢关系。社区银行在发展过程中，不断吸收民间资本入股，实现企业的民营化，但是如果银行的控制权被工商业企业家控制，可能会给银行的发展带来更大的风险，因为工商业企业家有其自身的企业，出于自身企业发展需要，可能会在企业和社区银行之间实施关联贷款，甚至还会出现把社区银行变成企业的取款机的情况，因此，要避免社区银行的控制权被工商业企业家控制。二是我国银行业健康发展的客观需要。如果社区银行被工商业企业家控制，所开发和实施的金融业务往往会夹杂个人或企业思想，不能更好地为社区银行服务，进而会扰乱金融市场秩序，影响银行业的健康发展。

根据调查显示，小银行更容易培养出金融企业家。在各种外部条件具备的情况下，一些小型银行可以迅速成长为大银行。社区银行规模小的特点为培养金融企业家提供了便利条件，因此，社区银行应抓住自身规模小的优势，大力培养一批优秀的金融企业家。可以通过以下几方面实施。一是鼓励工商企业家提取全部或大部分工商企业内的资金，投入银行建设；二是鼓励由金融企业家主导的银行投资、控股其他银行；三是实施股权激励措施，鼓励优秀的金融企业经营者提高持股比例，成长为金融企业家；四是允许自然人的持股比例等同于企业法人。通过上述方案，社区银行可以培养大批的金融企业家，实现自身的壮大。目前，由于金融体制改革的不断深化，社区银行的发展迫在眉睫，因此要尽快实施金融企业家的培养工作。

6. 积极转变经营观念

尽管我国已经实施了金融体制改革，但是企业的改制和产权未得到彻底的解决，由于市场经济的作用，目前我国四大国有商业银行已经实施了商业化经营方式的转变，但是还没有从根本上摆脱计划经济的影响，存在着服务态度差、产品单一、功能单一等问题。我国的信用环境也给社区金融业务的开展带来了一定的影响，由于信用环境较差，商业银行不愿意冒更大的风险开展社区金融业务，再加上银行对社区的各种信息掌握不全面，造成信息不对称的现象，也给社区金融服务的发展带来了影响。对于银行来说，由于没有及时开展客户关系管理，无法掌握客户的信用体系。

7. 坚持求异型发展战略

我国社区银行要想获得生存和发展，要避免发展过程中出现同质化的问题，必须坚持“求异型”发展战略。在进行市场定位时要避开大型银行的发展战略，把发展方向定位在为社区组织和居民提供优质的金融产品和服务，主要通过以下几个方面予以实施。一是扩大在农村和城镇社区的布点，要探索大型银行业务的空白点，在大型银行无法或不愿提供服务的社区建立营业网点，占领地区金融市场。二是开发多种多样的产品和服务，满足中小企业和居民的需求。中小企业在发展过程中，需求最大的主要有贷款、承兑汇票、担保等业务，而社区居民需要存取款、按揭、信用卡、电子银行等金融服务，能为中小企业和社区居民提供以上金融服务，就为牢牢占领市场打下了基础。三是要树立服务中小企业、城乡居民的理念。建立良好的经营理念，不断培养和提高工作人员的服务意识，让大家认识到中小企业和社区居民是社区银行发展的关键所在，全力为客户提供优质的服务。

8. 社区金融服务产品创新能力有待提高

社区金融发展的目标是建立完善的社区金融服务中心。在社区金融服务中心，业务范围从存取款、理财咨询、保管箱、消费贷款到代理收费、保险、债券、投资基金等，几乎涵盖了金融行业的所有业务。客户在服务中心可以随心所欲的选购自己满意的产品。但是由于目前我国商业银行发展不完善，缺乏创新能力，为客户提供的金融产品的品种单一、功能简单，无法满足社区居民的需求。另外，社区银行缺乏金融方面的高级人才。社区金融的快速发展，需要大量专业性金融人才，但是由于我国客户经理制处于起步阶段，社会无法在短时间内培养大量专业的金融人才，给金融业务的发展带来了障碍。

市场经济的发展，必然会加快社区银行的建设步伐，但又不能操之过急，这既是市场经济的呼唤，又是完善金融体系的必然，要在相关理论的指导和法律规范的指引下，积极稳妥地推进。随着我国金融体系的不断完善，社区银行还会再一次发生转变，逐步发展成为中小商业银行。社区银行的设立可以降低国有商业银行对社区资金的吸收，通过自身吸收社区内部的闲散资金，并投放到社区经济发展中，满足社区客户的资金需求。社区银行还能有效地弥补国有商业银行在布局方面的不足，利用国有商业银行服务空白区域为局部地区开展金融服务。向社区银行实施转型是我国民营金融机构的最佳选择。

9. 尽快制定相关法律法规以支持社区银行的发展

我国的社区银行发展起步晚，各种社会机构还没有对社区银行进行过系统性的研究，政府也缺乏关于社区银行的法规与政策，因此，社区银行的发展得不到有效的支持，致使社区银行发展缓慢，无法为社区中小企业和居民提供及时的金融服务，社区中小企业和居民的资金需求也无法得到满足。政府应牵头制定社区银行的相关法律法规，完善社会金融体系，鼓励各种机构加大对社区银行发展的研究，研究社区银行的设置区域、市场定位、业务范围、注册资本和扶持政策等，促进我国社区银行快速、健康发展。

10. 完善金融监管措施

社区银行具有规模小、经营灵活的特点，如果仅考虑社区银行的资金状况和业务范围，设立社区银行的要求并不高。为了把社区银行真正办成为中小企业和居民服务的金融机构，避免 20 世纪 80 年代城市信用社的教训，必须要加强金融监管。一要强化社区银行的风险监管，建立一套完善的管理制度，降低社区银行的风险，明确市场准入和退出程序，及时对社区银行的相关信息进行披露，加强公众对社区银行的监督，确保市场竞争的公平，防止各种风险的发生；二要加强对信贷人员的监管，社区银行的信贷人员掌握着客户的大量信息，如不加强对这类人员的监管，可能会造成委托代理风险的发生；三要明确考核评估方法，通过制订完善的考核办法，鼓励社区银行为社区中小企业和居民提供优质的金融服务，并对社区银行制订在社区的存贷款比例或贷款结构比例，实现社区银行为社区经济服务的目的；四要严控社区银行的设立，无论是制定相关准入政策还是设置新的社区银行，都要避免沿用商业银行的惯例，要在管理方式和政策制定方面进行创新，以保证社区银行的规范性，确保社区银行能更好地为社区客户服务。

第五章　中国社区金融的需求与供给分析

由于社区经济具有多元化和层次化，而社区金融服务相对滞后，两者之间的矛盾日益加深。因而，促进我国社区经济发展的关键在于如何解决好金融产品供给和社区金融服务相对滞后之间的这种矛盾。

一、社区发展过程中的金融支持

本书所分析的金融支持主要是对金融生态环境的分析。金融生态环境是社区金融赖以发展的必要的客观条件，主要是金融活动所需要的客观要素（资源）和其所需的支持系统。对于一个微观金融活动来划分，金融的生态环境又可以认为是该金融活动发生的内部因素和外部因素。经过分析与统计，金融生态环境的内、外部因素主要有如下几点，如下图所示：

- 内部因素
  - 组织结构
  - 金融法律
  - 金融监管体制
  - 金融信用
  - 机构基础设施
  - 金融运作体系
- 外部因素
  - 社会政治
  - 社会经济
  - 社会法律
  - 社会习俗
  - 社会自然环境
  - 外部开发环境等

图 5－1　金融生态环境的内、外部因素

根据图 5－1 的内容不难看出，对于整个社区金融来说，社区金融生态环境的内部因素主要就是社区金融体系，所处的外部因素指的是社区所处的社会环境。社区金融活动存活于金融生态环境下，因此，金融环境的内部因素和外部因素都对金融有着重要影响。一个良好的社区金融环境对社区金融的发展有着积极的作用。

从长远的角度来看，在诸多社区金融环境内部和外部因素中，金融信用是对社区金融发展影响最大的因素。当前我国社区金融存在着严重的信用危机，社区金融机构或组织的信用意识普遍较低，金融个体和企业欠债问题普遍存在，政府失信问题日益突出，相关法律体系存在多处漏洞。解决好当前的金融信用问题是发展社区金融的首要问题。

金融环境涉及因素较多，其建设也是任重而道远。金融环境的改善需要政府的不断努力，首先要具备稳定的政治经济环境，然后不断完善金融法律制度等，这样金融环境才能在稳定中不断发展优化。同时，金融机构和组织也要不断调整组织结构，建立更好的金融制度与体系，大力做好信用体系制度建设。只有通过政府与金融机构的不断配合努力，金融环境的建设才能更好更快地进行，这有利于我国经济的发展，形成良性循环，促进我国整体实力的不断发展。

社区金融机构或组织在开展金融环境建设的过程中，要将金融信用制度的建设放在首位。未来的信贷市场，信用体系考评将成为确定是否满足贷款条件的最重要的考察指标。金融信用体系在金融市场上发挥的作用与表现出的优势也会越来越明显。所以在建立和完善金融环境的阶段，社区金融机构要重视发展社区的信用环境，通过自身的金融和客户资源，不断优化社区的信用市场。对守信的客户或守信的信用行为给予鼓励，对长久以来信用良好的客户，放宽借贷审核条件，提高其贷款额度；而对于信用记录差或者恶意不能按时还款的客户要予以惩罚，甚至取消其贷款的资格等。通过此类措施，才能不断发挥金融信用的作用，使金融信用不断得到重视与发展。

二、社区金融需求状况的研究与分析

改革开放的大潮中，我国的社会经济日新月异，金融行业更是有了空前的发展。进入21世纪，世界金融有着较大的变动，尤其是前些年某些发达国家出现的金融危机，严重影响了全球金融行业的发展。在这样的环境下，要充分研究我国金融行业的发展历程，参照其他国家金融业的经验教训，结合我国实际国情，大力发展我国的社区金融，不断改善和优化社区金融的社会环境、法律制度等，探索出一条崭新的社区金融发展道路。

随着我国加入世界贸易组织和社会主义市场经济体制的建立和不断完善，社会上的金融个体从属从以前的单位逐步转变为社区，金融对于社区的各种服务业务相继出现。伴随着经济的不断发展，金融个体的需求也越来越旺盛，目前社区金融发展滞后，研究分析目前我国社区金融发展现状，对于促进社区金融的发展，促进社会和谐有着重要的意义和价值。

我们采用了问卷调查的方法，对社区居民和中小企业的金融需求进行了调查，通过500份有效调查问卷、走访社区60户居民及20家企业获得的信息进行调查分析，得出以下结论。

（一）社区居民金融需求呈个性化、差异化

我国民族较多，国土面积辽阔，地区文化差异很大，这就造成了我国社区居民金融需求存在着多样化、个性化的特点。主要体现在以下几个方面。

1. 社区居民从事行业的不同导致其对金融的需求多元化

社区居民自主经营的行业多种多样，例如服务行业的美容美发、干洗店；医药行业的诊所、药店；餐饮业的餐馆；零售业的便利店、超市等。根据行业的特征和自身营业主体的规模，社区居民选用金融服务会存在差异。根据调查，在具有创业想法的居民中，27%的人愿意通过银行贷款，73%的人则愿意自筹资金，其中愿意贷款的人群也会根据自身实际来选择额度。

2. 社区居民收入差异呈现出金融需求的不同

社区居民对金融的需求，和其收入的高低紧密相连。95%以上的中低收入居民对金融业务的需求主要为存取款业务、个人汇款业务等，有78%的中低收入居民会选择助学贷款、小额扶贫贷款、下岗职工贴息贷款等个人贷款，但其贷款满足率却不足16%。而高收入阶层的居民，对金融需求有着更多的差异。

3. 社区居民金融资产的多样化

随着经济的发展，金融业出现了多种多样的资产形式。目前，这些资产形式在社区居民中已经被使用，社区居民金融资产已经呈现出多样化趋势。据统计，55% 的社区居民拥有信用卡、电子银行等金融工具。70% 的家庭拥有国库券、股票、基金等新兴的金融资产形式。

4. 社区理财对金融服务的要求增加

我国社区的概念主要是指有物业管理公司进行管理的住宅小区。由于近年来我国商品房市场发展速度很快，新的社区产生也很快。社区相对于居民区、宿舍区来说，其内部各项事务由物业管理委员会进行管理，不再与政府或单位挂钩。目前社区作为一种新的社会形态，成为人们参与理财的重要场所，人们的网络费用、水电费、生活用品采购费用等都在社区内部完成。社区的这种发展形态也给银行拓展社区金融服务提供了便利条件。在社区内部，居民会涉及包括水电费在内的很多费用的交易，这些大都由物业公司代为完成，如果银行能与社区物业管理公司建立良好的合作关系，把各项收费服务交由银行代管，就能吸引居民到银行开户，进而有利于银行向社区居民推销其他金融业务。同时，在社区中，居民会面对各种社会困难和问题，社会保障体系急需建立和完善。以养老金业务为例，实施养老金的社会化之后，很多大中城市通过银行向退休人员发放养老金，但是很多离退休人员距离银行较远，领取养老金不方便，他们迫切希望能设立专业金融机构为他们提供专业化、便捷的养老金提取服务。

5. 依托社区发展金融

城区居民向郊区迁移是城市发展的必然趋势，随着城市化进程的加快，形成了很多社区，且逐渐发展完善，金融业的发展应依托社区，建立社区银行。上海在社区银行的建设方面值得借鉴。20 世纪 90 年代初，上海徐家汇支行就开始在偏远的郊区开设网点，并在动迁居民集中的新城区开设储蓄所。在营业网点的业务设置上，以服务于社区居民为发展目标，设置多种多样的个人理财业务。根据相关统计显示，近年来随着上海居民逐渐向郊区迁移，有超过 200 多个银行网点在郊区成立，不但方便了城郊居民的生活，还给银行带来了收益。

金融机构依托社区、深入居民开展金融服务，有如下优点。

（1）普及金融知识，完善金融服务。随着我国金融体系的不断完善，金融业成为影响人们生活的一个重要因素，人们也更加关注如何理财。但是由于我国金融业的发展是伴随着电子技术的发展而不断变化的，再加上金融业的专业性强，很多人对这一行业的发展认识不足，在理财观念上跟不上时代步伐。因此，人们希望能有机会学习和掌握相关金融知识，而发展社区金融的概念，成为社区居民学习金融知识的一个平台。在发展社区金融方面，各金融机构要主动深入社区，开展金融知识的宣传工作，向社区居民推介新产品和新服务，促进社区居民金融知识的增加，并参与金融业务实施。根据我国目前的社区组织发展情况，社区组织发展较健全，社区居民在生活方式等方面都比较接近，这有利于金融机构工作人员走进社区开展金融宣传及营销等工作。金融机构要深入社区，主动与居民群众沟通，普及金融知识，提高社区居民对金融的认识，增强社区居民的理财观念，并不断深化金融服务，促进社区经济的发展。

（2）丰富营销手段，防范金融欺诈。随着金融市场竞争的日趋激烈，各金融机构积极转变经营战略，开始更加关注对个人金融业务的开发，抢占金融市场。很多银行利用品牌效应积极推出独具特色的个人消费信贷服务。目前，各金融机构所面对的最大问题就是如何吸引消费者的注意力，让消费者了解和关注自己的产品和服务。为此，很多金融机构改变以前仅限于营业网点内的营销方式，主动走进社区，深入居民之中，向广大居民推介自己的金融产品和服务。这一营销策略不仅能加深居民对金融产品和服务的认识，还能为市场开发提供发展基础。同时，通过在社区内部的营销，可以及时掌握社区居民的金融需求，了解社区居民的经济状况，有利于建立良好的信息沟通渠道，也有利于金融机构改进金融产品和服务。银行通过实施与社区的合作，能促进自身的发展，实现共赢。据调查，在上海有很多商业银行如中国工商银行、浦发银行等都与社区建立了良好的合作关系。通过这种良好的合作关系，银行可以把自己的金融产品推介给社区居民，并从社区居民中收集相关信息，提升金融产品和服务质量。社区居民也可以方便快捷地了解银行的经营信息、服务种类，寻找适合自身发展的金融业务。开展银行与社区之间的合作是创新金融服务的途径，也是社区金融发展的必然趋势。随着我国城乡居民生活水平的不断提高，社区金融蕴含着巨大的商机，银行应扩大与信用社之间的合作，业务内容不仅包括存取款、代收费、货币兑换等，还要积极响应社区居民对理财方面的需求，开办个人理财业务。在业务实施方面，可以采用以下几种形式。一是开发独具特色的中间业务，增加银行卡的功能。例如，我国目前出现了很多服务层次高的社区，这些社区通过实施一卡通式的管理，将居民出入社区、停车、缴费等集中到一张IC卡上来实现。银行可以利用社区的一卡通管理模式与物业公司、技术开发公司开展合作，整合银行卡与社区IC卡的功能，合二为一。这一措施不仅促进了银行的金融业务开发，还方便了社区居民的生活。二是为客户提供个性化的金融服务。随着经济不断发展和社会的不断进步，社区内一些知识层次和收入水平较高的居民对金融的认识更加理性，他们不仅关注银行的存取款、转账等功能，还关注个人理财、网络银行等功能。对于社区居民的这类需求，银行应创新服务方式，开拓金融业务，为社区居民提供专业化的个人金融服务，如为客户提供个人理财方案、投资建议等，建立完善的个人金融服务模式。三是鼓励社区居民开展住房抵押贷款业务。在社区内自有住房的居民，一般来说其经济实力较强、信誉高，这就使他们成为银行金融业务的潜在发展对象。在发展这类人员方面，银行可以通过与社区管委会合作的方式，收集该类人员的各种信息，评估其信用状况和还款能力，同时通过简化操作流程，开展金融服务。

（3）加强对金融产品的使用指导，避免盲目浪费。在社区金融发展过程中，部分社区的居民对银行的各种金融产品和服务不太了解，因此，他们迫切希望能通过专业化的指导尽快掌握金融产品和服务方面的知识。在金融产品和服务推介方面，银行可以通过在社区内部开展产品宣传，让社区居民了解金融产品的功能；还可以通过在营业网点为社区居民提供操作演示，帮助居民全面了解金融产品的功能。在金融业务的网络建设方面，要与社区局域网联合，发展网上银行。目前以社区局域网为基础的网络社区在我国各大城市逐渐出现。对于网络社区的建设，清华大学自动化系教授、检测与电子技术研究所所长杨士元认为，在3~5年的时间内，我国会建立真正的网络社区。对于有市场发展眼光的银行来说，可以利用网络社区作为开展金融业务的一个途径，通过网上银行向社区居民提供理财服务，发挥网上银行的功能。在为不同层次群体的金融服务方面，要注重对社区不同群体的研究，掌握各类群体的金融需求，通过实施个性化的金融服务，满足各层次人员对金融业务的需求。根据对社区居民相关信息的调查发现，由于社区居民有不同的收入和地位，因此也有了不同的群体之分。社区银行在开展业务方面，一要重视不同群体的特征，二要根据社区居民在年龄、职业、文化程度等方面的差异，为社区居民提供个性化的金融服务。目前，金融服务已成为一种商品，因此金融部门要认识到社区金融服务为自己发展带来的实惠和便利，要不断完善产品质量，提升服务层次，主动参与社区建设和社区金融服务，推动社区银行的建设走向规范化、规模化。

（二）社区中小企业金融服务有待完善

中小企业是促进国家经济发展的新生力量，对我国的经济体制改革和发展具有重要意义。据国家税务总局统计，截至2006年年底，在全国各级工商部门注册的中小企业达4000万家，这些企业共为国家贡献了60%的GDP、50%的税收、75%的就业，这一数据说明积极发展中小企业对我国经济发展具有重大意义。但是尽管我国中小企业为经济发展作出了巨大的贡献，但是并没有得到金融机构的大力支持，因此，我国应该解决中小企业融资难的问题，彻底清除对中小企业的金融歧视，促进我国经济结构的调整和金融体系的完善。我国中小企业融资难一直以来都是影响中小企业发展的难题，也是我国金融体系不健全的表现，其本质原因是银企关系不平等，造成不平等的原因也是我国金融体系发展的不完善。一直以来，我国中小企业融资难问题的症结在于片面地关注政府主导的金融制度。在金融制度不变的情况下，为解决银企关系不平等的现象，必须加强中小金融机构的建设。在国外，社区银行是中小金融机构的一个典型代表，国外的社区银行在促进经济建设和社会发展上作出了很大贡献，发展也相对完善。我国可以借鉴国外社区银行的发展经验，寻求解决中小企业融资难的办法。尽管我国的社区金融机构发展到了一定阶段，但是并没有建立真正的社区银行。完善的社区银行无论是在资产规模上，还是在经营特点上，都与其他商业银行有所区别。目前，国内外学者对社区银行的研究主要集中在社区银行的经营规模、空间结构和信息等方面对中小企业提供金融支持所带来的收益，而本书作者则通过对金融共生理论的研究，来解释社区银行和中小企业之间的耦合机制，提出社区银行和中小企业的合作是源于两者之间强烈的互惠共生关系，而该关系可促使两者长期的良性互动发展，并由此提出在我国因地制宜地建立社区银行的建议。

以下从中小企业和社区银行的特点，分析验证两者的互惠共生关系。

1. 我国中小企业的发展特点

我国社区内部的中小企业主要为个体私营企业，经营业务主要涉及服务业和贸易行业，这些企业对金融服务的要求主要有如下几个方面。

（1）中小企业对金融服务的需求种类多样。根据相关机构对社区金融产品和服务的调查结果显示，在被抽样调查的企业中，对信用卡业务、理财服务等金融服务有需求的企业占总数的78%；对承兑汇票、开发贷款、票据贴现及短期小额抵押贷款等金融服务有需求的企业占总数的69%；对金融机构的服务满意度为60%；对贷款业务的满意度为20%；有60%的企业从未利用过票据贴现，这意味着企业的结算方式需要改进；还有26%的企业至今未和银行产生过信贷业务，这说明商业银行在贷款业务上还有很大的发展空间。

（2）需要新的融资模式取代单纯的资产抵押贷款。对融资方面的调查显示，在融资途径方面，选择向亲友借款或者直接参与民间融资的企业占总数的45.1%。自2004年以来，贷款业务完成率仅占贷款申请总数的18%，并且完成的贷款业务需要企业提供资产抵押。所有申贷企业中，由于无法提供资产抵押造成申贷失败的占总数的63%，由于无法提供担保造成申贷失败的占总数的46%。在调查中发现，即使企业信誉好、有良好的发展前景，如果没有资产抵押也没有机会获得贷款。这一点说明了现有金融机构在信贷业务上只重视企业的资产，而不重视企业的发展前景，从而将很多具有发展前景的中小企业拒之门外。

2. 社区银行的概念及经营特点

（1）社区银行的概念。国外学者对社区银行的研究比较深入，形成了成熟的认识，他们通常把银行资产规模作为衡量社区银行的唯一标准。对发达国家的社区银行定义为资产规模在 10 亿元以下的银行，对发展中国家的社区银行定义为资产规模在 1 亿元以下的银行。还有一部分学者认为，如果仅从银行的资产规模来划定社区银行，可能会把一部分小型商业银行包含进去，因此需要增加对社区银行经营特点的说明。他们对社区银行的定义为：在一定地区的社区范围内按照市场化原则自主设立和运营，持有资产少于 1 亿美元的，主要服务于中小企业和个人客户的中小银行（Williama R. Emmons et a1. 2004，Scott E. Hein et a1. 2005）。对社区银行的这一定义受到了社会的认可，逐渐被美国独立社区银行协会、芝加哥储备银行沿用。

我国学者对社区银行的研究主要来自于对国外研究的学习，其目的是通过探讨社区银行发展途径，完善社区金融管理，建立完善的现代化金融体系，解决中小企业融资难的问题。国内学者对社区银行的服务对象、服务范围、运作原则等方面的认识比较统一，但是并没有形成统一的界定标准。巴曙松（2002）、李建英（2004）、钟伟（2004）等人直接沿袭了 Scott E. Hein et a1.（2005）的社区银行观点，晏露蓉（2003）、刘伟等（2004）、康卫华（2005）等人则将社区银行概念简化为以社区服务为主的小型地方性商业银行。王爱俭（2005）则丰富了社区银行的概念，他认为社区银行是以营利为目的、实施股份制改革、经营范围在一定区域、服务地方经济的商业银行。

通过上述国内外对社区银行的研究来看，从资产规模角度对社区银行进行划分更为客观，但是也存在无法全面体现社区银行特征的问题。本书对社区银行的概念主要从以下几个方面进行定位：以服务社区中小企业和居民为目的、资产规模不超过某一数值的小型商业银行。

（2）社区银行的经营特点。美国在社区银行建设方面有丰富的经验，其社区银行发展时间较长，并且至今也非常活跃。美国的社区金融活动在经济金融运行中占据了非常重要的地位。据统计，截至 2006 年，美国社区银行的总数已达到 6962 家，占美国商业银行总数的 93.45%。在全美境内的社区银行网点共有 43000 个，其中 80% 的营业网点分布在城郊和农村地区，其信贷业务的主要对象为社区内的中小企业。从经营效益来看，社区银行的发展也十分稳健，其各项收益指标与大型银行相差不大，而且其资本充足率比大型银行还要高。据《美国银行家》近期调查，在全美的“特优银行”（有息存款的利率在3%以下、存贷款利差超过5%、总资产本期收益率超过0.5%）中，社区银行就有206家。在目前世界经济危机的情况下，美国金融市场受到极大的冲击，许多大型商业银行的发展难以为继，争相向政府寻求资金支持，即便如此，社区银行的经营依然很红火。根据美国《华盛顿邮报》报道，由于大型商业银行的市场表现较差，很多储户丧失对大型银行的信心，进而将存款转存到发展态势较好的社区银行内。社区金融在美国能取得如此大的成功，与社区银行独有的经营特征有关，主要表现在以下几个方面。

第一，社区银行的目标市场。社区银行设立的目的是为社区内的中小企业和居民提供金融产品和服务，因而其目标市场是社区，目标客户是社区内的中小企业和居民。社区银行与大型银行的区别在于，社区银行通过立足于社区，了解社区中小企业和居民各种各样的金融需求，并通过制定组织规范、业务流程等，完善金融服务，占领社区金融市场；而大型银行则主要把大型企业作为其目标客户，并在设计业务流程、金融产品等方面，为客户提供标准化的服务。在资金来源和使用方面，社区银行从社区吸收资金，并把资金投向社区内的中小企业和居民，满足社区内中小企业和居民的资金需求，促进社区内部的经济发展和繁荣。而大型银行则会从一个地区吸收资金并投向另外一个地区，实现全国范围内的资金调控，满足大型企业的资金需求，获取最大利润。

第二，融资模式方面。社区银行在融资模式方面非常重视关系型融资，并将其作为经营的核心。实施关系型融资必须满足三个条件：一是中介机构不仅能获取到公共信息，还能获取到私人信息；二是信息的收集过程是一个长期的过程；三是信息获取后要进行保密。客户的私人信息一般难以获取，社区银行为获取这些信息，必须通过为客户提供多样化的服务，多与客户接触。社区银行的生存环境为其获取私人信息提供了便利，社区银行的管理者和员工一般都来自本社区，他们长期生活在社区内，对本地风土人情、经济结构等非常熟悉，也更加熟悉客户的状况。在开展业务时，社区银行不仅会分析客户提供的各种文件，还会参考客户的其他信息，例如客户的家庭情况、日常收入、开销等。在与客户的接触过程中，银行一般采取一对一的交流，这一交流方式便于保持与客户长期的联系。社区银行这一获取信息的方式也是大型银行所不能比的。

第三，安全性方面。社区银行的主要服务对象为社区内中小企业和居民，这为社区银行获取长期稳定的存款提供了基础条件，因为社区内的中小企业和居民并不重视存款的利率变化，因此可以长期地把闲散资金交由银行保管。这部分资金为社区银行的发展提供了长期稳定的资金保障。从社区银行和客户之间的关系来看，社区银行为吸引客户群，确保顺利开展各种金融业务，会主动了解客户的各种信息，并为客户提供个性化的金融服务。同时，客户为了与社区银行建立长期的良好的信贷关系，会非常重视自己的信誉，并及时进行还贷。中国人民银行双鸭山市中心支行课题组（2005）通过对社区银行与客户之间的关系进行研究，得出如下结论：社区银行与客户之间保持长期的业务合作关系，社区银行即使不能及时掌握客户的相关信息，为了保障其自身信贷业务的安全性，也会主动做好自我监督，降低自身的经营风险。

第四，灵活性方面。社区银行具有规模小、灵活性强的特点。从市场准入角度来看，社区银行市场准入的门槛较低，并且社区银行的设立和发展所需资金较少，组建方式具有多样化的特点。从市场退出机制来看，社区银行规模小，即使由于经营不善或其他因素造成破产或长期亏损，也可以通过其他民间资本的收购来拯救社区银行。而对于大型银行来说，并不具有这方面的优势，由于其资产规模较大，如果出现经营不善造成破产，民间融资无法提供足够的资金对其进行收购。在实施信贷业务方面，社区银行灵活经营的特点决定了其能在短时间内审核客户信贷需求，并快速完成相关手续的办理。据美国小企业管理局统计，2005年中小企业产值占美国 GDP 的 50% ~51%，而社区银行是中小企业和农业性借贷的重要渠道和主要财务咨询顾问。

3. 社区银行和中小企业的金融共生关系

“共生”这一概念最早出现在生物学范畴中。早在 1879 年，德国真菌学家德贝里指出共生是指不同生物密切生活在一起。共生的基本内涵是指两种不同的生物生活在一起，一方为另一方提供有利于生存的帮助，同时也获得对方的帮助，两者相互依存，对彼此都有利。随着对共生利率研究的深入，该理论现已被应用到其他学科上。我国很多金融学者通过对共生理论的研究，提出了金融共生的概念。袁纯清（2002）通过对金融的研究认为，金融共生是指银企之间、银行之间、银行与非银行金融机构之间处于同一金融环境中，为了实现自身的发展，建议一种相互依存的共生关系。李晓琳（2005）对金融共生的研究主要集中在资金融通方面，他认为金融共生是指在一定的金融环境中，资金的供需双方和金融中介机构形成的相互依存关系。社区银行与中小企业的金融共生关系包含三个方面：寄生共生、偏离共生和互惠共生。其中互惠共生为我国的金融发展提供了一种全新的发展模式，为促进我国金融发展提供了创新性的目标。通过对金融互惠共生的研究，本书对金融互惠共生的定义如下：在同一环境下，金融共生单元之间为了满足自身发展需求，通过互通信息、资金互助等方式形成的相互依存的发展模式，实现共同发展、共同获利的目的。对该定义的解释如下：对于满足自身需求来说，如果共生单元的双方能团结合作，势必能使双方获得收益。共生双方的相互依存关系是指两者通过共同合作都能获得较大的收益，但是一旦失去了这种关系，会阻碍两者的发展，增加双方的成本投入。对于信息共享和资金互助来说，由于市场竞争的加剧，社区银行和中小企业都希望能及时掌握对方金融方面的信息，以便顺利完成相关金融业务，降低风险。有效的资金互助可以促进双方的发展，社区银行通过获取中小企业的存款并通过信贷业务投放到金融市场，获取更大的收益；中小企业通过信贷业务从社区银行获取资金，以扩大经营，实现自身利润的增加。

4. 社区银行和中小企业存在强烈的互惠共生关系

通过对金融互惠共生关系的研究，得出了满足金融互惠共生关系的三个充要条件，一是要有金融共生单元，包括资金的供需双方和金融中介机构，且至少能形成一个共生界面；二是金融共生单元之间要能顺利完成各种物质、信息的交流；三是金融共生单元通过合作均能获利。在研究我国社区银行和中小企业之间金融互惠共生关系方面，作者通过静态分析和动态分析来验证。在进行分析之前，首先要明确两者之间的互惠合作基础，包括以下三个方面：①社区银行和中小企业之间能形成稳定的供应链，并实现共同获利，这是形成互惠共生关系的物质基础。②社区银行在交易成本、产权制度和地缘文化等方面的优势和中小企业的融资特点相吻合，解决了空间、规模和信息三方面存在的问题，为银企顺利开展合作提供了基础，这是形成互惠共生关系的制度基础。③社区银行和中小企业通过长期的金融合作形成了良好的信誉关系，增加了双方的违约成本，能有效促进贷款业务的实施，这是形成互惠共生关系的执行机制。

（1）静态分析。社区银行和中小企业是社区内部两种不同的经济单位，社区银行负责经营金融产品和业务，通过从社区吸收存款，并向社区中小企业发放贷款，以获取利益。中小企业则是通过生产和销售产品获取收入的经济单位，它通过获取信贷资金以改进技术、提高产品质量，并进行企业扩大再生产，以实现自身利润的提高，同时，中小企业获取的多余资金也要通过存款业务存放到金融机构。社区银行和中小企业的这种经营特点为两者开展合作提供了基础，两者通过在运营中的相互合作、相互影响可以形成一个共生环境。具体分析如下：当中小企业的产品销量增加时，中小企业会获取更多的收益，其利润增加，企业收入和职工收入也会相应增加，则企业和职工会把闲散资金存入社区银行，促使社区银行的可用资金增加。而社区银行由于拥有足够多的资金，会把这些资金投放到市场上，为中小企业发展提供更多的资金。根据以上分析可知，社区银行和中小企业通过资金流通开展合作关系，共同取得收益，双方的利益都得到了帕累托改进。因此可以说，社区银行和中小企业具有互惠共生的关系。

社区银行与中小企业开展互惠合作方面具有非常大的优势，主要有以下几方面。

第一，交易成本优势。从信息收集上来看，社区银行设置在社区内部，且工作人员多来自社区内部，通过在社区内长期的发展，掌握了社区内中小企业大量的经营信息，即使有小部分信息未及时掌握，也能通过便捷的手段获得，而中小企业由于有着强烈的金融需求，也非常关注社区银行的经营状况，中小企业在社区内部也有利于其收集社区银行的各种经营信息。社区银行和中小企业在信息收集方面均具有成本优势。从代理成本来看，社区银行具有代理链条短、代理成本较低、约束机制较强的特点。而股份制商业银行代理关系相对复杂，复杂的代理关系会降低经营效率，增加委托人的经营风险，增加运营成本。因此，社区银行的代理关系问题也使其具有成本优势。从社区银行的股权结构来看，社区银行的股权相对单一，因而经营者与股东都非常重视银行的发展，且方便目标统一，有利于经营措施和激励措施的推行，从而降低运营成本。

第二，产权制度优势。所谓产权制度，是指既定产权关系和产权规则结合而成的且能对产权关系实现有效的组合、调节和保护的制度安排。目前，产权制度已经成为企业制度的一个重要组成部分，它能有效地降低交易费用，提高资源配置效率。对于国有商业银行来说，它在长期的发展过程中面临的最大问题就是效率低下，造成这一问题的因素之一就是产权关系模糊。由于国有商业银行的产权归全体国民所有，其经营管理由政府代为负责，这就造成了产权关系模糊的问题，同时由于政府管理的性质，也会出现政府使用行政手段过度干预商业银行的经营。而对于社区银行来说，其经营管理均按照现代企业模式运作，产权明确，经营灵活。社区银行按照股份制进行设置，其主要股份以民间资本为主，在体制结构上与中小企业类似，有利于两者之间的合作。

第三，人缘地缘优势。社区银行是当地土生土长的“草根银行”，它很少像大银行那样将当地吸收的资金转移用于外地，而是在经营区域内“取之于民、用之于民”，因此将比大银行更能获得当地政府和中小企业的支持。社区银行主要由民营中小企业控股，主要为当地中小企业服务，是民营中小企业创业和发展的重要资金支持者，因此与民营中小企业具有天然的合作关系，在入股和组织存款资金方面也更易得到当地民营中小企业支持。由于社区银行一旦出现支付风险会对当地的经济发展产生严重影响，因此当社区银行在维护金融债权等方面寻求政府部门支持时，政府部门一般都会积极配合。另外，由于社区银行的经理管理者一般都是当地人士，平常能主动与当地客户接近，因此在与当地客户建立和保持业务合作关系方面往往具有更大的优势。所有这些因根植当地经营而特有的人缘、地缘优势，是社区银行经营发展的最大的无形资产。

（2）动态分析。通过理论分析可知，社区银行和中小企业之间满足构成金融共生关系的充要条件，但两者之间是否存在合作的激励需要进一步分析。本书试图通过博弈分析的方法来证明，建立一个以一家社区银行和一家中小企业为参与者，以社区为交易域的动态博弈模型。银行在选择企业合作时面临着“道德风险”，如果企业选择违约，能获得一个现阶段收益，但是这样会暴露自己的类型，失去获得长期合作受益的可能。如果重复博弈的次数足够多，未来收益的损失就会超过短期收益，而且企业所建立的声誉在短期内很难消耗掉。为了简化模型，我们假定社区银行和企业都满足经济理性人的假定；由于社区环境的特殊性，为博弈双方提供了完美的信息环境，博弈双方可以清楚地观测到对方的行动并相机抉择；企业向银行提供抵押或者担保，而且在社区复合信任体系的作用下，社区银行能以最少的成本追缴回贷款。在第一阶段，社区银行有两种选择，第一种是不贷，第二种是贷款。如果社区银行向企业发放贷款，其贷款额为 F，利息率为 P，企业通过借贷资金进行生产后获得的收益为 E。在第二阶段，企业有两种选择：第一种是不按时还款，假设企业声誉和社会成本的损失为 SC，则其收益为 $E-SC$；银行的收益为 $-F-PF$；第二种是按时还款，如果企业按时还款，则显示了其信用良好的信号，获得了一定的声誉增值 SH，该增值将有利于企业今后与银行的重复博弈。如果企业违约不按时还贷，在复合信用体系的作用下，企业会面临双重的“惩罚”，一来企业信用度会降低，这将直接影响到企业下次能否成功获得银行的资金支持；而且由于社区的地缘性和血缘性关系，企业违约的信息会快速传递，企业的形象也将受损。如果企业在一次违约以后难以找到新的合作伙伴和资金支持，则有可能面临不得不将企业迁往外地的结果。二来社区银行作为理性人，面对企业的违约一定会进行追缴，甚至诉诸法律。面对这些，作为理性人的企业管理者一定会选择按时还款，而不会恶意违约。因此，可以假设企业违约时的收益比其按时还款的收益要小，即 $E-SC<E-F-PF+SH$，$SC>F+PF-SH$。在第三阶段，如果企业违约，社区银行有两种选择，一种是不追缴，则其收益为 $-F-PF$，企业收益为 $E-SC$，但作为理性人的社区银行不会面对损失而无动于衷，因此它一定会选择追缴。在第四阶段，面对社区银行的追缴，企业则有两种选择，一种是还款，假设社区银行向企业收取违约金为B，追缴成本为C，则企业的收益为E－F－FP－SC－B，而银行的收益为F＋PF＋B－C；第二种是企业拒绝还款，则银行会诉诸法律，则企业的收益会小于E－F－FP－SC－B，而银行的收益也会小于F＋PF＋B－C。由以上假设，可以推出博弈双方策略选择的博弈树。我们采用逆向归纳法来求解模型的均衡解。在第一个阶段，社区银行首先行动，比较可行的两个选择的收益分别为F＋PF和0，社区银行会选择贷款。在第二个阶段，中小企业如果选择不还款，基于理性人的假定，则它可以推测在第三阶段社区银行一定会追缴，并且其通过较小的成本即可追回贷款，而此时企业的收益为≤E－F－FP－SC－B，与其选择按时还款的收益E－F－PF＋SH相比较，企业会选择按时还款，此时社区银行和中小企业双方的收益最大，为（F＋PF、E－F－PF＋SH）。综上所述，该动态博弈的子博弈纳什均衡解为社区银行向中小企业贷款，而中小企业按时还款，而双方的收益为（F＋PF、E－F－PF＋SH）。通过动态博弈分析可知，社区银行和中小企业之间具有较强的形成互惠金融共生合作关系的激励。通过以上的分析可知，社区银行和中小企业之间存在强烈的互惠共生关系，该关系促使两者通过合作共同受益、共同发展。从微观看，建立社区银行能够弥补中小企业由于制度约束和信息滞障导致的信贷缺口，有效地缓解我国中小企业融资难的问题，推动现实生产力的发展，促进当地产业和经济的全面发展。从宏观看，建立社区银行起到了“金融补丁”的作用。我国的金融体系存在不均衡的发展格局，无法提供多层次、全方位的金融服务，制约了金融对经济的支持能力。社区银行的建立可以填补金融服务空间的盲点，缓解资金在落后地区的“虹吸”效应，立足基层扶持落后地区经济的发展，深化社区的金融服务功能。因此，我国可以因地制宜地建立社区银行，或者将部分城市商业银行、农村信用社或邮政储蓄银行改造成为社区银行，还可以引导民间资本组建社区银行，从而创造良好的金融共生环境，促进互惠金融共生模式的建立和发展。

（三）社区基础设施建设及社区服务体系发展的内在需求

按照《国务院关于加强和改进社区服务工作意见》的要求，大力推进公共服务体系建设，使政府公共服务覆盖到社区。但是由于地区经济发展不平衡，部分地区政府财力有限，缺乏资金进行社区基础设施建设和服务体系建设，因此，急需得到金融支持。

当前，金融服务存在定位不清、职责不明的现象。在中国的城市化进程和社区化发展的进程中，社区金融服务一直较为滞后，甚至存在服务盲点。理论上，金融服务需要通过机构网点传递服务理念和服务特色，而机构设置要与当地经济活动的集中程度和发展水平相适应，但中国的商业银行机构设置却更多带有浓厚的行政色彩，银行自身的利益体现相较之下更为突出。

一是银行服务网点设置过于以自身利益为中心，忽视“以人为本”、“以民为本”，过于关注短期利益和眼前效益，忽视长远发展和社会责任。为满足新设网点快速发展、快速起步，实现当年设立当年盈利的目标，很多商业银行在网点地址选择上，以一线城市的总部经济聚集区，园区、商区聚集区为首选，扎堆经营，而对短期内难见效益的社区、学区则敬而远之，导致公司业务占比过高，超过 80%，周边辐射客户、自然上门客户极少，业务结构及收入结构不合理，普遍存在同质化经营的现象。

二是异地营销、跨区营销带来的管理滞后、信息不畅和资产质量的潜在风险。商业银行选点上的急功近利导致银行网点在一些区域过于集中，为业绩考核的需要，支行网点往往存在舍近求远的做法，偏离服务周边客户的需要，跨区营销，争取资源，造成重复营销和恶性竞争。路途的远近决定管理的成本和人员的投入，加上客户远离支行，银行难以及时了解其在生产经营方面的异动，必然带来潜在的资产风险。

三是网点定位不清，职责不明。中国的商业银行，其总分行两级多以职能部门设置，并不实际承担经营职能，只是组织、协调、推动业务的管理单位，导致“上面千条线、下面一根针”，最终的营销任务和计划指标全部落到基层网点上。突出的表现是每个基层网点均要承担多样化的营销任务，很容易造成基层网点疲于奔命，穷于应付，难以形成自己的业务特色；其次，基层网点的部门设置和业务结构多是由外部推动形成，而不是由内生演化而成，难以有效满足客户需求，如社区内设立的银行基层网点并不会因其工作经营时间与主要客户群体在社区外的工作时间重叠而进行相应调整；再次在组织结构设置上不能体现“以客户为中心”的经营理念，客户开发、维护和营销渠道割裂，市场推广各行其是，造成客户对产品品牌认知的混淆；更严重的是客户资源掌握在个人手中，但由于缺乏信息沟通和有效整合，造成营销的重复和资源的浪费。

四是对社区金融服务浅尝辄止。由于对社区的扶持政策缺失，进入布点的银行机构难以得到足够资源，导致大量社区无法进入商业银行网点布局的视野，社区金融服务需求与产品供给之间的矛盾日益突出。

三、社区金融供给主体分析

从经济学理论角度来分析，供给与需求是影响市场的基本要素。随着我国社区经济的不断发展和完善，社区内部对各种金融服务的需求越来越多，但是由于社区金融的发展不完善，供给能力不足，无法为社区居民提供良好的服务，阻碍了社区经济的发展。根据分析，在供给与需求之间的矛盾中，供给能力不足是造成矛盾的主要方面，这也意味着供给主体的发展还不够完善。因此，应重点关注供给主体的发展，通过改革提高供给主体的能力，解决社区对金融的需求。

从理论角度来看，无论何种类型社区，金融机构都能为其提供金融服务，但是在不同类型的社区中其提供业务的效率不尽相同，可能无法达到自身业务与社区经济发展、人们生活的和谐发展，因此，要想了解各种类型的金融机构的服务地域和服务层次，就必须分析各种金融机构的业务特点和服务方式。下面分别对各类金融机构进行分析。

（一）农村信用社

农村信用社是服务于农村社区，解决农村社区居民各种金融需求的金融机构，农村信用社长期活跃在农村金融市场，成为发展农村经济不可或缺的力量。通过分析近年来我国农村信用社的发展，可知农村信用社已经牢牢地占据了农村金融市场，农村信用社对社区的经济发展贡献大，熟悉地区经济状况，这就给农村信用社发展为社区银行提供了便利条件。另外，还要认识到“社区银行”应该建立在有一定市场经济基础的乡村，在这类地区，中小型企业和个体工商户比较活跃，成为经济发展的主体，对于地区的城市信用社来说，中小型企业和个体工商户就是他们的主要客户。

1. 农村信用社在开展社区金融服务方面有很大的优势

（1）较低的运营成本。农村信用社的设立目的就是为农村经济提供金融服务，因此其营业网点基本上都设置在村镇，且机构设置简单，内部工作人员主要来自于本地区，其经营范围也局限于当地，因此经营管理费用较低。

（2）灵活的经营方式。农村信用社的经营目的之一是为农村社区提供专业化的金融服务，因此在业务流程等方面，农村信用社的设计都充分考虑了村镇的实际需求特点，在贷款审查、抵押和担保方式等方面简化流程，规范管理，方便了客户办理相关金融业务，因此，农村信用社的经营方式更能满足农村居民的融资需要。

（3）征信成本较低。与商业银行开展信贷业务的程序一样，农村信用社在接到客户的贷款业务申请时需要对客户进行信用调查。农村信用社具有规模小、服务区域有限的特点，因此有足够的资源获得申贷人员各方面的信息，可以及时了解申贷人员的个人信用记录、生活状况及家庭收入情况等软信息。由于申贷人员基本上都是本社区的居民，信用社工作人员在日常的工作中已经对这些人的情况有所了解，对于其他一些信息也可以快速获得，从而降低了征信成本。

（4）具有多年的村镇金融服务经验。我国农村社区具有其自身的特点，主要包括农村社区居民对资金的需求不稳定、农民文化素质较低、农民的担保和抵押方式有限等。农村信用社在开展金融业务方面，需要了解村镇社区的这些特点，掌握一定的专业知识，确保信贷业务的顺利开展以及贷款的及时回收。根据我国目前农村经济发展情况，农村信用社要想更好地为农村经济发展服务，占领农村金融市场，就要深入到农村基层，融入当地的居民生活，掌握当地居民的金融需求，积累丰富的村镇金融服务经验，发挥农村信用社服务于农村社区经济的优势。

2. 农村信用社还存在着影响经营发展的劣势

（1）结算网络发展滞后。我国农村社区在金融业务的结算网络建设方面发展不健全，因此金融业务的结算处于相对隔离状态，这就给农民的经济活动带来了一定的影响，阻碍农民与外界的经济来往和非现金交易活动。

（2）运营和管理不规范。由于农村信用社各方面的发展还不完善，在人才配置上缺乏专业性金融和管理人才，再加上金融监管不到位等因素的影响，造成农村信用社运营和管理不规范，主要表现为：办理金融业务的效率低下、信贷业务的各个环节操作不规范、金融业务随意性强、金融业务风险大等。

（3）道德风险较高。由于对农村信用社的监管不到位，造成农村信用社的从业人员在开展业务过程中，易发生利用职权谋取私利等违背职业道德的行为。在业务操作过程中，往往会因个人道德问题发生挪用公款、贪污腐败、收取贿赂等行为，严重阻碍了农村信用社在村镇金融中的作用。

（4）历史包袱沉重。由于我国经济经历了计划经济时代，农村信用社在计划经济时代用于支持农业生产、乡镇企业和扶贫帮困等方面的资金贷款时间跨度长、年代久远，其中大部分已难以落实债权，清收无望，这些都成为农村信用社的历史包袱。这些问题贷款，仅靠农村信用社自身的能力无法彻底解决，农村信用社也无法自行核销这些不良贷款。如果这些问题贷款不能予以彻底解决，会严重影响农村信用社的发展。

（5）盈利能力低下，资本进入愿望不高。根据我国目前农村信用社的发展状况来看，农村信用社盈利能力较低，导致资本回报率低，这就给农村信用社吸收外部资金带来了困难。在发展农村信用社过程中，仅靠农民投入的资金还远远不能满足需求，农村信用社的发展过程也会变得相对缓慢，这也将影响到农村经济的发展，因此，必须通过扩大农村信用社的经营规模和资本实力，增强农村信用社的发展能力，促进农村经济的发展。

根据对农村信用社发展历程的研究可知，政策先行的传统模式并不适合现有的农村信用社发展，而通过制定更加具体化、规范化且有一定规划性的制度更能有效地推进社区金融发展，为服务农村金融需求、解决农村资金供需不平衡问题提供良好的发展途径。

我国目前发展农村经济重要的途径就是开展新农村建设，而实施新农村建设的重要环节就是解决农村金融服务问题。

3. 我国在农村社区经济的金融服务方面存在着很多矛盾

（1）资金需求增加与资金外流的矛盾。近年来，我国各级地方政府把发展县域经济作为经济建设的头等大事，地方的城镇建设、农业现代化等发展举措对资金的需求急剧增加，但是由于我国金融业发展的特点，农村地区的资金一直处于外流状态，随着农村经济的提升，资金外流的趋势更加严重，造成农村信用社无法为农村经济发展提供足够的资金支持。资金外流的原因，主要有以下几个方面：一是储蓄量猛增，成为县域资金外流的主要渠道，给社区金融机构吸收存款带来了巨大的压力；二是由于商业银行的不断改革，在农村地区的信贷业务逐渐减少，使金融机构成为实际的储蓄所，并且金融机构把吸收的资金大部分上交到上级机构，这也造成了资金的外流；三是农村地区的经济发展环境较差，一些企业主的经营收益无法得到保障，造成农村地区的闲散资金大部分被转移到大型城镇进行投资；另外，社区居民的债券、股票等投资业占据了一部分资金。综合以上因素，地方经济发展日益增长的资金需求与资金外流的矛盾给农村社区经济发展带来了障碍。

（2）资金需求多样性与金融服务单一的矛盾。我国正在对农村开展经济体制调整，县域的农业经济已经有了较大的转变，主要表现在四个方面：一是由单一产业向多业经济发展转变；二是由传统经营向效益型经济转变；三是由落后的生产方式向科技生产转变；四是由小农生产向规模经营转变。随着农业经济的不断转变，很多农民发展成为了规模经营的大户，农民在发展生产、扩大经营过程中，对资金的需求越来越强烈。但是由于目前我国的农村信用社发展还不完善，无法为农村经济发展提供资金支持。农村信用社发行小额贷款具有局限性，只能促进农民发展小规模的农业项目，但是在农业产业化的过程中，却不能起到有效的扶持作用。在信贷业务方面，由于贷款期限与农业的生产周期不一致，影响了资金的周转，对资金的使用率下降。在金融服务工具上，出现的问题主要有：实施金融业务的工具单一，结算网络滞后。以上这些方面都给农村经济发展带来了障碍，限制了客户群的开发，造成为客户开展金融服务效率低下，无法满足农村的金融需求。

（3）农村经济发展与政府和金融机构支农力度的矛盾。一是政府在支农方面支持力度逐渐减小。在支持农业发展方面的财政拨付资金较少，缺乏相应的保障措施；二是金融机构支农方面的业务萎缩，自从涉农贷款等方面的业务划转到中国农业银行之后，农村信贷业务开始萎缩，对农业的支持功能弱化。由于农民得不到足够的资金支持，就给农业发展和农业的产业化带来了困难。再加上农业银行近年来不断缩减农村金融业务，致使农村信用社成为服务农村金融需求的唯一金融机构，但是农村信用社由于制度和政策的限制，其业务和产品并不能完全适应农村社区金融需求，难以在农村经济发展中发挥更大的作用。

（4）县域金融机构资金不足与支农资金需求的矛盾。我国在经济发展起步阶段，县域金融机构在支农的信贷业务方面做出了很多牺牲，后续发展过程中，政府和金融机构的管控缺失，造成大量的信贷资金成为不良资产，中国农业银行、中国农业发展银行和农村信用社等金融机构难以对这些不良资产进行消化和处置。影响到金融机构的资金回收和再利用，造成金融机构出现超负荷运转情况的发生。为保障金融机构的运行，金融机构在支农资金等方面的申办业务上，一直保持谨慎的态度。

（5）银行信贷管理机制强化与政府、社会对金融债权管理软约束机制的矛盾。目前，我国各金融机构为了加强对信贷风险的控制，制订了一系列的严格防范措施，对信贷资金的发放和回收做了明确的规定，形成了完善的信贷管理机制。但是，政府却没有建立完善的监督管理机制，造成信贷资金无法及时回收。再加上政府管理职责不明确，奖惩措施未落实和本位主义等因素的影响，给企业逃避债务提供了便利条件，致使银行不愿扩大信贷业务。

4. 对建立安全有效农村金融服务机制的政策建议

（1）优化信贷支农环境。在优化信贷支农环境方面，主要从以下几个方面实施：一是政府主导加快调整农业产业结构。政府应重视农业产业化的发展策略，为农业发展提供资金和政策支持。特别是要重视加大农业基础设施的投入，使农业的发展与经济发展相一致。通过调整农业产业结构，促进农业从数量型增长向集约型增长的转变。在发展规划上，要着重发展优质高效农业。在科技发展上，要加大对农业科技的推广，实现可持续发展。二是改变财政支农资金的运作方式。在加大财政支农力度的同时，要重视财政资金的运作方式，加大对高成本农业项目的补贴力度。三是改善农村信贷环境。政府应主导开展农村信用环境的建设，促进金融机构在信贷业务方面的规范化管理，通过开展信用知识的培训，增强农村中小企业和农民的信用观念。并在农村逐步开展信用等级评定工作，逐步建立完善的农村居民个人征信系统。四是加大县域经济环境的整治力度。通过加大整治力度，逐步规范企业经营行为，规范政府对企业的干预行为，创建市场化的经济环境。同时，也要重视中小企业的外部发展环境，不断优化各种管理制度，规范各种经营业务，减少不必要的手续和支出，为县域中小企业的发展和信贷环境的改善提供必要条件。

（2）加大财政投入。各地政府要重视财政投入对发展农村经济所起到的促进作用，要通过建立财政投入机制，规范和扩大财政对农业发展的投入，不断增加农业投资的规模，给农业发展提供充足的动力。同时要通过整合资源，提高支农资金的利用率；要汇集各级财政资金，按照统一规划、统筹安排的方针，确定财政支农资金的合理投向。

（3）增加县域信贷投入，建立金融支农的约束机制。实现这个目的主要从以下几个方面实施：一是国家应认真分析县域经济发展存在的实际困难，在制定经济发展政策时，多给县域经济发展提供优惠政策，通过优惠政策促进县域经济的发展。二是中国人民银行应充分认识到县域邮政储蓄大量分流民间存款的实际情况，出台政策鼓励县域邮政储蓄把吸收的存款转贷给农村信用联社，由信用联社统一调度使用，促进资金在社区内的循环。三是要对商业银行在信贷业务支持县域经济上作出约束，对商业银行在支持县域经济的信贷业务上作出下限限制，发挥商业银行对县域经济的扶持作用。四是要发挥货币政策作用，鼓励和引导金融机构加大农业信贷投入。中国人民银行要加大对农业发展的信贷支持，扩大农村贷款利率的浮动范围，利用制度措施促进金融机构扩大在农业发展方面的信贷投入，积极推动农村经济发展。

（4）调整农发行职能定位，建立政策性支农资金的导向机制。中国农业发展银行作为政策性金融机构，在贯彻政府经济政策、填补资本市场空缺等方面发挥了很大作用，在农村及不发达地区，要完善农发行的职能，促进农发行建设成为实施国家政策的支农金融机构。农发行要紧跟国家政策，按照政策要求拉动民间资本，并促进资金向政府政策性项目流动。在资金流向上，要拓展农发行对农业发展的服务范围，不但要做好国家粮棉油收购贷款和专项储备贷款，还要加大对农业发展基础设施的建设，推进农业的现代化发展进程；同时要加大对农业经济体系调整的支持力度，加大对农村生态环境建设的支持力度。

（5）实施农村金融补偿政策，建立信贷支农的保障机制。农村社区要完善社区金融的建设，完善保障机制，通过完善一系列配套政策予以实施，主要有以下方面：一是实施风险补助措施，由中央和地方财政共同设立专项资金，参与对涉农贷款的补贴。二是要实施税费优惠政策。通过调整税率的形式对农户进行贷款补贴，主要措施是降低农村小额贷款的营业税率。三是要重视农业保险对农村金融发展的促进作用。不断完善农业保险制度，并通过建立完善的法律法规确保农业保险制度的顺利实施。

发展社区金融能很大程度上实现社区金融资源的优化配置，社区金融主要为基层社区发展提供金融服务，这一点与我国建立公平公正的社会相符合。社区金融能最大程度发挥作用的地方为基层社区，这些地区对金融服务的需求较大，而金融资源则相对较少，造成供需不平衡，不利于社区经济的发展。

（二）邮政储蓄银行

邮政储蓄在长期的发展过程中，获得了央行的很多优惠政策，随着社会经济发展，央行不能承受邮政储蓄巨大的利息支出，开始组建邮政储蓄银行以解决邮政储蓄的发展问题。邮政储蓄银行按照法人企业性质开始组建之后，其经营业务逐渐覆盖我国城乡地区，邮政储蓄银行的设立为城乡发展提供了又一个金融服务机构。

发展社区金融是我国经济建设中需要解决的大问题，要深化邮政储蓄改革，就要发挥邮政储蓄在支持社区金融体系建设方面的作用，把邮政储蓄变成银行，放开业务，让它成为社区银行，做小额贷款。深化邮政储蓄改革，成立邮政储蓄银行是具有可行性的，主要的原因包括：第一，央行已不再依赖邮政储蓄回笼基础货币；第二，政策性银行在实施对社区经济扶持过程中对央行的再贷款需求减少；第三，邮政改革的必然结果；第四，社区金融是一个庞大的市场，有利于邮政储蓄的发展；第五，市场化竞争的必然结果。

我国在发展邮政储蓄事业时，要发挥邮政储蓄在社区内的优势，使其成功转变为社区金融机构，解决农村社区闲散资金的流失问题，从而实现增加农村金融服务机构、满足社区居民金融服务需求的目的，使社区金融体系向多元化发展。

1. 邮政储蓄银行的优势

（1）网点覆盖率高，结算网络较为成熟。我国邮政储蓄经历了较长时间的发展，逐渐形成了完善的经营网络。据统计，我国目前邮政储蓄银行的营业网点有3.7万个，吸收储户2.5亿，营业网点在村镇的比例占到60%，且大部分营业网点都实施了联网经营。邮政储蓄银行的机构设置使其具备占领社区金融市场、为社区居民提供贴心服务的优势，方便社区居民办理存取款和结算业务。邮政储蓄高密度的营业网络和成熟的结算网络不仅有利于自身的发展，还能促进社区经济的发展。

（2）没有不良贷款包袱。长期以来，邮政储蓄的业务范围仅限于存取款业务，并未推出信贷业务，更谈不上有信贷的包袱。如果存在不良贷款问题，就会影响金融机构的发展，造成金融机构的资金被占用，无法为社区金融发展提供充足的资金。正是由于邮政储蓄银行没有不良贷款的包袱，使其能全力投入金融业务和产品的开发，实现发展社区金融的目的。

（3）具有后发优势。由于我国金融体系建设不断完善，我国在发展金融机构方面学习到很多经验，在重新组建邮政储蓄银行过程中，可以吸取国内外经验建立完善的业务流程和管理制度。在营业网点的建设上，要广泛吸取其他金融机构在机构设置、管理制度、业务流程等方面的经验教训，在组建之初就通过完善制度规避可能出现的问题。在我国农村社区金融发展过程中，很多金融机构经历了很大的困难，走了很多弯路，通过对市场的不断摸索，获取了很多经验，才逐渐建立起完善的业务流程和管理制度。对于邮政储蓄银行来说，由于其设立时间晚，可以通过参考其他金融机构的发展经验，做到提前预防、不断完善，避免出现其他金融机构发展中所出现的问题，实现自身的快速发展。

2. 邮政储蓄银行的劣势

（1）缺乏融资业务经验，专业人才不足。由于之前的邮政储蓄仅限于存取款和资金清算两项业务，因此在运营中人员配置简单，仅有出纳和会计两类人员。如果要转型为邮政储蓄银行，其业务范围就会增加信贷功能。但是由于缺乏信贷业务方面的专业人才，且短时间内难以培养专业的信贷人员，这就给邮政储蓄银行的信贷业务开展带来了困难；同时，即使有理论知识全面的信贷业务人员，要真正具备开展信贷业务的能力，还需要在社区金融业务中经历长期的磨练。

（2）资本结构的国有性质带来的低效率。根据对目前我国邮政储蓄银行资本结构的分析，其股东主要是国有控股公司，民营资本和外资并不能参股。根据以往经验，国有或国家控股企业一直存在着效率低的问题，只有经历激烈的市场竞争，才能激发国有或国家控股企业的活力。作为国有的邮政储蓄同样有着效率低下的问题。根据我国目前农村社区金融市场的发展状况可知，目前的竞争较小，邮政储蓄银行设立之后处于实际上的垄断地位，因此很难消除其效率低的问题。

随着中国加入 WTO 后的 5 年过渡期的结束，我国金融市场进入全面开放阶段，将会面临国际金融市场的激烈竞争，这对于处于起步阶段的邮政储蓄银行来说，有着巨大的竞争压力。邮政储蓄银行要摆脱竞争力不足、资本不雄厚等方面的问题，就必须引进战略投资者，不断拓宽资金渠道，提升自身的竞争力。

3. 邮政储蓄银行面临的困境

（1）邮政储蓄并未完全独立，可能成为邮政集团公司的“提款机”。2005 年，国务院常务会议上通过了《邮政体制改革方案》。方案指出：组建国家邮政局作为国家邮政监管机构；组建中国邮政集团公司开展各种邮政业务经营；成立邮政储蓄银行规范金融业务的经营。在邮政储蓄银行成立之前，邮政储蓄的邮政业务和储蓄业务在人员和设施方面采取集中管理、集中办公的形式，其经营收益可以互补。自从 1998 年邮政和电信分割后，邮政业务长期处于亏损状态。2003 年国家取消了对邮政部门的补贴，由于邮政储蓄能获得人民银行较高的转存款利率，因此能补贴邮政业务的亏损。在邮政储蓄银行成立之后，其仍然归中国邮政集团公司全资所有，中国邮政集团公司总经理刘安东出任邮储银行董事长，国家邮政局邮政储汇局原局长陶礼明出任邮储银行行长。因此，新成立的邮政储蓄银行仍然与邮政集团公司紧密相连，并没有完全独立。这就意味着如果邮政集团公司的邮政业务出现亏损，在无法获得国家补贴的情况下，邮政集团公司会从邮政储蓄银行提取资金补贴邮政业务。这就会造成邮政储蓄银行的资金流失，影响其运营。

（2）邮储银行资本金较少，资本充足率不足。由于邮政储蓄银行属于邮政集团公司全资所有，没有引进战略投资者，造成其资本金不足。据统计，目前我国邮政储蓄银行的注册资本金为200亿元，仅为邮政集团公司的1/4，其资本仅相当于一家中等规模的股份制商业银行。资本金充足不仅能提高银行抵御风险的能力，还能促进银行的业务发展，及时满足客户的多样化需求，增强银行的信誉。我国国有商业银行和股份制商业银行在发展过程中长期经受资金不足的困难，为了保证资本金的充足，商业银行往往通过上市吸收资金。对于邮政储蓄银行来说，其成立之初同样面临着资金缺乏的问题，为改善这种状况，邮政储蓄银行需要不断拓宽市场渠道，吸引更多的资金注入，通过引进战略投资，实施股份制改革，以提高自身资本充足率。

（3）公司治理结构不合理，内部控制和风险防范机制薄弱。邮政储蓄只是邮政局内部的一个职能部门，不具备独立法人资格，因此缺少完善的管控机制和风险防范机制。尽管银监会对邮政储蓄有着监管的权利，但是实际操作中存在困难，这就造成邮政储蓄的监管缺失。邮政储蓄发展过程中，由于以上原因造成风险增加、监管不到位、规章制度形同虚设等问题，造成邮政部门挤占储蓄资金的情况发生。成立邮政储蓄银行有助于提高银行的风险防范意识，还能进一步获得银监会的监管，但是由于邮政储蓄银行受历史因素的影响，需要很长的一段时间去改善，在成立的短时间内还会存在着各种风险。按照银监会的要求，邮政储蓄银行必须按照“三会分设、三权分开、有效制约、协调发展”的公司治理原则筹建，在公司内部组建规范的董事会、监事会和高级管理层制度。

但是由于邮政储蓄银行为中国邮政集团公司全资所有，邮政储蓄银行只有唯一一个股东，这种所有制性质造成邮政储蓄银行的股权结构单一，而股权结构的单一化问题又会影响董事会和监事会发挥作用，造成它们无法履行职能，进而阻碍公司的发展。

（4）缺乏专业性金融人才，人员业务素质不高。邮政储蓄为邮政部门的一个机构，造成邮政储蓄的工作人员与其他部门的工作人员混岗作业，频繁换岗不利于提高从业人员的技能，造成工作人员无法掌握金融业务方面经验，也缺少专业化的管理。对于邮政储蓄来说，长期以来只有存取款业务，造成了工作人员缺乏信贷业务方面的知识，对信贷业务和居民的信贷需求不了解的现状，因此就无法顺利开展各种信贷业务。解决邮政储蓄银行的发展问题，途径之一就是大力培养专业性金融人才，并通过培训、业务实践来提高从业人员的素质，提升金融服务的水平。

4. 邮政储蓄银行面临激烈的竞争

（1）与外资银行之间的竞争。外资银行在管理体制、资产规模等各方面具有比邮政储蓄银行更多的优势，其主要优势在于：①外资银行在业务种类方面不仅可以开展商业银行的金融业务，还能开展投资银行方面的金融业务。而我国则通过《商业银行法》对商业银行的混业经营做出了限制，因此邮政储蓄银行无法实施混业经营，实施的业务种类相比外资银行较少。②一般来说，在我国实施金融业务的外资银行实力都比较雄厚，且受到其总行的大力支持，所提供的产品和服务也相对较好。而邮政储蓄银行则由于各种历史因素的影响，服务水平低、部分金融产品不适应市场需要，在电子化、信息化水平方面也逊于外资银行。③外资银行具有完善的绩效考核制度。外资银行在经历了较长时间的发展之后，形成了相对完善的绩效考核制度，且能为员工提供较高的工资待遇，不断激励员工为企业服务。而我国的邮政储蓄受邮政局的管理，在人事管理上受上级部门的制约，员工工资水平也普遍较低，缺乏良好的激励措施，无法吸引或留住优秀人才。④外资银行在设置分支机构时，通常按照经济区域来设置，而我国的邮政储蓄银行则是按照行政区划设置分支机构。

（2）与我国四大国有商业银行、股份制商业银行等中资银行在存取款业务上的竞争。相对邮政储蓄银行来说，中资银行无论是在公司结构、硬件设施上，还是在服务水平、吸纳资本能力等方面都具有较大的优势。邮政储蓄银行由于受制于集团公司的管理和限制，营业网点普遍较小，并且邮政储蓄在改革之前只能开办对私业务，无法实施对公业务，造成了大量的客源流失。农村信用社也是以服务农村金融为目的的金融机构，是邮政储蓄银行在农村金融市场的一个重要的对手。尽管农村信用社在资产规模、结算体系等方面不如邮政储蓄银行，但是由于农村信用社长期在农村开展信贷业务，掌握了丰富的信贷经验，而且目前很多地方的农村信用社已经转变为农村商业银行，已经实施跨区域的金融交易。而邮政储蓄发展信贷业务的时间较短，在这方面相比农村信用社有很大差距。

5. 邮政储蓄银行的出路探讨

（1）完善经济法律法规建设，建立征信体系。我国经济方面的部分法律法规立法较早，随着近年来经济和社会的迅速发展，一些法律法规已经不适合经济发展的要求，因此要适时对法律法规进行完善和修改。例如，政府可以考虑通过修改《担保法》，解决农民担保无抵押物等方面的问题，满足农村居民的信贷需求；可以考虑通过修改《商业银行法》，扩大商业银行的业务范围，允许实施混业经营。

完善的征信体系能促进我国金融生态环境的建设，因此要加快我国征信体系建设，主要通过以下方式实施。①普及信用知识，培养信用意识。可以通过金融部门和金融监管部门向社会开展诚信教育，让人们学习信用方面的知识，在日常生活中逐渐形成良好的信用意识。②完善征信制度建设。国家要制定和完善关于征信方面的法律法规，为征信体系建设提供制度保障。③建立完善的信用资料数据库。我国金融主管部门和监管部门要统一认识、协同合作，收集居民和企业的信用资料，建立信用资料数据库，并实施网络化开放式管理，确保所有人都能方便快捷地查询信用记录。

（2）政府应加大对普通邮政业务的补贴。我国在发展邮政业务方面，由于邮政业务的资费较低，其收支无法平衡，有时还会出现亏损现象。在邮政和电信业务拆分之前，邮政业务的亏损一直依靠电信的收入进行补贴。而自邮、电拆分之后，国家逐渐减少了对邮政的补贴，邮政业务的亏损主要依靠其储蓄业务方面的利润进行补贴，尽管邮政储蓄在2006年上调了邮政业务的资费，但是仍不能彻底解决邮政业务的亏损问题。因此，国家应加大对邮政业务的补贴力度，促进邮政业务和邮政储蓄银行的共同发展。同时，邮政储蓄银行应积极实施转型，适当引进战略投资者，实施股份制改革，实现股权的多元化，并充分发挥董事会、监事会、股东等的职能作用，形成相互制衡的局面，防止股东私自挪用邮政储蓄银行的资金。

（3）邮政储蓄银行应努力增加资本金。中国邮政集团公司是邮政储蓄银行的母公司，其自身存在资本金少、盈利少的问题，因此无法为邮政储蓄银行提供更多的资金扶持，这就要求邮政储蓄银行开拓增加资本金的其他途径。为了实现增加资本金的目标，可以通过以下方式实施。①积极开拓业务以提高利润。邮政储蓄银行要积极开拓市场，开发新的金融产品和服务，获取更大的利润，并将部分利润转化为资本金。但是邮政储蓄银行的业务盈利能力低，其利润相对较低，影响资本金的增加。②引进战略投资。随着我国经济发展的市场化，越来越多的外资金融机构希望能在中国金融市场获取发展机会，而且这些外资金融机构大都具有雄厚的资金实力和优秀的经营管理能力。邮政储蓄银行可以借此机会引进战略投资者，实施股份制改造，增加自身的资本金，并学习外资金融机构优秀的管理经验以提升自身的经营管理能力。③通过上市实施融资业务。邮政储蓄银行属于国有性质的银行，有国家作为其发展的支撑，且有良好的发展前景，因此，邮政储蓄银行应利用这些优势，实施上市融资，从国内外证券市场吸收资金，壮大自身力量。④争取外汇储备的注资。我国的外汇储备早已突破1万亿美元，中国建设银行和中国银行早已通过外汇投资公司获得了大量的资金注入，邮政储蓄银行也要积极向外汇储备部门提出申请，获取国家在资金方面的支持。

（4）加强风险防范机制和内控机制的建设。邮政储蓄银行建立之后，由于实施自主经营，参与金融业的竞争，其面临的风险也会加大，如果不能及时对风险进行管控，就会影响邮政储蓄银行的运营，因此，在邮政储蓄银行建立初期就要建立完善的风险防范机制和内控机制。

邮政储蓄银行在完善风险防范机制建设方面的措施主要有以下几条。①培养全体员工的风险意识。把风险管理的理念贯穿到每一个业务流程，将风险管理与业务开发相结合，降低金融业务的风险，在银行内部形成良好的风险管理文化。②加大对银行硬件设备的资金投入。目前许多地区，特别是农村地区邮政储蓄网点的硬件设备较陈旧，影响到银行运行的安全性，邮政储蓄银行要对这些陈旧设备进行改造，消除隐患，建立完善的安全保障和监控系统。③建立风险管理部门。为做好对各级银行的管控，要建立总行级、分支行级风险管理部门，实施垂直管理，维护风险管理部门的独立性。④提高风险管理人员的素质。在发展前期，邮政储蓄由于受体制的影响，对风险管理认识不足，在设立邮政储蓄银行之后，可能会无法掌控金融风险，因此，要通过内部培训和外部引进的方式提升工作人员的风险防范意识。

内控机制和风险防范机制密切相关，做好内控是银行发展的关键，通过实施严密的内控机制可以有效地降低金融风险。邮政储蓄银行在内控机制建设方面，可以通过以下途径予以实施。①建立完善的规章制度。邮政储蓄银行成立之后，原有的邮政储蓄的相关制度文件势必会不适应其发展需求，因此，要根据上级主管部门和监管部门的相关规定，重新制定严格的规章制度，使邮政储蓄银行的发展有章可循、有制度可依。②实施风险评估和监测制度。通过风险管理部门或风险评估机构，分析银行经营中的各种风险，做到及时发现、及时化解。同时利用技术手段，建立风险管理的测量模型，为其发展提供风险预警。③明确各部门的权责。通过制度建设和职能建设，明确银行内部各部门的权利和责任，约束各部门的行为，杜绝越权行为，特别是要加强对中高层管理人员的监管，避免中高层带头违规。④建立严格的会计审核制度。通过实施严格的会计审核制度，保障各项经营管理的规范化、制度化，实现对邮政储蓄银行的监管。

（5）加快人才培养，提高员工业务素质。由于我国邮政储蓄受历史因素的影响，内部工作人员普遍素质不高，缺乏相应的金融知识，因此，邮政储蓄的发展要重视对人才的培养，提高工作人员的专业技能和学历水平。邮政储蓄可以通过聘请上级主管部门、监管部门或其他商业银行的专业技术人员为其工作人员提供专业的业务和法律法规培训，让员工尽快掌握金融方面的业务流程、风险管理和市场营销等方面的知识，也可以通过改善待遇，吸收其他银行的专业人才加盟，解决邮政储蓄人才紧缺的问题，还可以通过校园招聘，引进金融专业毕业生，提高邮政储蓄银行员工的学历水平。

（6）发展社区金融，形成自身特色。社区银行是由地方自主设立和运营的商业银行，不隶属于任何一家银行持股公司。它在运营过程中，从社区吸收闲散资金并回流到社区内有金融需求的中小企业或居民。社区银行的主要经营特点是规模小、以私营为主，并在特定区域内经营，以特定社区内的中小企业和个人客户为服务对象。按照社区银行的特征，我国还没有真正的社区银行。根据 2006 年 3 月银监会提出的计划，将邮政储蓄将改造成为社区银行这一说法，邮政储蓄要发展成为社区银行会面临很多问题。首先会面临法人结构的障碍。现有的邮政储蓄银行在全国分布广泛，统一开展金融业务，如果改造成为社区银行，就要把分行和支行变成独立核算的单位，邮政储蓄银行的总行就不再具有一级法人资格；其次，如果总行无法有效控制下属分行和支行，由于分行和支行缺乏风险防控能力，会给金融业的发展带来不良影响。因此，邮政储蓄银行不能转变成为社区银行。

社区金融与社区银行的概念不同。社区金融是商业银行发展零售业务的一种模式，其业务范围以社区为服务对象，推动银行的零售业务走进社区市场，再进一步辐射周边地区和人群。发展社区金融可以促进银行占领社区金融市场，并有针对性地开展金融业务。根据邮政储蓄银行自身的发展特点，其在发展社区金融方面有以下优势。一是已经在社区内建立了良好的形象。邮政储蓄推出的借记卡服务，为居民存取款、转账消费等金融需求提供了便利，特别是在农村地区，农民务工、学生上学都优先选择借记卡。这说明了邮政储蓄在居民中具有良好的形象，成为大家优先选择的对象。邮政储蓄银行可以利用自身在社区中的良好形象，进一步拓宽与社区居民的沟通渠道，为居民提供丰富多样的金融产品和服务，并不断开拓和培育新客户。二是邮政储蓄营业网点分布广泛。邮政储蓄的营业网点在农村地区和城市社区的分布都非常广，因此可以利用这一优势，为社区居民提供更加丰富的金融服务。此外，我国中小企业和社区居民贷款难一直是经济发展中存在的一个问题，因此，邮政储蓄银行还要加大对中小企业和个体工商户的支持力度。邮政储蓄银行可通过发挥它的区域优势，了解中小企业和社区居民的信用状况，建立信用档案，并通过开展小额短期融资服务，满足中小企业和社区居民的金融需求，促进社区经济发展。

总之，邮政储蓄银行在发展过程中，不可避免地要与工商银行等商业性银行以及农村信用社发生竞争，邮政储蓄银行必须发挥自身优势，实施差异化发展，明确自身市场定位，在竞争中不断发展壮大。

（三）村镇银行和其他信用合作组织

为推动农村经济的发展，鼓励金融机构把资金投放到农村金融市场，我国银监会发布了《关于调整放宽农村地区银行业金融机构准入政策更好支持社会主义新农村建设的若干意见》和《村镇银行管理暂行规定》，两份文件都鼓励民间资本在农村社区建立基层服务网点，通过开设村镇银行、信贷公司等金融机构为农村经济发展提供资金支持。这两份文件明确指出，要加大对农村经济的多元化资本投入，促进农村信贷业务的提高，解决农村客户的贷款需求，解决客户融资难的问题。

1. 村镇银行和其他信用合作组织的发展优势

（1）业务种类单一。由于农村信用社和村镇银行主要为发展农村经济服务，且农村对金融的需求主要局限在存贷款服务方面，因此农村信用社和村镇银行的业务种类单一，便于通过改造使其成为专业化、高效率的金融服务机构。由于村镇银行等金融机构主要为农村经济发展提供金融服务，因此，村镇银行等金融机构应当完善其组织机构，通过优化业务流程，提高工作人员的素质和层次，提高在金融市场上的占有率。提高农村信用社和村镇银行的运营效率，满足农村经济发展的资金需求。

（2）经营方式灵活多样。由于村镇银行设立的目的是为解决涉农贷款问题，故其业务种类相对单一，因此在管理模式上要注重形成符合自身发展的模式，对授信和担保可以按照自身需要设置。在开展涉农贷款过程中，无论是对信息的审核还是在担保业务方面，在保障村镇银行自身利益的基础上，都可以根据每一笔贷款的性质予以灵活处理，实现村镇银行经营方式的多样化水平，提高信贷业务的服务效率和服务水平。

（3）运营成本较低。由于村镇银行的金融业务单一，其机构设置和人员配置也相对简单，这就有利于降低运营成本。再加上村镇银行服务于农村地区的特点，使其具有金融业务方面的信息优势，可以方便快捷地为客户完成信贷业务和担保业务的办理工作，并且在信贷手续结束之后，对客户的信用和经济状况的监控比较方便。如果贷款回收出现问题，村镇银行也方便进行抵押品的处置，能快速地找到信贷担保人。村镇银行的上述优势，决定了其发展过程中具有低成本优势。

2. 村镇银行和其他信用合作组织面临的问题

（1）资本投入风险较大。尽管银监会已经出台了很多政策来促进村镇银行等金融机构的发展，但是由于在农业生产过程中还有很多问题，如农产品价格较低、农业灾害发生不可控、信用管理体系不健全等，给村镇银行在开展各项金融业务方面增加了风险。在目前的金融政策下，政府不允许金融机构通过提高贷款利率来弥补金融业务方面的风险，造成村镇银行在涉农业务方面的积极性不高。同时由于缺乏政策支持，大量的民间资金不愿意投入到村镇银行的建设，也给村镇银行的发展带来了风险。

（2）缺少发展经验。我国金融机构在发展前期，不重视对村镇金融业务的开发，随着经济不断发展，村镇社区成为一个巨大的竞争市场，但是各金融机构缺乏开发村镇金融业务的经验，对于新建的村镇银行来说，更加缺少经验，因此，要通过不断的实践，总结发展经验。还要学习和借鉴国外发展村镇银行的经验，适当引进外资，并结合我国村镇金融市场的发展特点，逐渐规范我国村镇金融机构的发展。

（3）专业人才不足。由于村镇银行为新组建的金融机构，人才缺乏成为其发展面临的一个重要问题。其工作人员缺乏长期磨练，无法积累金融业务方面的丰富经验，因此在企业运营、市场营销、业务开发等方面缺乏优势。人才缺乏不仅影响到村镇银行等金融机构在起步阶段的生存能力，还为后续的持续运营和盈利带来了障碍。

（四）社区银行

1. 美国社区银行的市场发展策略研究

美国社区银行在发展过程中实施的是差异化发展战略。它通过研究大型银行在业务范围、目标客户、金融产品种类等方面的投入，再进行自身的发展战略研究，实施差异化的发展战略，形成特色发展模式，从而避免遭受大型银行的排挤，逐渐提高自身在金融市场上的优势。

（1）美国社区银行的客户群。美国社区银行的主要服务对象为中小企业、社区居民和农民等。由于美国社区银行在发展过程中不断完善，长期以来形成了良好的信息积累，并能为客户提供优质的服务，在与客户之间开展金融业务时，能方便快捷地办理相关手续，并能实现资金的快速支付，这种便捷的服务吸引了美国大量中小企业。通过对美国各金融机构在社区信贷业务方面投入的调查显示：资产规模在5亿美元以下的银行（大多是社区银行）对中小企业的贷款比重达到50%～80%，占其总资产的10%以上；而资产规模在100亿美元以上的大银行的上述比例分别为2.3%和15.6%。由此可知，大型银行的信贷业务主要集中在大中型企业，而社区银行的信贷业务主要集中在小型企业和微型企业。因此可以说，社区银行为中小企业发展提供了重要的支持，社区银行的存在与发展也成为中小企业获得融资的重要渠道。社区银行与中小企业之间有着互惠互利的关系，社区银行的健康发展能为中小企业获得更多的信贷资金，而中小企业对信贷资金的需求也给社区银行的发展提供了动力。美国的社区银行在发展过程中，始终坚持为社区中小企业和社区居民服务的理念，在社区内部建立了良好的客户群，这不但提高了社区银行在信贷业务方面的地位，还促进了社区银行的发展。

（2）美国社区银行的发展区域。美国社区银行在发展过程中，重点的业务发展范围为社区，根据美国的社区银行服务范围的调查，社区银行多为州及更小范围的区域提供金融服务。社区银行的建立，可以促进社区内部的闲散资金在社区内部的循环，社区银行通过吸收社区内部存款，再经过信贷业务投放到中小企业中，有利于推动社区的经济发展，因而更受社区政府、中小企业和居民的欢迎。根据美国独立社区银行协会于2004年对社区银行发展区域的调查显示，美国社区银行的主要分布区域为南部、中部和西部地区，而东北部则分布较少，从地域分布比例来看，44%分布在中部、25%分布东南部、18%分布在西南部、9%分布在东北部、4%分布在西北部；从社区性质来分，54%分布在农村、26%分布在城郊、17%分布在城市。中小企业和社区居民是社区银行的主要服务对象，美国社区银行的这种区域分布差异，从根本上来说主要由于不同地区中小企业和社区居民对资金的需求不平衡。根据对美国各区域的分析，美国东北地区中小企业数量较少，因此对资金的需求不旺盛，社区银行就相对较少；而其他地区主要为农业发展区域，存在着大量的中小企业和农民，他们对信贷业务的需求非常旺盛。

（3）美国社区银行的金融产品。美国社区银行设立的主要目的就是为社区居民提供专业化的金融服务。由于其规模小，资金量有限，主要业务是为客户提供零售服务，主要包括中小企业和农业方面的小额信贷业务、低费用的支票和投资产品、按揭和消费贷款、信用卡和借记卡服务、自动取款机和电子银行服务等。同时，美国社区银行注重产品和服务的创新，为了在激烈的市场竞争中占领市场，美国社区银行不断开发新产品，积极开展多元化经营，为顾客提供保险、咨询、信托等多样化的服务。

2. 我国社区银行发展策略

（1）应当确认四项原则。①注重市场化，社区银行组建必须是企业行为、市场行为，不能变成政府行为，因为其是商业银行、是企业；社区银行的发展要杜绝地方政府的参与，要根据当地经济发展的实际情况实施。②注重法制化，一定要按照县域商业银行的定位制订相应法规或暂行规定，并切实执行，即“先定规则、后做游戏”。③要确保合理的市场定位，即要确保社区银行能确实地面向微小企业，基本途径是控制社区银行组建时的规模和依法严格监管其单笔贷款占资本金的比例。④要确保“预算硬约束”，即要确保地方政府无须为社区银行的经营风险买单，基本途径是建立完备的竞争约束、规则约束和产权约束。

（2）要努力克服阻力、消除障碍。目前，发展社区银行的障碍还有很多，主要有：①思想认识障碍。第一，普遍存在追求银行机构规模的倾向。金融监管部门和民间资本对银行规模的认识存在误解，监管部门认为银行的规模大就能降低运营风险，而民间资本则认为银行的规模大能激发活力。这些都是对社区银行发展的错误理解。第二，偏重对金融机构的试点，忽视金融体制改革。在对社区银行发展的研究中，很多政府人员或学者都偏好在金融机构建立试点，但是由于试点受到体制的约束，可能会产生较大的风险。如果实施金融体制改革，则能有效降低风险，促进社区银行的发展。第三，监管部门偏好金融机构的垄断管理，忽视金融机构之间的竞争。金融监管部门往往从方便管理的角度出发，控制金融机构的发展，限制金融机构的数量，但是实际上商业性金融机构的存在面临着巨大的市场竞争，其机构数量、业务范围是由市场竞争决定的，如果缺乏足够的市场竞争，社区银行的建设就会缺乏活力和创新力，给社区银行的发展壮大带来障碍。第四，计划经济体制的影响。在计划经济时期，社会上形成了一哄而上的不良发展习惯，并没有形成对经济发展的理性认识。在市场经济时代，这些思想并没有彻底扭转，影响社区银行的发展，因此要清除旧的发展观念，通过积极引导，树立对经济发展的理性认识。②体制性障碍。目前，我国金融机构实施行政化的管理手段，金融机构的准入、退出以及组建形式等都受到行政制约，而非受市场竞争制约。监管部门无权要求劣质金融机构退出金融市场，只能通过扶持的方式控制金融风险，而金融机构产生的风险往往由政府买单。如果在这种体制下发展社区银行，会给社区银行的发展增加更大的风险，也不利于社区银行的市场化经营。因此，政府要主导开展金融体制改革，完善金融机构的市场准入和退出机制，全面开放金融市场，引入市场化手段，实施优胜劣汰的发展模式，促进社区银行自我适应、自我调整，在社区金融市场中站稳脚跟。

（3）建立规则。要想实现社区银行市场化、法制化的准入、退出，就要先制定详细载明社区银行的准入、退出条件的法规。其中在法规制定过程中要满足以下要求。①明确产权、政企分开。鼓励实施股份制改革，明确规定自然人可以拥有与企业法人相同的持股比例；明确股东最高持股比例；明确具有关联关系的股东被视为同一股东。鼓励民营企业家实施股份制合作，把大部分资金或全部资金投入银行，规定当地政府禁止参股，规定国有性质的企业不能成为前三位的大股东。②建立完善的市场准入机制。无论是自然人，还是民营企业法人，只要能达到市场准入要求，就允许其组建社区银行。③放低资本金门槛。在组建时要规范资本金的组成，资本金的上限不宜太高，以免银行的规模过大，要通过资本金来约束其为中小企业和农民服务。④设置存贷比上限。由于社区银行规模小，资金实力不强，因此其能为客户提供的信贷业务量也会受到影响。这一点可以通过放宽存贷比来实现。⑤产权组织形式应规定为两合公司。其中董事长和董事会成员为社区银行的运营情况和风险负全责，其他股东则不用担负责任。⑥要制订严格的管理与处罚规定，严控大额贷款，杜绝关联贷款，并对存贷比上限做出限制等。⑦规范资本充足率的标准。要对社区银行的资本金进行限制，明确资本充足率和核心资本充足率的范围，并加强管理，对违规行为要予以重罚。⑧完善配套措施。一是要建立信息披露制度。通过定期向公众披露社区银行的经营状况和财务信息，让公众及时了解社区银行的业务风险，加强对社区银行的监督。二是建立存款保险制度。良好的存款保险制度能有效降低储户的存款风险，提高社区银行的信誉，提升客户对社区银行的信心。⑨完善市场退出机制。要通过制订完善的市场退出机制，约束社区银行的行为，对于存在经营不善、违法违纪等问题的社区银行要强制退出，避免出现扰乱社区金融市场的现象。⑩鼓励竞争和优胜劣汰。要鼓励多家社区银行在同一区域发展，通过互相竞争的方式促进社区银行的发展，实现优胜劣汰的目的。同时，要允许经营效益好、资金实力充足的社区银行利用竞争兼并其他金融机构，壮大自身实力。

3. 发展社区银行需注意的问题

毫无疑问，发展社区银行能大力促进金融产品的创新，增加金融产品的品种，实现金融市场的供需平衡，还能够促进我国金融体系的结构优化，实现为社区居民提供优质服务的目的。根据我国目前的社会经济发展情况，我国在发展社区银行的过程中应关注以下几个问题。

（1）尽快建立完善的存款保险制度。通过建立完善的存款保险制度，促使地方政府、监管部门、行业自律组织共同加强对社区银行的监管，确保社区银行的各项业务顺利运行，保障存款人及时回收存款，维护金融机构的信誉。通过对美国等发达国家的研究表明，存款保险制度是促进社区银行发展的基础因素，只有建立完善的存款保险制度，才能发展社区银行。在风险管理上，由国家和商业保险机构共同分担风险，这一措施不仅能降低国家的风险，还有利于对社区银行实施全方位监管。同时，我国社区银行在发展过程中，缺乏政府的财政支持，其经营风险较大，存款保险制度的建立可以让社区银行有更多的机会参与竞争，提高自身信誉。可以说，存款保险制度为社区银行提供了与大型银行平等竞争的机会。

（2）社区银行在区域内实施股份制改革。根据社区银行设立的目的、银监会对社区银行的定义以及对美国社区银行发展经验的学习，我国在建设社区银行方面要实施区域内的股份制改革，且无论是新建的还是通过改造方式成立的社区银行都必须实施股份制改革。与其他商业银行相比，社区银行的主要目的就是为社区中小企业和居民服务，因此社区银行能从本地区吸收存款，并把资金通过信贷业务的模式投放到本地金融市场，推动当地经济发展。在社区银行的建设上，要坚决杜绝跨区的社区银行成立，因为跨区的社区银行必然会出现从一地区吸收存款后再把资金投放到另一地区，造成资金的虹吸现象，不利于当地经济发展。对于我国的国有商业银行来说，由于市场竞争和经济发展的需要，正向着商业化的道路转变，因此国有商业银行会从一个地区大量吸收闲散资金，并投放到经济发达地区使用，以获取更大的利润。国有商业银行的这种业务模式造成了社区内资金的大量流失，阻碍了社区经济的发展。

（3）构建有效的社区银行监管框架。社区银行的发展，离不开有效的金融监管，因此要通过构建有效的社区银行监管框架约束社区银行的行为。第一，完善的法律法规建设。制度是开展一切工作的基础，要通过完善法律法规，规范社区银行的行为，促进社区银行为社区中小企业和居民服务。第二，完善监管体系。要通过完善政府监管体系来规范社区银行的运行，降低经营风险。在具体实施上，政府应加强对社区银行的管理制度、治理结构等方面的监管，并定期对社区银行的运营做出评价和公示。政府还要加强对社区银行的合规性监督，这主要是由于社区银行承担了部分服务社区的政策性业务，通过实施监督措施促进政策性业务在社区的实施。此外，还要发挥社会监督对社区银行的监管作用。

社会监督是对政府监管的重要补充，可以增强对社区银行的监管力度，促进社区银行规范化运营，同时，还能提高它们对参与社区银行监管的积极性，发挥其对社区银行发展的积极作用。因此，通过建立完善的监管体系，不仅能提高政府的监管主体地位，还有利于发挥社会中介机构的监管优势。

（4）发展社区银行的同时推出社区信用社。现阶段，我国已经开始进行农村信用社的新型发展战略改革，把农村信用社的改革方向定位为改造成社区银行。社区银行作为小型商业银行，其经营的目的必定是实现利益的最大化，这与我国广大农村地区目前存在的“互助合作”的金融需求相矛盾。为了解决这一问题，中央于2006年发布的一号文件《中共中央国务院关于推进社会主义新农村建设的若干意见》中，首次提出了引导农户发展资金互助组织的要求。根据该要求，我国应借鉴美国社区信用社的先进发展经验，在改造农村信用社的同时，利用民间资金建立民办的社区信用合作社。同时，通过完善管理制度和政策规定，为民间金融的发展创造良好的发展环境，促进民间资本走上正轨的发展道路。

4. 我国社区银行的建立途径探讨

实施任何改革都是有风险的，银行业的改革也不例外。在建立社区银行的风险上，既要认识到社区银行对经济发展的促进作用，又要关注改革存在的风险。在改革中，需要通过以下途径开展社区银行的建设。

（1）建立存款保险制度。由于民营资本建立的社区银行不受国家控制，因此国家也无法承担相应的信用担保，这就要求监管机构对社区银行的经营行为进行监管，以确保金融行业的稳定。存款保险作为一种事后控制措施，被国外很多发达国家采用。存款保险可以降低中小商业银行因倒闭带来的损失，降低产生不良连锁反应的风险。据统计，截至2000年，已有67个国家采用存款保险，且已经形成了完善的管理制度。我国可以借鉴国外存款保险模式，发展社区银行。

（2）社区银行的建立途径。通过如下途径建立社区银行。一是通过市场化的运作手段建立社区银行，银行内部要加强管控，规范运作，对外部要大量吸收民间资本，明确产权，把社区银行打造成现代化的股份制商业银行。二是通过改造金融机构的经营网点，设立社区银行。随着各商业银行逐步退出基层金融市场，并逐步缩减基层营业网点，造成我国经济欠发达地区、广大农村地区缺乏相应的金融服务，居民的金融需求得不到满足。国家可以考虑将这些即将撤并的营业网点交由民营资本控制，通过股份制改革的形式把营业网点改造成社区银行。这一措施不仅可以解决网点撤并之后居民金融需求无法得到满足的问题，还给民营资本提供了进入金融市场的平台。

（3）社区银行的建立方法。现阶段，可以通过改造和新设的方式建立社区银行，主要有两种方式。一是通过吸收民间资本，对现有的风险不大的中小银行进行重组和股份制改造，规范中小银行的经营行为。浙商银行就是可借鉴的例证。二是利用民间资本的优势，设置中小型股份制商业银行。目前我国银行业的改革面临着很大的困难，如果能顺利地引进民间资本参与金融体系建设，会给我国金融行业的发展带来动力，也会刺激和促进我国金融体制的改革。

（4）加强关联贷款的监管。社区银行出现关联贷款的机率更大，因为社区银行的出资人通常是该银行的重要客户，而社区贷款也最容易给民营银行造成经营风险。应做到严格监管，通过制度约束来拒绝给出资人开展贷款业务。同时，国家应出台相关处罚措施，一旦发现有关联贷款发生，应给予严格的处罚。总之，鉴于社区银行的民营股份制性质，要重视对关联贷款的控制和监管。

（五）股份制银行和城市商业银行

中国的城市商业银行和社区银行在许多方面有着共通的地方，比如规模比较小，成本比较廉价，委托结构简单，管理层次少，贷款发放的资金主要来自于本地存款，且主要流回本地金融市场，用于当地客户的资金需要，资金支配拥有较大的自主性和灵活性等。所以城市中的商业银行被称为社区银行的一个原型。经过近十年的发展，城市商业银行已经成为中国金融市场中的领头羊，通过准确的市场细分和市场定位，许多实力强大的机构成功地引进战略投资者，基本上已经与国家股份制商业银行形成了相抗衡的竞争局面。而这些城市商业银行与社区银行共通的地方，正是其与美国社区银行极为相似的地方，如规模小，地理优势强，与所在地区契合度高，易于融入所在社区等。城市商业银行、地方银行和信用合作社等，作为我国金融体系层次中最为基础的一部分，应该承担起为社区金融服务的社区银行的职能和责任。

1. 股份制银行和城市商业银行的优势

股份制商业银行和城市商业银行在国有银行的市场空白和夹缝里渐渐发展并成熟起来，在其经营成长的过程中，由于职能定位和发展路线的不同，其开始具备不同于其他金融机构所独有的特点，并在与国有银行的竞争中不断进化，形成了自身的优势。

（1）灵活的经营策略。由于规模相对比较小，因而股份制银行和城市商业银行可以随时根据市场条件的变化迅速调整其经营策略，使其决策更为灵活，能够更迅速地响应市场的变化和需要，能够更好地适应社区金融服务需求多样化，能够以更快的速度找到一个点，以平衡其自身对经济效益的追求与服务社区金融之间的关系。

（2）中小企业金融服务经验丰富。由于规模的局限性和历史条件的限制，一直以来，中小企业都占据了股份制银行和城市商业银行客户群体构成中一个很大的比例。这样的情况使得股份制银行和城市商业银行的人员配备、业务流程及管理系统等均以中小企业的金融服务需要为主要依据，并且积累了很多中小企业金融服务业务的实际操作，能够很有效率的为其开展各种金融服务工作。

2. 股份制银行和城市商业银行的缺陷

股份制银行和城市商业银行在社区金融服务方面依然还存在以下缺陷。

（1）目标市场不够准确。资本追逐高利润率的本性使得股份制银行和城市商业银行面临较大的资金回报压力，致使其经营策略开始转变。比如向国有大银行靠拢；加大对大企业、大项目及大行业的金融服务投入等。这种追求短期利润、忽视并偏离目标市场的行为使得其主要客户群体，即社区内的中小企业所得到的金融服务深度不够，如果长期下去，将无法满足辖区内客户群的需求。

（2）业务品种相对较少。由于受到经营地域的限制，与国有或国家控股的大型商业银行相比，股份制银行和城市商业银行的业务品种相对来说比较少，而且接触到的代理类业务品种数量有限，同时由于其产品开发与创新的能力还不够强大，因而自主创新的产品种类及业务类型也并不是很多。

（六）其他非银行的社区金融机构

随着社区金融的不断发展，其金融产品与服务的类型越来越丰富，相应的金融产品和服务供给的主体也会不断增加，逐渐突破传统单一的社区银行范畴，向其他各个方面延伸。比如保险、证券、基金、信托及融资担保等，这些机构不同于银行性质的金融机构，并不以传统的存取款、转账汇款等业务为主，而是专注于利润空间相对更大的社区金融新业务模块；比如投资理财、融资信用担保等，它们为社区金融服务业务的发展和金融机构盈利空间的扩大提供了很大的支持。

下面就以保险机构为例子来说明。目前很多的保险公司都在提倡保险进社区的经营理念，社区越来越成为诸多保险公司争夺的大市场。他们通过建立社区服务办公室、组织活动、派发宣传单、上门服务等多种多样的方式，在社区里为其保险业务和产品的营销开创了一条新的渠道，也为社区保险业务的进一步发展提供了良好平台。同时也让保险走进社区，给广大社区居民和保险客户提供超值服务，使其加深对保险公司的理解与信任，让更多的人了解保险、认识保险，普及保险理念。另外，保险公司还在不断开发社区保险产品，其范围甚至超出了传统意义上的金融保险产品，开始考虑投资养老社区。比如，泰康人寿保险公司就在北京进行试点，推出了国内第一款与高端养老社区相衔接的养老保险产品。这是其通过考察和研究发达国家的养老服务产业，提出的一个在中国由保险公司来实践养老社区的构想。养老保险产业一直是各路资金觊觎的焦点，然而投资养老社区，不仅资金规模需求大，其相当于“只租不售”的经营模式，投资回报周期漫长也成为挡在投资者前面的拦路虎。由于前期投入多、成本回收慢、短期内很难盈利等各种因素的限制，使得银行等其他金融机构对它兴趣索然，导致了融资渠道狭窄的现状。而对于保险公司来说，其保险资金具有长期性、稳健性特点，正与养老社区投资巨大、回收期长的特点相匹配。保险公司的这种优势就更促进社区建设的扩大投资，有利于改善民生工程的实施。保险公司通过介入养老社区，将寿险服务产业链拉长，不仅为社区客户提供“从摇篮到天堂”

的一揽子服务，而且也为保险公司自己增加了附加值服务，拓宽了盈利的渠道。

以社区信托公司及融资担保机构为例，它们专注于信用担保，其业务方式灵活多样，适应性强，更有利于建设和发展社区经济，吸收社区内外的资金，加强各社区间的经济技术协作，支持社区客户的资金需求；同时，还能够不断推出适合不同社区群体的信贷产品，推进社区小额贷款业务，从而很好地满足社区个人消费贷款、农村客户信贷和小企业贷款的需求。然而，根据我国目前的社区发展状况来看，由于信托公司及融资担保公司在全国范围内都还处于发展初期，其建立在信任的基础上，对受托人信誉的良好度要求十分高，行业准入门槛较高，而且国内还未形成十分完善的行业管理规定和法律条款，相关业务及产品的发行目前还很不成熟和稳定，受政策变动影响极大。另外，我国目前的信托行业协会认证的合法信托公司数量极少，而真正意义上的正规融资担保公司也并不多。这些为数不多的公司目前的主要业务更侧重于一线大城市，而很少在社区范围内建立信托分支机构。但是随着信托公司及融资担保公司在社区金融中发挥越来越大的作用，大力发展社区信托担保业务在未来也将是一个必然的趋势。

总而言之，各种非银行的社区金融机构在经营特色和发展战略上，将更加强调在特定社区范围内满足社区用户的各种个性化需求，为其提供非传统的金融服务，比如保险、基金等。通过努力开发适合社区客户的各种理财类业务，推出理财服务、金融顾问等高层次的与金融服务捆绑的组合产品，提供科技含量高、新颖的、更能保值盈利的金融产品，满足社区里的居民和组织等在传统储蓄汇兑业务之上的更高层次的需求，并与客户保持长期性的业务关系，不仅满足了社区金融中银行所不能弥补的“金融真空”（空缺市场）的金融服务需求，而且还成功抵御了整个社区金融可能面临的风险，将会赢得巨大收益。

第六章　中国社区金融的发展模式与策略建议

一、社区金融发展的模式设计

（一）村镇社区金融的发展模式

1. 村镇社区金融发展的根本原则

（1）以需求为导向。农村金融体系的完善必须认识到强制性实施存在的缺陷，做到以客户需求为导向，通过认真分析各主体之间的需求，完善农村金融机构建设，促进社区金融的组织机构、业务种类等方面的调整，切实保障客户能得到及时有效的资金支持。

（2）明晰权责、合理分工。要明确各金融机构的市场定位和业务范围，通过制定完善的管理制度，对各金融机构的业务进行统筹管理，并按照地域特点采取不同的发展措施，充分发挥各金融组织的优势。通过提升农村金融机构的服务水平和管理效率，建立完善的农村金融体系。

（3）完善金融配套环境。美国著名经济学家爱德华·肖指出："金融体制缺乏效率的问题，不可能只由金融机构和金融政策的改善而得到解决。金融体制的改革应与其他非金融政策的改革配套进行。"通过建立完善的配套环境，为各类金融组织发展提供便利条件，促进各类金融组织规范运行。此外，还能吸引各种资本参与农村金融服务建设，促进农村金融体系的完善。

（4）契合需求特点，理清农村金融供给层次。首先要理清宏观层次。政策性金融是属于国家层面对金融的宏观调控，发展政策性金融要重点关注市场无法解决的问题。过去，我国政策性金融发展不完善，不能完全发挥对金融的促进作用，造成原本应该由国家实施政策性金融解决的问题被商业性、合作性金融承担，给商业性、合作性金融发展带来了负担，同时由于其占用了商业性、合作性金融的大量资金，严重影响到金融体系的建设。我国农村商业性、合作性金融需要建立完善的运作机制，不断实现自身的发展壮大。现阶段，我国金融体系建设正处在发展和完善阶段，农村商业性、合作性金融机构也在不断完善，农村各种金融环境还不健全，因此，国家应通过建立完善的制度，提供良好的优惠政策以促进各金融机构的建设。因此，为推动农村金融体制的改革，促进村镇社区金融发展，银监会制定了《新型农村金融机构 2009—2011 年总体工作安排》，其中，要求到 2011 年末，全国设立的新型农村金融机构应达到 1294 家，其中村镇银行为 1027 家，贷款公司 106 家，农村资金互助社 161 家。然而，根据银监会年报及其他调查显示，全国截至 2010 年底，共组建新型农村金融机构才 395 家，其中村镇银行 349 家、贷款公司 9 家、农村资金互助社 37 家。截至 2011 年第一季度末，新型农村金融机构也才增加到 448 家，其中村镇银行是 400 家。虽然远远没有完成目标，但是从以上数据以及银监会的《暂行规定》来看，我国已然将农村村镇社区金融机构的建立和完善列在了金融系统工作的重要位置，而且已经将未来农村金融改革的重要方向定位为村镇银行模式。

根据上述分析，我国在发展农村政策性金融方面，要重视农村基础设施、生态环境、高科技推广等几个方面的建设。这些方面的建设全对“三农”事业发展起到促进作用，但是具有资金需求大、见效慢的特点。政策性金融还要承担起商业性、合作性金融不愿承担的业务，以完善金融体系建设。同时，还要根据不同时期的经济发展需要，为农村金融体系建设提供政策支持。对于商业性、合作性金融来说，要充分利用国家对金融业务的优惠政策，实施产品创新和业务开发，不断扩大经营范围，促进自身的发展和壮大。

其次要理清微观层次，要明确各金融机构在农村金融体系建设中所具有的职能和分工。对于政策性金融机构来说，要发挥宏观调控的作用。商业性金融机构则由于其本身具有追求利润的特点，其定位应重点放在为经济实力强、市场需求旺盛、见效快、收益高的客户服务上。农村信用社具有业务量小、风险大、利润低的特点，因此其定位应放在为社区居民提供金融服务上。各金融机构要通过优化资源配置，明确及吸引与其自身相适应的客户群，开发专业性金融产品，为客户提供专业的金融服务。与此同时，要充分认识到我国地区经济发展不平衡的特点，通过不断完善农村金融体系，促进各地区经济的协调发展。在区域发展上，东部地区发展经济的基础较好，市场经济在调节资源配置、促进地区经济发展方面作出了很大贡献，因此应在东部地区不断发展商业性、合作性金融组织，完善东部地区金融体系建设。在中部地区，农业发展还没有完全摆脱自然经济和小商品经济的影响，其经济状态也正在向市场经济过渡。而在西部地区，农业发展完全受自然经济和小商品经济的影响，因此应加大对中西部的投入，通过设立政策性金融机构扶持中西部经济建设，同时适当地发展和改革合作性金融机构和商业性金融机构。

总的来说，在农村金融体系建设方面，要厘清宏观和微观的区别，对各种金融组织实施分类管理，鼓励错位发展，用制度规范各种金融机构的行为，促进社区经济发展。

由于农业生产具有其自身的局限性，且易受到各种不良因素的影响，造成其发展过程中的“弱势性”。政策性金融的实施为农业生产的发展提供了政策支持，深受世界各国欢迎和采纳。在完善农村政策性金融方面，首先要通过合理利用政策性支农资金，扩大政策性银行对农业的支持范围。目前，中国农业银行、中国农业开发银行、国家开发银行三者都具有支农职能，造成支农资金相对分散，降低了资金的使用效率。因此要通过资源整合，促进资金的融合，这不仅能使支农权利集中，还方便了对支农资金的管理。我国可以通过把各大金融机构的支农资金集中到中国农业开发银行进行管理，国家开发银行也逐渐减少对小型项目的支持力度，集中资金支援农村大型发展项目。同时，要认识到政策性银行上市是经济发展的趋势，要提前准备、未雨绸缪，探讨政策性银行上市以后，我国农村金融体系会发生什么样的变化。建议可以通过实施公开招标的方式，寻找实力雄厚的商业银行对支农项目进行运作，项目资金由国库统一支付给中标银行。通过以上措施，不仅可以保证政策性业务的顺利实施，还能够提高支农资金的利用效率，加强对资金的监管力度。

2. 村镇社区金融体系的完善

（1）商业性金融体系的完善。根据我国金融机构分布情况，目前大部分农村地区的商业性金融机构主要为中国农业银行和邮政储蓄银行。从营业网点分布来看，两大银行在农村地区的营业网点分布广泛。与其他中小规模金融机构相比，两大银行资金雄厚，组织体系相对完善，因此其运行更加有效。要完善我国农村金融体系建设，就要充分发挥中国农业银行和邮政储蓄银行的作用，让两大银行带领商业性金融体系实现资源的优化配置。对于中国农业银行来说，其发展时间长、规模大，拥有丰富的金融业务经验，在做好各种金融服务的同时，要不断实施产品创新，提升金融产品品种，提升服务质量，不断完善信贷方面的制度，努力降低信贷业务中的业务成本，实现提升利润的目的。促进中国农业银行发展成为农村地区经济建设的重要支持力量，发挥农业银行在农村金融体系中的骨干作用。对于邮政储蓄银行来说，由于其大部分营业网点分布在县级及以下地区，对于一些偏远和贫困地区而言，邮政储蓄是为当地提供金融服务的唯一机构。因此，邮政储蓄银行要充分认识到农村经济发展对自身的需求，要通过不断完善功能定位，拓展业务范围，促进农村储蓄资金的回流，支持农村经济建设。邮政储蓄银行可以通过开展小额贷款、资金拆借等业务，提高农村资金回流比例。

（2）合作性金融体系的完善。农村信用合作社在我国农村金融体系建设中处于核心地位，为促进我国金融体系的完善与发展，必须重点开展农村信用合作社的改革。

首先，要明确农村信用合作社的产权问题。农村信用合作社的运营按照合作制原则，只对股东分红，从而规范信用社的经营行为，鼓励社员理性入社。为明晰产权，可以考虑适当提高入股金额下限，扩大入股范围。此外，要避免受到上级主管部门的行政干预，切实保障社员的利益，确保政府对农村信用合作社的干预仅限于政策制定、实施和对合作社的监督上。农村信用合作社还要深入分析农村社区居民的金融需求，利用国家给予的相关优惠政策，积极开发新产品，主动完善业务操作水平，通过为农村社区提供丰富的金融产品和服务，吸引广大社员积极参与，实现提高农村地区金融资源利用率的目的。

其次，要完善农村信用合作社的法人治理结构。通过重新整理信用社各层级的关系，完善信用社的治理结构，真正做到基层农村信用社有自主经营权。同时要按照合作制的原则，明确各层级的职责，确保社员代表大会、理事会、监事会正确行使职权，避免出现职责不清、权利交叉的现象。要建立基层信用社公平的人才选拔制度，保证选拔人才合规、公开、透明，国家也要对农村信用社的人力资源工作做好监管。要形成一套完善的奖惩机制，把信用社的各种经营活动的管理权限责任到人，通过完善的激励政策提高责任人员的工作积极性，同时严惩违规违纪、不作为等行为，确保信用社各项经营活动的顺利进行。政府也要鼓励和支持农村信用社完善法人治理结构，通过加快立法进程，用法律手段及时规范农村信用社的各种行为。

再次，要加快农村信用合作社的产权改革。为加快我国农村信用合作社的发展，我国政府对农村信用合作社的产权改革给予了很大的支持。政府也明确了农村信用合作社产权改革的几种形式，一是在经济发达地区实施股份制改革；二是在中部地区将农村信用社和县联社改为统一法人，便于统筹管理；三是在西部地区继续实行农村信用社和县联社各为法人的政策，促进合作制发展，并通过兼并、重组等方式对经营效益差、资不抵债的农村信用社进行测定改造。我国的农业和农村发展有其自身的特点，合作性金融机构是完善我国农村金融体系的基础，尽管我国农村信用合作社的发展存在着种种问题，但是不能否定合作制这种发展模式。

(3) 加快村镇银行建设步伐。鼓励成立村镇银行，加快村镇银行的建设步伐，为收入较高的农村中小企业和农民提供金融服务。村镇银行在服务农村经济上有着大型商业银行不可比拟的优势，主要表现在以下几个方面。一是业务范围上的优势。村镇银行服务对象主要为县域内的中小企业和农户，在资金流动上，村镇银行从县域范围内吸纳资金，并将资金通过信贷的形式投放到县域经济，促进了资金在社区的内循环，避免了资金外流现象的发生，有利于当地经济的发展。二是组织特点上的优势。尽管村镇银行属于小型商业银行，但是其规模小、资金实力弱，因此客户群定位在无法享受大型商业性金融机构服务的中端群体。这部分群体的数量非常庞大，村镇银行在为这类群体提供金融产品和服务时，可以利用自身规模小、经营机制灵活、金融手续方便快捷等优势，降低金融业务成本，规避信贷风险，实现利润的提升。三是在促进竞争上的优势。村镇银行的设立，使农村其他金融机构感受到了压力，各金融机构都主动实施产品创新和服务提升，增强了农村金融领域的竞争性，促进了农村经济金融市场的繁荣。但是，我们也应看到村镇银行存在的一些弊端，规模小、资金实力弱，决定了其遭受破产的风险较大，并且由于监管还不完善，在开发市场过程中可能会出现违规经营行为。如果不能对村镇银行进行管控，势必会扰乱农村金融秩序，因此，建设村镇银行不仅要有一套完善的准入、退出机制，还要加强监管，充分发挥村镇银行服务农村社区经济的作用。

（4）促使非正规金融机构正规化。目前我国存在着不少非正规金融机构，非正规金融机构的存在，有效地弥补了正规金融机构业务上的不足，解决了农村地区的金融需求。因此，非正规金融机构的存在有其必然性。我国在发展金融市场时，要采用引导的方式，促进非正规金融机构走向正轨。在经济欠发达地区，民间借贷规模小，可以采用降低农村金融准入门槛的方式吸引资金进入，鼓励有条件的组织或个人组建股份制合作金融组织。而在经济发达地区，要鼓励实力雄厚的非正式金融机构组建股份制或股份合作制金融组织。在鼓励这类金融机构发展方面，要实行适度的利率优惠和只贷不存的运行方式。在资金方面，除了自身资金储备之外，还可以从中国农业发展银行以较低的利率贷入。国家也要给新转化的金融机构以优惠政策，同时也要加强对金融机构的监管，促进新转化的金融机构规范化经营，一旦发现有违规经营行为，要坚决予以取缔，以保障农村金融市场的经济秩序。还要积极发展农村综合金融服务，加强农村金融产品的创新力度，满足多元化的农村金融需求。主要从以下几个方面实施。一是实施服务项目的创新。要加快农村金融组织的电子化建设步伐，用高科技手段打造高效畅通的现代金融结算体系，发展的服务项目主要有投资理财、汇兑、代收代付、投资咨询、委托代理等。二是要实施业务种类的创新。通过实施信贷、抵押、保险等业务的有机结合，促进业务创新，拓宽金融支农渠道。例如在“公司+

合作组织＋农户”发展模式中，合作组织可以将与企业签订的合同作为抵押，争取金融机构的信贷支持，使农村中小企业和农民获得更多的信贷资金，促进他们的生产活动，形成金融机构和中小企业、农民之间的发展纽带。

（5）完善农业保险制度。开展农业保险业务不仅能够降低农业投资风险，还能保障农民的收入，有利于农村地区居民的生活品质提高。同时，开展农业保险业务，也为银行类金融机构实施的农业信贷业务提供了有效的配合，能促进农村金融体系的健康发展。

建立完善的农业保险制度，可以考虑从以下两个方面实施。一是通过组建政策性农业保险机构扶持农业发展。政策性保险机构的设置不以营利为目的，这类机构依靠财政支持，为农业发展提供高赔付率或商业银行无法提供的险种。对于这些险种，可以根据其具体特点，实施中央、地方和农户按照一定比例缴纳保费的措施，缓解三方的资金压力。也可以考虑将政府对农业灾害的救济、补贴款项转化为保费补贴，带动广大农户或企业积极参加农业保险。二是对商业性保险公司开展的农业保险业务实施适度的激励措施。由于商业性保险机构倾向于发展营利空间较大的保险业务，为做到各种险种的共同发展，对于营利空间较大的保险业务，可鼓励由商业性保险机构自主经营，对于利润空间有限的保险业务，政府可考虑给予一定的税收优惠政策，从而引导商业性保险机构开展农业保险的各种险种服务。

（6）税收优惠政策。国家通过在税收上给予优惠政策，减少中小金融机构的纳税负担，提高金融机构在涉农贷款方面的收益。实施税收优惠主要有以下两个方面。一是实施营业税优惠政策。国家可考虑降低农村金融机构的营业税率。对于提供小额信贷和农业保险等业务的金融机构，可以考虑免征营业税。其他金融机构在涉农贷款业务方面的收入，也可以考虑给予一定的税收优惠。二是实施利息税优惠政策。征收利息税的主要目的在于拉动消费和投资。但是由于我国大部分农村地区投资渠道不畅、消费市场不健全、农民收入水平相对较低，因此在农村地区征收利息税并不能有效地拉动消费和投资，相反，征收利息税降低了广大农村储户的利息收入。因此，国家应该在经济不发达地区实施利息税优惠政策，实施免缴利息税或部分免缴利息税的政策。

（7）利率补贴政策。国家提供财政资金用于补贴利率，这就相当于在提高存款价格的同时降低了贷款价格，这种措施降低了资金需求者的信贷成本，还提高了金融机构的利润空间。实施利率补贴可以通过以下两种模式运行。一是对存款利率进行补贴。国家通过财政拨付的方式为存款人提供利息补贴，既能提高存款人的利息收入，也有利于吸引农村闲散资金流入金融机构，促进储蓄量的增加。二是实施贷款利率补贴。通过财政拨付的方式为符合国家政策导向的贷款业务提供利息补贴，使得贷款利率低于正常水平。实际上是通过向金融机构补贴资金增加金融机构的收入，促进金融机构的资金流向农村地区。

3. 村镇社区金融体系促进措施

通过前文的分析，我们可以看出，村镇社区的金融市场，相比其他两类社区类型，利润稀薄，且风险相对较大。面临这样的市场状况，对于在国内金融市场处于客观垄断地位的国有（或国家控股）的商业银行而言，其在过去的十几年和将来很长一段时间里都不可能成为发展村镇社区金融的主力军。结合其他各类可能进入村镇社区的金融机构的优劣势，当前村镇中小银行、小额贷款公司、农村信用社及邮政储蓄银行等类型的社区金融机构相比国有商业银行更适合村镇社区金融的发展。虽然这些金融机构具有资本不足、盈利能力较弱等劣势，但是可以通过以下发展模式来弥补，促进村镇社区金融的发展。

（1）政策减免、优惠和补贴模式。由于村镇社区的经济发展水平相比其他两个层次的社区要低，因而更需要金融机构的资金支持，但村镇社区金融市场的利润薄，更需要一些市场外部的补偿模式，即由政府从政策上为金融机构提供一定的税收减免、优惠和财政补贴。倘若不能从外部获得相应的经济收益补偿，金融机构就会选择将其所面对的风险成本以更高的资金价格形式完全转嫁给直接贷款人，即城镇社区的农民户和小微型企业身上。其结果必然是大大加重农民的经济负担和风险，同时也进一步加剧了村镇农业及小生产工业的脆弱性，对农业及小生产加工业的健康稳步发展产生严重的负面作用。

基于以上原因，对村镇社区金融，政府更应当充分发挥其经济调控者和管理者的职能，按照城市反哺农村、工业反哺农业的整体发展思路，以城市和发达地区作为主要的资金来源，采取适当的税收减免、优惠和财政补贴政策，在较少影响政府自身利益的同时，最大限度地承担金融机构的部分风险补偿成本，实现合规的利益补偿与和谐发展，保证农业生产的基础性地位得到巩固，并促进村镇社区金融的发展。

（2）利益共同体模式。由于农村信用社依然是村镇社区金融服务的支柱，因而，在未来的村镇社区金融发展过程中，依然要通过一系列的有效改革，使其承担重要的责任，最主要的是进行股份制改革，使其成为村镇社区用户的利益共同体，并努力改善其当前存在的工作效率低下、贷款意愿不强及管理流程不够标准规范等劣势，具体来说，此模式主要解决以下两个方面的问题。①在利益共同体模式下，村镇社区的农民及小微型生产加工企业将成为信用合作社的股东。通过信用合作社等其他金融机构的股份制改革，使得这些股东不仅能够获得一定的利润分红，提高其除农业外的其他投资收益，还能以股东的身份，更容易获得金融机构的贷款，从而解决其临时的一些融资需求。这样，通过在资本层面使金融机构与村镇社区用户间建立起利益共同体，能够有效地增强其涉农放款的意愿，进而解决涉农贷款工作效率低下的问题。②在此模式下，将为村镇社区金融机构建立起规范有效的标准化治理结构。通过股份制改革，农民用户成为村镇社区金融机构所有者的一员，也同时成为各金融机构的日常工作及经营管理行为的监督者。这种第三方的监督，在广度和深度上远远超出了金融机构自我约束所能达到的效果。因而，在此模式下，通过规范高效的治理结构及社区成员有效的监督，能够大大提升金融机构工作人员的工作效率，同时，也有助于金融机构内部不断完善其治理方式，使其内部治理结构更为简洁高效、各个部门群体实现有效制衡，从而有利于金融机构业务操作及管理工作的透明化、高效化及规范化。③在此模式下，村镇社区间开始实行互联互保的担保方式。由于村镇社区经济条件相对较差，社区成员的担保品不足，并且储存和变现具有较强的时效性。因而，用有效的担保抵押品来对单户农民进行补充是金融机构目前面对薄弱的村镇社区信用基础环境发放涉农贷款的必要条件，也是亟待解决的首要问题。

利益共同体模式下，各社区成员之间可以通过互联互保的实现来有效解决此问题。当村镇社区的某一个农户或小微企业提出贷款申请的同时，其可以自行提供三到五位其他农户或企业与其共同承担互相连带担保的责任。当贷款到期时，如果贷款人无力偿贷，参与共同连带担保的农户或企业将分别承担某一部分偿付贷款的责任。这种互联担保方式，既考虑了单个农户和小微企业的风险承担能力，大大提高了社区金融客户的担保能力，同时还能够很好地满足金融机构的担保要求，有效分散其面临的较大的村镇社区贷款风险。

4. 农村金融服务的不足与解决对策

（1）农村金融服务的不足。为了发展社区经济，我国开展了金融服务进社区的活动，在各金融机构的努力下，该项工作已经基本得以实现，且取得了一定的成绩。但是受农村社区的客观条件限制，金融服务业在政策和业务方面还需要予以改进。目前，金融服务业主要的不足有如下几方面。①公众对农村社区金融服务的认识不足。很多人对社区金融服务的认识有局限性，认为金融服务无法在农村社区实施。有很多社区工作人员和金融机构的工作人员认为农村社区金融的需求量少，业务量少，即使在有金融需求的情况下，当地中小企业和居民可以直接去上一层级金融机构办理相关业务，同样可以满足社区的金融需求。但是，他们完全没有想到，开展农村社区金融服务的目的就是为服务农村经济，为当地居民提供便利条件。如果不在农村设立金融机构的营业网点，不仅会不利于农村社区经济的发展，也无法为社区金融机构扩大市场提供保障。②农村社区金融服务竞争较小，服务水平有待提高。目前，由于社区金融发展不够完善，农村地区的金融服务部门数量少、层次低，就造成了金融业务的竞争小，金融机构缺乏动力来开发业务和培养高素质人员。例如在农村社区开展信贷业务的主要部门为农村信用社，在客户办理相关金融业务时，无法选择其他金融机构或人员，造成部分工作人员态度散漫，服务缺乏耐心。同样，农村社区开展保险业务的部分也有类似的情况发生。③农村社区的民间借贷不规范，风险较大。由于正规金融机构无法满足农村社区的金融需求，中小企业和居民转向民间借贷。尽管民间借贷可以满足中小企业和居民的资金需求，但是由于目前我国还没有对民间信贷进行规范，在实施过程中会出现很多问题，例如高利贷业务等，在借债到期之日，如果客户不能按时还清欠款，借贷双方可能会发生冲突，甚至还会有犯罪事件的发生。④农业保险还不健全。我国农业保险的发展与发达国家有很大的差距，主要受险种单一、保额低以及农民的支付能力差等因素的影响。很多保险公司在开展保险业务时，往往避开农业保险方面的保单，有时即使农户想为产品提交农业保险保单，却无法找到开通相应保险品种的金融机构，从而造成我国农业保险服务无法满足农村社区居民需求的现状。

（2）农村金融服务不足的解决对策。根据以上农村金融服务的不足，目前，为更好地推进我国农村金融服务，可以从以下几个方面入手。①加大宣传力度，为农村社区居民提供切实方便的金融服务。一是各金融机构要加强对工作人员的培养，让工作人员认识到为社区提供优质服务能给金融机构和社区带来巨大的收益，以提高工作人员的服务水平。二是为支农服务加大宣传力度，主动走进社区，向农村社区居民推介金融产品和服务。三是开展农村社区居民的金融需求调查，制作调查表格，实施对社区居民的调研，了解农村社区对金融业务的真实需求，为社区居民提供专业的信贷服务。②鼓励各种机构布局农村社区，形成有序竞争机制。除了支持农村社区现有金融机构的发展，还要积极鼓励其他正规金融机构进入农村金融市场，为各金融机构在农村社区的发展提供优惠政策和便利条件。鼓励各种农村金融机构合理布局、错位发展、有序竞争，并通过这些发展策略拉动农村经济的增长，使农村社区金融形成多元化的发展局面。③规范引导民间借贷行为，充分发挥民间借贷的积极作用。民间借贷具有手续简便、灵活性强等优点，因此能够吸引大量的客户。如果能规范民间借贷行为，引导其进入良性的发展轨道，就会对经济发展起到促进作用，因此，要不断规范民间信贷，让民间信贷为新农村建设服务。此外，还要积极引导民间资本进入良性循环轨道，通过鼓励设立小额贷款公司、村镇银行等新兴金融组织大力吸收民间闲散资金，实现民间借贷的合法化。④加快金融产品创新步伐，积极发展农业保险。目前，我国农村社区金融机构为农村社区发展所提供的金融产品种类单一，无法满足社区居民的需求。因此，应加大对金融产品的研发，提高产品创新能力。在信贷服务上，不仅要强化原有的信贷服务，还要鼓励开辟新的产品，在部分地区甚至可以设立担保机构，为农村中小企业和居民提供贷款担保服务。在很多保险机构不愿开展涉农保险业务的情况下，政府可以通过出台优惠政策或下发补贴等形式鼓励各种商业性保险机构开办涉农贷款。

（二）县城社区金融的发展模式

随着社会经济的发展，金融建设日益成为经济发展的核心，因此，完善和发展金融问题、提高经济和财政状况已经成为国家经济和社会发展稳定的核心。解决农村金融发展存在的问题可以改变城乡二元化的经济结构，减少城乡之间的差距，促进国家经济的整体提升，是我国实现富民强国的战略需要，也是从根本上解决我国存在的“三农”问题的关键所在。

我们必须从战略角度去认识县域金融体制改革，掌握金融体制改革给农村发展和国家经济提升带来的积极意义。因为“三农”的发展不仅关系到农村经济水平的提高，还关系到国家的发展战略。县域金融发展关系到农村的长治久安，它能有效地促进农村经济的发展，提高农民生活水平，实现农村经济的繁荣，因此，它也是农村经济发展的核心。现阶段，国家应加大对农村的投入，增加农民收入，推动农村金融的发展，促进农村产业结构调整和县域经济的发展。长期以来，我国忽视对县域经济发展对县域金融发展起到的积极作用，限制了农村经济的发展，因此要从县域经济发展方面客观地看待农村社区金融发展，以农业的发展特点为出发点，结合我国的国情，明确我国县域金融的职能和功能划分，明确县域金融的定位。只有这样，我们才能彻底解决县域金融体制改革中存在的问题。可以说，县域金融体制改革能满足农民生产生活中对资金的需求，促进农民生活水平的提高，有利于农村的小康社会建设，是推动我国国民经济发展、国家富强和社会进步的重要保障。

前文对县城社区的金融服务需求进行了分析，其需求结构与村镇社区差异很大，却与城市社区具有较大相似性。除了最主要的基本结算需求和中、小、微型企业及个体户的贷款需求以外，县城社区的市场需求中还包括一些少量的个人投资理财需求，而与金融市场的发展规模、水平要求、需求层次的不同是其与城市社区最大的差异。综观各类金融机构，国有或国家控股的商业银行、城市商业银行及新成立的邮政储蓄银行等更有可能在县城金融市场上发展各类业务，以下发展模式的采用，则可以促使这些可能的金融产品及服务提供机构在县城社区上发挥更大作用。

1. 专业担保公司模式

同其他社区金融市场一样，县城社区的金融机构也同样面临着一定的到期还贷风险。同村镇社区相比，由于县城中小城市的地域范围较广，人与人之间不可能有那样紧密的关系，疏离程度远超过乡村，基础环境的缺乏使得其无法实施类似于村镇社区那样的互联互保关系，同时由于人员配备、机构设置及业务范围等因素的限制，县城社区金融机构无法针对每个贷款申请人的具体情况和条件，协助其找到合适的担保人或抵押品，且如果进行了贷款发放，当贷款无法收回时，将直接影响其自身的资产质量。因而，专业的担保公司作为第三方担保的方式显得尤为必要，且在县城社区是可行的，通过专业担保人员，进行集约化经营，可以充分发现和挖掘贷款申请人所能提供的可接受担保方式，提高其对按时还贷的保障能力，将无法还贷的风险降到最低；而且即使在运作过程中发生了违约事件，担保公司也可以用其营业利润进行弥补，最大限度地降低对其资产质量的影响。同时由于其对担保品的接受范围远远大于银行等其他金融机构，对担保品的处置方式也非常灵活，所以其在面对损失时的自我修复能力很强，能够充分发挥风险缓冲器的功能，有效解决县城社区金融机构给中小企业和微型企业及个体户发放小额贷款的后顾之忧。

2. 税收优惠模式

由于在县城社区里，面向中、小、微型企业及个体工商户的小额贷款业务的利润率并不高，同村镇社区一样，要使县城社区金融机构能够自觉地大力发展这些利润率不高的融资业务，就必须通过政府的市场外部政策来保证其获得合理的利润率。根据上文的分析，适合于为县城社区提供金融业务服务的主要有国有或国家控股的商业银行、城市商业银行及新成立的邮政储蓄银行，其中由于具备网点、品牌、产品及服务等优势，国有或国家控股的商业银行具有更强的获利能力，而对于后两者，则必须按照政策方针的指引，结合社区市场特点，在小额贷款业务领域给予其一定的税收优惠和扶持政策，保证其能在县城社区的金融市场存活并健康成长。

3. 开放式发展模式

从国外社区金融发展历程的分析中可以看出，国外社区金融起步较早，历史悠久，已经积累了许多丰富的社区金融产品和服务经验，在开展业务的过程中还获得了许多行之有效的科学管理和操作技术，而国内社区金融机构要独立培养出这些“软实力”，则需要依靠足够的时间、多次尝试和失败教训，因而，可以采取开放式的发展模式，充分引入国外的资金、先进技术和经验，并且在与国外社区金融机构合作的过程中不断学习、改进和提高自我，逐渐形成具有自身特色，适宜自身条件的技术和方式；而且由于我国金融市场自身所具备的特点，即使引进外国资本，占据主要的金融市场份额，其也不可能对整个国家的金融安全产生巨大的威胁。此市场开放模式的发展，既无损于我国的国民经济安全，还能大大有利于我国县城社区经济的快速发展。下面就从制度变迁角度来分析农村商业银行存在的合理性。

（1）农村贷款长期的供需不平衡是引起金融组织制度创新的外部因素。目前我国农村发展所依赖的资金渠道主要为农村信用合作社、中国农业发展银行和国有商业银行。但是由于我国的国有商业银行为了自身发展需要，不断缩减农村经营网点，加上中国农业发展银行在贷款业务上也有很大的局限性，农村金融发展实际的资金来源只有农村信用合作社。由于农村金融体制建设的问题，农村信用社发展还不完善，信贷等业务也受到制度的制约，还没有能力担当起独立服务农村金融的重任，在大量资金需求得不到满足的情况下，农村社区组织或居民就会转向民间融资，这就是民间融资得以快速发展的原因。但是，民间金融存在着交易成本高、风险大等特点，降低了民间闲散资金的有效利用率，而且我国并没有对民间融资加以规范和保护，造成民间金融市场秩序混乱。民间融资的种种不利因素，促使国家开始实施农村金融体制改革，农村商业银行的成立就是民间金融走向规范化的一个渠道，农村商业银行由国家引导农村信用社设立，它立足于服务农村社区，吸收农村闲散资金并把资金投放到农村社区经济建设，促进了农村经济的发展。由于我国在法律上不允许民营经济涉足金融行业，农村信用合作社改制成地方商业银行成为民营经济进入金融领域的有效途径，因此可以说农村商业银行的存在和发展是适应经济发展要求的。

（2）农村金融无法实行合作型组织形式是金融组织制度创新的内部原因。根据多年来的治理整顿结果表明，信用社的发展并没有按照预定轨道运行，失去了设立的初衷。政府和部分学者认为应该通过推行合作制的模式，实现农村信用社的规范化经营管理。农村信用合作社成立的作用之一就是进行经济资源的重新整合和分配，但是由于在现实生活中，农民在行政和经济上都缺乏主动权，始终处于劣势地位，因此无法满足设置信用社所需要的条件。合作金融的发展需要坚持自愿、平等、互助的原则，因此所有参与者都是平等的，且不以营利为目的，是一种特殊的合作关系。在金融合作中最重要的是人与人的平等性，而农村商业银行注重的是资本的平等，与人的平等性关系不大。由于民营资本本身具有资本平等的优势，因此，民营资本可以通过参股形式取得银行经营权，并发挥民营资本在企业经营中的灵活作用，促进银行业务的提升和利润的增加。民营资本和社区银行都能获取收益的行为也是一种帕累托改进。

农村商业银行是金融行业的一种新生事物，因此在发展过程中存在很多问题，主要有以下几个方面。

（1）公司治理结构和产权制度没有激励效应的约束。第一，在公司内部收入分配上，由于还存在着“大锅饭”的收入分配特征，造成高级管理人员的收入水平与其他人员差别不大，且高管所承担的风险与实际的付出不成正比，这就使高管缺乏奋斗的动力。第二，农村商业银行的股东数量较多，造成股权分散，其结果会增加组织内部的管理成本，影响银行的运行效率。第三，内部管理构架不健全。农村商业银行内部的高层职责不明确，无法形成完善的职责分工和内部监督机制，不利于公司的治理。

（2）农村商业银行的法律地位比较模糊。第一，我国农村商业银行起步晚，各种法律制度还不完善，因此，在涉及使用法律制度时，会出现无法找出专门的法律制度的情况，可能会造成其他相关法律的随意选用。第二，目前我国的《商业银行法》只承认银行存在的三种形式：城市合作银行、商业银行、农村合作银行，缺乏对农村商业银行的明确界定。

（3）监管体系和监管政策相互抵制。第一，金融监管体系不健全，有待改进，在对商业银行的监管上，由于监管链条过长造成监管效率较低，不利于商业银行及时获取相关信息，增加了商业银行的运营成本。第二，农村信用社的监管机构不利于农村信用社的转变，如果不对监管机构进行改革，农村信用社还要继续接受原有的管制，不可能产生根本性的转变。第三，农村商业银行的产品和业务都受到了严格的监管，造成农村商业银行的经营成本增加，这与农村商业银行成立的目的相悖，严重阻碍了农村商业银行的发展。

（4）基础设施薄弱，特别是作用于经营管理内部和外部的基础设施。农村商业银行设立的目的是为了服务于农村经济，它属于地方性小型金融机构，规模小、业务单一。由于农村商业银行在区域内无分散性的布点，造成各种金融业务的办理渠道不畅通，银行汇票、签发信用证等金融业务必须在国有商业银行网点代签。农村商业银行的基础薄弱主要有以下几个特点：人才结构层次较低、人力资本不足、经营管理水平较低、电子化水平较低、科研开发能力较低等。因此，农村商业银行在发展过程中，应不断总结自身弱势，加强基础设施建设，夯实硬件资源，提升自身的产品研发能力和服务水平，吸引更多的客户参与自身建设。可以说基础设施的薄弱，给农村商业银行的发展带来了很大的困难，成为其持续发展的瓶颈。

总的来说，农村商业银行由农村信用合作社转变而来，但是其面临着极大的发展困境，同时又因为是中小银行，因而必须依靠自主经营不断适应金融市场的竞争，在发展过程中不断摸索前进，逐步占有农村金融市场，在农村金融体系中获得良好的发展。

根据我国农村信用社的发展情况，以及农村信用社设立的目的，县域金融发展的目的应包括农村信用社扭亏为盈、提高农业资金投入、增加金融机构在农村的布点、解决农村信用社的产权制度等。我们还应该用可持续发展的眼光发展县域金融。可持续发展观是一种全局的、动态的发展观。从全局的观点看，实现县域金融总量和结构的协调均衡是实现中国县域金融的可持续发展的必然所在；从动态的观点看，实现中国县域金融的可持续发展就是要实现农村金融动态发展的过程协调均衡。笔者认为，我国县域金融发展的目标模式应该分成几级：第一层级就是以中国农业银行和中国农业发展银行为基础，夯实国有商业性金融和国有政策性金融的重要地位，第二层级以非银行金融机构特别是农业保险等为重要支撑，以有序运行的农村民间金融为必要补充，以县域支付清算体系、同业拆解市场、信贷征信业和信用担保业等为重要支持，实现县域金融的科学发展。

4. 关于中国农业银行的改革

（1）加强中国农业银行的基础设施建设。在完善我国农业银行基础设施建设方面，要重视对产权制度的改革，完善银行的治理结构。根据长期的实践证明，我国国有商业银行的产权形式与其商业化的经营目标矛盾非常尖锐。为完善对国有银行的治理结构，首先要对包括中国农业银行在内的四大国有商业银行进行股份制改革。同时，由于受到前期计划经济的影响，中国农业银行背负了很大的历史包袱，长期的负重运行，造成农业银行发展滞后，因此，国家要加大对中国农业银行的支持力度，及时补充资本金，促进其自身实力的提高。

（2）让中国农业银行服务于“三农”。一是要发挥中国农业银行的支农作用。由于农业银行商业化的转变，对农村的支持力度逐渐弱化，因此要利用制度约束其行为，通过制定农业类贷款占贷款总额的百分比控制农业银行的城市化倾向，促进农业银行为“三农”发展服务。在监管力度上，可以通过年度考核的方式，对未完成任务的机构予以处罚。二是政府为农业银行的支农服务提供优惠政策。通过对国际上金融机构的研究表明，大多数国家在发展农业方面，政府给予了非常大的支持力度，因此我国应借鉴国外的发展经验，为中国农业银行的支农服务提供政策支持，通过制定优惠政策鼓励农业银行发展支农服务。通过实施优惠政策，不但能为农业银行开展支农服务提供资金支持，还能为农业银行持续推进“三农”服务提供动力。

（3）更新营销观念，改进营销策略。中国农业银行设立的本质目的是为发展农村经济服务，这就给中国农业银行在发展农村金融方面带来了良好的竞争优势。在中国农业银行的发展过程中，长期对农业的金融支持，使其与农村政府机构、企业等建立了良好的关系，由于农业银行的大力支持，农村也形成了一批骨干企业。因此可以说，农业银行具有其他商业银行所不具有的竞争优势。从农业银行自身发展情况考虑，可以重点发展支农业务，与其他商业银行实施错位发展的策略。所以农业银行要不断优化管理体制，明确将支农业务作为发展重点，推动农村经济的发展。在实施过程中，要对农业发展提供资金保障，重视对农业方面的投入；开展农业方面的信贷业务，特别是要重视对粮棉方面的信贷业务。通过切实有效的农村信贷业务，促进农业基础设施建设，促进优良农产品的推广与应用，搞好农业及农副产品生产，提升农村经济综合实力。首先做到加强对农业方面的信贷支持力度，扩大信贷业务覆盖面。其次要结合中央关于发展农业的文件，按照商业银行的经营要求，扩大农业生产，形成产业集群，并按照各地区农业发展状况合理利用支农资金，加大对低风险、高回报的农业产业化基地的支持力度。最后要支持乡镇企业的发展，通过政策和资金支持提高乡镇企业的竞争力，加快农业产业结构的调整。

5. 关于中国农业发展银行的改革

中国农业发展银行是为适应我国经济发展、推动农村经济建设而设立的国家政策性金融机构。在推动我国农业经济发展方面，要明确中国农业发展银行的发展目标是成为真正的农业政策性银行，改变目前单一的生产经营模式。可以通过以下方面予以实施。

（1）正确承担政策性金融功能。政府对农业方面的调控职能主要体现在三个方面。一是由于农业生产受到多种不利因素的影响，造成农产品价格低、农民生产积极性差，因此需要政府的宏观调控，以提高农民收入和农民参与农业生产的积极性，增加农产品的市场供应。二是政府为保障民生，需要储备一定数量的救灾物资，以应对各种自然灾害，保障民生需求。三是政府可以通过制度扶持农业生产，引导农业发展。政府的这些调控措施，都可以通过建立政策性银行予以实施，中国农业发展银行就承担起了这个责任，通过为农村经济提供相关金融服务，调控农产品的需求与价格，推动农业的产业化发展进程。同时，通过开展吸收存款、发行债券等各种形式的金融业务，提高自有资金量，并把资金用于农村信贷业务，加强对农业发展的信贷支持力度，推动农村经济发展。

（2）壮大业务内容。为推动农村经济发展，中国农业发展银行必须要重视业务的拓展，扩大业务范围，今后中国农业发展银行应重点发展以下四个方面的业务。一是要加大对农村的扶贫开发，通过贴息贷款、农业补贴等方式实施；二是推动农业综合开发，提高农业多样化发展水平；三是要加强对农业基础设施建设的信贷支持力度，包括水利改造、农业电气化改造、道路交通改造等方面的信贷业务；四是要加大对生态建设的支持力度，通过实施扶持性政策，推进退耕还林、生态保护等项目的实施。

（3）完善利润分配机制。创造效益和利润分配是企业发展的内在动力。对于中国农业发展银行来说，尽管属于政策性银行，但是创造效益也是其发展的一个重要目标。因此在中国农业发展银行的建设过程中，要以政策性目标为主导，与效益型目标相结合，推动农发行的效益提高。

（4）完善业务进入和退出机制。政策性金融机构有阶段性的特点，这种特点在不同的发展时期有不同的变化，如果国家在经济体制和发展政策方面有所调整，中国农业发展银行的业务和政策也要随之变化。各种金融业务和产品也要相应的进入或退出，因此，必须要推进中国农业发展银行的进入和退出机制建设，以适应不断变化的农村经济发展要求。

（5）完善宏观政策。通过完善信贷业务方面的制度，降低对粮棉收储企业的贷款利率，通过信贷政策的实施加大财政对农业的支持力度。同时，通过新建和完善地方农村商业银行，顺应农村经济发展对金融的要求。商业化的变革实际上并不是制度变迁的全部，改革只是改变了原有制度的约束，政府还需要对新生的农村商业银行实施进一步的改革。可以说农村商业银行的建立，只是金融体系建设的第一步，还应该加大对金融业务的开发，建立完善的制度，达到金融机构的均衡化发展，促进我国农村商业银行的发展壮大。主要从以下方面进行改进。第一，通过监管政策和体系改革促进农村商业银行的发展。在完善农村商业银行的监管政策时，要与农村信用社区别对待，以其作为股份制商业银行进行监管。第二，调整公司的治理结构和产权制度。可以参照股份制商业银行的发展机制，推进公司治理结构的转变，同时通过不断地深化改革，加强农村商业银行的产权制度建设。一方面通过坚持集权制原则，减少股东数量，使股权集中。股权分散的治理结构不利于监督和管理，要通过实施一系列优惠措施鼓励小股东转让较小的股权份额，提高股东利益，增强企业的监督意识，形成相对控股股东。另一方面要建立规范完善的管理制度。通过建立完善的制度，规范农村商业银行高管的行为，促使他们为银行创造更高的效益。还要不断完善公司内部的管理构架，明确公司各层次之间的权责利关系，并形成有效的制度文件，做到权责关系有章可循，促进绩效考核的顺利实施。第三，要加强人力资本的培养与引进。在内部要做好人力资本的培养工作，完善人才培养体系建设，对现有人员进行专业的业务知识培训，提高员工的技术和管理水平。在外部要大力引进紧缺性人才。同时要打破传统的人才管理机制，通过完善的人才培训体系和绩效考核体系，不断优化公司的人才结构，加强农村商业银行的软实力。

6. 重新构建县域合作金融体系

（1）建立完善的金融合作体制。在金融体系建设方面，我国需要合作金融，我国的合作金融组织建设，可以通过多种形式完成，例如可以新建金融合作组织，也可以通过改造农村信用社来完成。同时，股份合作制是一种极具创新意义的制度，通过建立股份合作制，不但可以保留原有合作制的优点，还能增加资本投入，解决股权分散的问题，提高在金融市场的竞争实力。

（2）农村信用社产权变革。目前我国农村信用社的产权由两部分组成，一是入股社员的股金，二是信用社税后按比例提取的公积金转化成的资本金。对于大多数农村信用社来说，由于长期的亏损经营，造成信用社的资产净值为负，社员的股金和历史资金已经流失，因此，这是农村信用社改革的重点。对于如何处理这些亏空，建议县信用联社先组织对现有的呆账和亏损挂账进行核实，再对呆账、坏账进行综合治理，并由政府给予一定的政策扶持，尽快消化这部分呆账、坏账。在农村信用社的经营扭亏之前要尽量避免吸收新的社员入股，即使有新的资金注入也要明确该股金不需承担原有亏损的责任。对于净资产为正数的信用社来说，要做到明晰产权，防止由内部人控制，可以借鉴国外金融机构的做法，通过立法的方式要求信用社在其相关章程中做出明确规定。

（3）实施管理体制变革。阻碍我国农村合作金融的因素主要有三个方面。一是我国农村金融体制在相当长的一段发展过程中，没有专业的管理机构监管，只能由中国人民银行或中国农业银行代为管理，因而其在发展过程中兼具行政管理和业务管理于一身，不利于其自身发展。二是我国农村合作金融在发展过程中受到政府的过度干预，政府的干预措施造成农村合作金融无法实现自主经营。三是由于政府官员和农村信用合作金融组织高层经理之间、政府官员与商人之间可能建立同盟，造成许多借贷决策不平等。以上这些因素都会造成合作金融企业的经营动机发生扭曲，对农村信用社的发展产生风险，损害合作金融组织的健康。按照我国金融业的监督管理体制，省级人民政府必须依照国家相关法律法规，对农村信用社的发展做好监督，防范信用社的金融风险；在对信用社的管理上，省级政府不能干预信用社的具体活动，要按照现代企业制度的要求，把农村信用社改造成为一个现代化的金融企业。同时，省级政府要完善金融管理的法律法规，用法律约束和宏观管理共同促进农村信用社的发展。

（4）加强对合作金融的监管与扶持。农村金融合作组织是我国金融体系中的一个重要组成部分，因此监管部门要加强对合作金融的监管力度，规范合作金融的运行，同时要通过积极出台相关政策对合作金融进行扶持，以满足社区对合作金融的需求。

（5）积极推进政策性小额信贷业务。在开展小额信贷业务时，要区别商业性业务和政策性业务，分别予以实施，同时要尽快完善中小企业政策性信贷业务的相关优惠措施和补助措施，鼓励金融机构开展小额信贷业务，以强化其在农村金融体系建设中的基础地位。

7. 构建县域金融保险体系

（1）农村养老保险体系的建设。农村养老保险的实施可以按照不同的方式进行，在发达地区积极推进农村社会养老保险体系的建设。实施对养老基金的统筹管理，规范农村社会养老基金的使用。要实施省、县两级运营模式，加大对养老基金的监管力度。还要积极拓宽基金运营渠道，实施一系列优惠政策，加大养老保险的队伍建设。在欠发达地区推进和完善家庭养老，应充分认识到家庭养老对养老体系建设的积极作用，积极解决养老保险推行过程中产生的问题。同时，在经济基础较好的小城镇先行推行农村社会养老保险，按照先分批试点再逐步扩大的步骤进行。

（2）农村健康保险的公共支持。据《中国统计年鉴》记载，2000年，我国政府在卫生方面的支出占总支出的39.4%，但是卫生方面的支出主要集中在城镇地区，占人口总数80%的农民只消费了不到20%的卫生服务。世界卫生组织于2000年对191个成员国进行了医疗卫生评价，其中中国的排名较靠后。根据相关统计显示，我国农村医疗保险享有率仅为12%，农村居民参加合作医疗的仅为9.6%。特别是1997年之后，由于缺乏政策支持，我国农村地区经济发展缓慢，农民收入增长缓慢，依靠“自愿”参加的合作医疗制度陷入停顿甚至萎缩。

根据以上分析，我国农村健康保险的现状不容乐观，因此要加大对农村健康保险的支持力度。

首先，要加快农村合作医疗制度的改革。根据政府相关文件，我国新型农村合作医疗将坚持个人、集体、政府相结合的改革原则，实施联合筹资。在具体实施方面，对农民实施每人不低于30元的筹资机制，分配比例为个人、县财政、乡镇财政各筹资15元、10元和5元。目前，我国已经在部分地区试点新型农村合作医疗制度的建设工作，以推动农村地区的医疗发展，实现为农村居民提供优质、便捷医疗服务的目的。在试点过程中，新型农村合作医疗通过实行统筹安排、合理分配和使用合作医疗基金作为基本准则，牢固树立保障农民健康的宗旨，为农民提供基本的医疗预防保健服务，满足农民的基本医疗服务需求，实现保障和改善农民健康状况的目的。

其次，要建立科学有效的农村医疗保险基金筹集机制。目前，我国农村医疗保险制度存在着很多问题，例如集体与政府补助数不够、筹集资金数额不足等。要想彻底解决这些问题，就必须建立科学合理的基金筹集机制。在实际操作中，要明确政府、集体、个人互助的原则，通过实施政府支持、集体补助、个人交纳相结合的办法，解决农村医疗保险的资金缺口。在具体实施中，建议制定合理的分担比例，既保证医疗保险机制的良好运转，又不会给国家、集体和个人带来较大的经济压力。在实施中，要注意以下两个方面：一是要尽量不增加农民的经济负担。由于我国农村经济基础较差，农民收入水平普遍偏低，如果给农民增加过大的负担，势必会造成大多数农民不愿意参加社会医疗保险，就会失去它原本要发挥的功能。二是可以利用中央和地方两级财政对社会医疗保险的支持，鼓励一些经济效益好的企业参加社会医疗保险，通过这一途径不仅能减轻农民的负担，还能为企业树立良好的形象，提高知名度。

（三）城市社区金融的发展模式

随着社会的不断进步，居民与社区之间的关系更加紧密，居民在社区内部的行为更加丰富多样。各种金融机构也加深了对社区和居民之间关系的认识，认识到社区是一个巨大的待开垦的市场，社区服务中蕴含着无穷的商机，都准备大力开发社区金融市场。

城市社区相比于村镇社区和县城社区，对金融产品和服务的需求更加丰富多样，结构也更为复杂，除了基本的存取款业务需求和支付结算需求外，还包括大量的中小企业和个人小额贷款需求及个人投资理财需求，并且这每一种业务需求都比其他两个社区的需求规模更大。因此，其金融机构要采取完全不同的发展模式，才能充分满足城市社区金融市场这些种类繁多、层次复杂的需求，适宜其目前和未来的发展要求。

1. 市场竞争调整模式

不同于其他两个社区类型，在城市社区中，面对复杂的需求结构，各金融机构的市场竞争也相对激烈，因而它们会在竞争压力促使下主动地去抢占市场份额，努力扩大业务范围，将产品和服务延伸到城市里的各个社区，这样，市场便能更充分地发挥其优胜劣汰的调整作用，适当降低政府提供一些额外的政策减免、优惠和补贴等激励措施。此时政府更多的是发挥其政策的宏观调控功能，即进一步加强中心区域、商贸区域等社区金融的竞争强度，同时对竞争予以监督，创造公平竞争的宏观环境，以促使更多的金融机构主动进入社区中开展健康有序的市场竞争。

2. 金融服务代理公司模式

相比于各种减免、优惠和补贴措施，政府采取的其他一些扶持政策，如成立一些专业的金融服务代理公司等，对于城市社区金融市场更有效。类似于县城社区的专业担保公司，这些代理公司能够以专业化、集约化的方式综合各种资源，为非银行的金融机构提供如保险、信托、证券投资、委托贷款等金融业务和产品的代理服务，将这些金融产品和业务以较低的资金成本引入到社区金融市场中，为城市社区成员提供更方便、低廉、快捷的金融服务；同时还能进一步压缩银行类金融机构的利润空间，促进其合理竞争和产品、业务创新，从而能够更好地满足城市社区金融市场的各种需求。

3. 城市信用体系模式

建立城市信用体系模式，能够有利于金融机构及时、准确、全面地了解城市个人户及中小企业的资信状况和各种变迁，同时也在客观上增加了贷款人的违约成本，促使其按时履约还款，从而有效降低了不良贷款的发生率。

在为三个不同层次的社区进行金融发展模式选择和设计时，我们绝对不能简单地套用所谓规范模式，对其所属行政区划统一标准，而必须要重视每类社区其自身的优劣势，并结合全国各个不同社区之间在地域限制、经济发展水平、风险偏好等特征上的差异，选择适合当地社区实际发展水平和金融服务需求的发展模式。同时，还要注意处理好金融机构与政府部门之间的关系，要遵循经济发展和金融市场竞争的基本规律，由政府提供一些市场外部调控措施，行使社会职能，而金融机构则履行其社会经济个体的职责，为社区的个体及企业成员提供金融服务，从而实现金融机构经营利润与社区经济效益的双赢，取得社区金融的和谐发展。

（四）社区银行的发展模式

目前，我国要重点发展社区银行，提升社区经济。在起步阶段，要明确社区银行的设立目的，根据自身条件寻找一条符合自身发展的道路，同时要注重专业化、特色化的发展特征，建设与我国经济发展相符的社区银行，形成自身独特的发展模式。

1. 以中小企业和居民作为服务对象

随着改革开放的不断深入，我国的中小企业发展迅猛，为城镇提供了大量的就业机会，为我国 GDP 的持续增长作出了巨大的贡献。中小企业现已成为我国国民经济发展中的重要力量。尽管中小企业有着巨大的发展优势，但是由于长期以来金融机构与中小企业之间信息不对称，导致中小企业的贷款难的问题始终得不到解决。社区银行是服务于基层的金融机构，能够利用自身优势及时掌握社区各中小企业和居民的信息，可以有效地解决金融机构与中小企业之间的信息不对称问题，因此可以解决中小企业贷款难的问题。

我国大多数大型银行在信贷业务方面手续烦琐、耗时长，增加了企业特别是中小企业的融资成本。再加上中小企业贷款担保体系不完善，也给中小企业的贷款增加了难度。由于社区银行具有经营灵活的特点，可以为中小企业提供专业化的金融服务，这是很多大型银行所不具有的优势。在社区银行，中小企业能顺利满足自身的金融需求，因此更希望发展社区银行。

随着我国社区文化生活更加丰富多样，社区居民对各种产品和服务的要求更加多样化，社区内的服务种类随之逐渐增多。由于我国的经济结构不断调整和完善，很多居民把自身的生活、就业聚焦到社区中，在社区中开发市场、经营生意，但是由于居民缺少良好的融资渠道，很多经营项目由于得不到及时的资金支持而失败。社区银行具有服务于社区居民的发展特点，因而能解决社区居民的资金需求。可以通过鼓励社区银行发挥其服务于社区居民的特色，为社区居民提供多样化的金融服务。

2. 以改造金融机构作为社区银行的创造途径

我国在社区银行的建设方面，如果要采取新建的形式，很多工作都需要从头做起，会造成很大的资源浪费，而且新建社区银行需要很长的时间，不能满足社会对社区银行的需求。因此建设社区银行应以改造为主，主要是把现有商业银行的分支和民营金融机构改造成社区银行。当前，我国经济发展造成城市信用社、农村信用社以及地方城市商业银行面临巨大的竞争，需要依靠转型以摆脱发展困境。政府可以通过政策引导，把这些金融机构转变为社区银行。金融机构实施转型之后，可以利用自身在本地区的发展优势拓展新业务，建立客户群。同时，这与当前中小金融机构改革相统一，易于被金融监管层采纳。

3. 正确处理好与大型银行之间的关系

社区银行与大型银行在发展业务方面互为补充、互相协作。由于大型银行发展时间长、基础好，能准确把握市场动态和国家的政策导向，并且其资金力量雄厚、客户网络相对完善，因此比社区银行有更好的发展优势。但社区银行也有其自身的优势，经营灵活等特点也是大型银行所不具有的。社区银行要利用自身优势，实施差异化发展，正确处理好与大型银行之间的竞争和合作关系，才可以快速、稳步的发展。

4. 通过实施关系营销，提升客户关系

所谓关系营销，就是把营销活动看成是企业与客户发生互动作用的过程，其核心是建立和发展与客户的良好关系。对于社区银行来说，实施关系营销的目的就是要建立与客户之间的金融合作关系。社区银行通过关系营销可以掌握客户的性格特点、业务需求，还能掌握开展信贷业务的相关数据和资料，有利于银行为客户提供专业化的金融服务。因此，通过实施关系营销，社区银行能吸引大量的客户参与金融业务，同时也能加深与客户之间的关系，与客户之间建立长期的良好的合作关系。

5. 注重人才的培养

由于科学技术的突飞猛进，我国社会和经济发生了翻天覆地的变化，组织的经营管理人员工作必须不断进行改进，以适应整个市场和社会的发展要求，否则就会被市场淘汰。银行的发展也会受到社会进步和经济发展的刺激，也要不断进步。为了抢占金融市场，银行要不断创新产品和服务。尽管目前的社会环境发生了巨大的变化，但是推动组织进步的关键因素——人力资源却没有进步，这势必会造成组织在今后的竞争中逐渐失去优势。现今金融市场的发展给商业银行的发展提供了便利条件，商业银行也通过积极推出产品和服务提升发展空间，但是由于其受到开放式市场竞争的影响，其传统业务和优势地位正面临严峻的考验。在这种情况下，为扭转发展劣势，社区银行就要及时转变观念、调整发展思路，并在指导方针、组织结构、管理模式、经营思想等方面进行改进，发挥其传统优势，多措并举以适应新的环境与要求。而实施以上所有措施的关键就是要发挥银行管理者和员工的作用，这就要求社区银行要根据金融发展要求，完善人力管理制度，通过开展培训不断提高员工的技术能力和职业素质，并积极推行人才激励措施和奖惩措施，激励员工开拓进取，打造一支有活力、技术实力强、战斗力强的高素质人才队伍。

6. 实施品牌战略

在我国工商界，企业越来越意识到品牌对其自身发展的重要意义，逐渐开始重视品牌战略。商业银行在对社区金融的开发上也要提高品牌意识，实施品牌战略。银行通过建立良好的品牌，能让产品渗透到社区居民生活的每一个方面，让银行成为社区居民生活中的一个重要的帮手和理财专家。社区居民有不同的特征，其生活习惯、收入水平、家庭状况、爱好等各不相同，对金融的需求也不尽相同，而且居民的需求也会随着社会的变化而变化。银行在进行品牌定位时，要认真分析社区居民的需求变化，在此基础上实施品牌战略，并利用品牌优势逐步占领社区金融市场。

在品牌的创建上，主要从以下几个方面实施。一是要通过推行优质的服务吸引客户，树立品牌；二是要坚持推行高质量服务。中国农业银行广东顺德支行在碧桂圆分理处发行的碧桂圆业主卡就是一个很好的实例，为让客户享受高质量的服务，银行为该卡设置有社区会员、物业管理、银行卡等多重功能，让客户通过一张卡就能享受多方位的服务。三是实行科技创新。通过引进新科技、新技术，对客户信息进行收集、整理，形成客户信息库，并利用科技手段评估客户的创利能力，并针对客户的特征为客户定制金融产品和服务，不断创新品牌，同时还要通过引进科技手段为客户开发金融产品，例如为客户发行具备转账、消费、信贷等功能的社区卡等。

总而言之，发展社区银行，不但可以推动社区经济发展，促进社区居民形成良好的消费和理财意识，还可以推动中小企业的发展，促进我国经济发展，完善我国金融体系建设。由于我国的特殊国情和金融环境，对于社区中小企业和居民来说，社区银行在促进他们的发展方面比国有商业银行具有更大的优势。随着经济的不断发展，社区银行一定会成为国有商业银行转变经营模式、提高市场竞争力的最有力的武器之一，更是国有商业银行打开社区大门的一把金钥匙。

二、社区金融发展的策略建议

（一）社区金融环境改善策略

由前文可知，各个具有不同专长的金融机构能否成为社区金融服务的提供者，取决于社区金融的不同类型需求，而社区金融的需求类型却又取决于一个国家的经济发展水平。本章便是结合前文对各类金融机构经营的优劣势分析，通过相应的引导、鼓励、扶持及限制等政策措施的设计，来为各个社区金融机构的行为调节提供借鉴，提出改善外部基础环境、优化内部市场营销、产品业务创新及人才培养等策略建议，以充分发挥金融机构的优势、规避其劣势，实现社区金融的健康有序发展。

环境改善策略主要是指通过大力推进公共服务体系建设，以改善社区金融的外部发展环境，积极支持其健康发展。

1. 实施和完善农业保险制度

在我国广大农村地区，当前对自然环境的依赖依然十分强烈，各种突发的不利因素，对种植业或养殖业等都有着十分大的不利影响，通常都会对农民当年的收入造成极大的破坏性。在缺乏农业保险或是不成熟的保险状况下，扩大涉农贷款的发放，其实质是将大部分农业生产风险转嫁给金融机构。也正因为农业生产过程中面临着巨大的风险和不确定性，为农民提供涉农贷款服务的各类金融机构也就不得不采取最为保守的措施，这就导致了农民和农业贷款的困境。由国外的涉农金融发展经验来看，发达国家的农业保险赔付率一般为120%～150%，有些甚至高达200%，这说明农业保险的赔付率确实比较高。但作为一个关注民生的基础产业，投入必要的安全成本是必要的，也被证明是可行的。只有实行农业保险，才能降低农业生产风险，确保农民收入的稳定性，提高农民的还款意愿和能力，大大提升其保障能力，从而打破涉农贷款风险，解决农业贷款融资难的问题。

2. 建立和优化信用管理体系

虽然信用体系的建立和完善是一个巨大的工程，工作量大、要求高、耗时费力，但是由于在村镇、县城和城市的各个不同区域中，信用都能作为一种降低交易成本的有效方式来发挥其不容忽视的重要作用，因而为了促进和保持经济的健康长远发展、不断提高人民的生活水平，信用管理体系的有效建立是必须进行的。①通过公开宣传、公众教育和舆论监督等手段的充分利用，来营造公平诚信的文化氛围，树立“守信光荣、失信可耻”的文化风尚，以提高公众的信用意识。②建立一个有效的公示制度对失信行为进行公开警戒，将社区中金融机构、企业团体及个人的失信行为，通过公告、互联网及报纸等媒体渠道进行公示，在加快纠正公众失信行为、督促其守信行为的同时，不断强化其诚实守信的观念。③扩大信用报告的采样范围。目前的信用报告活动主要是指与银行发生各种信贷关系的企业和个人客户，其他类型的债权债务关系则未能纳入征信的取样范围，这使得有较大一部分未与银行发生借贷关系的公众群体，对其个人信用状况及其重要性认识不足，甚至当其在与银行发生借贷关系后，仍然未认识到未按协议约定还款的严重性。④将失信行为的惩处用法律形式来进行正规化。通过立法及法律执行，对失信行为进行法制管理，加强处罚力度，对违约企业和个体制定处罚手段，如罚款、财产限制、从业限制、消费限制、融资限制等，通过这些不同力度的处罚措施来提高公众的违约成本。当前，一些中小企业和农民在银行贷款后出现违约行为，其中最主要的一个原因就是其违约成本很低。由于法律上还缺乏对失信行为进行处罚的相关依据，没有对失信行为进行严格的处罚和惩戒，因而许多人钻了法律的空子。

鉴于我国目前较为混乱的社区金融信用状况，法律规范的制定和严格执行在上述四个方面中，是当前最为迫切需要解决的。市场经济首先是建立在法制经济基础之上的，国外社区金融的发展历程证明，只有在制度层面做好准备工作，以法律条款作为金融业务交易行为顺利进行的基本保障形式是世界各国经济发展过程中的必然选择，只有通过立法和执法来使违约失信行为的成本大大增加，对违约意识和行为进行公正的处罚和纠正，才能对可能发生的潜在违约失信行为产生有效的震慑作用。

除了以上四个方面以外，还要注意社区金融整体信用环境的创造。以整个社区为依托，以信用表现良好的企业、居民个体等为基础来改善区域的金融生态，打造信用社区；要注意领导团队的建设与加强，组织机构的设置与协调，部门职责的明确与落实及各项细则制度的制定与实施。首先，政府各职能部门内部要注意树立起大局意识和诚信意识，真正担负起打造良好金融生态环境的领导责任，通过各种信用担保机构和区域信用再担保机构的设置与组建、会计事务所和社区资信认证等中介服务机构的规范和健全来为社区金融的环境改善提供组织保障，同时通过合理制定各种优惠政策，并积极落实，提高办事效率，从而充分发挥其为金融部门业务开展保驾护航的职能。

3. 制定和实施运营监管制度

要制定严格有效的运营效率监管体系，加强对社区金融的宏观管理和风险监控。集合人民银行和金融管理等部门成立相应的监管机构，对社区金融的规模结构、资金来源、区域分布、市场利率、流动性状况、信用等级，风险状况等进行重点监控，分析这些要素可能对宏观经济的调控作用和对微观经济产生的影响，并据此来进行各种宏观调控措施的制定和微观管理方案的执行。要有效改善社区金融的发展环境，促进其快速健康进步，除了要为各类社区金融机构提供必要的基础环境和有力的扶持政策外，有效的监管制度同样是必不可少的。从国外社区金融发展经验来看，要合理促进其发展，必须保证来源于社区的资金首先满足本社区的业务需要，这就意味着在享受社区财税优惠政策的同时，社区金融机构须保证按照一定比例将社区资金用于满足社区自身的融资需求。作为资本聚集地，资本与生俱来的逐利性使得金融机构在本质上同样具有很强的逐利性，倘若在社区金融的发展过程中，监管体系不够完善，对社区金融业务运营绩效和社区资本运作效率的监控不力，则容易导致风险产生，出现在享受社区内各项优惠政策的同时，某些社区金融机构却将社区资本转移到社区外赚取更高资本回报的现象。之前讨论过的城市对县城和村镇等社区资金的“虹吸效应”现象，也同样是由于缺乏对社区金融机构资金运用效率的有力监管。

4. 放宽社区小额贷款的利率管制

通过前文的分析，我们可以看出，一般的金融机构不愿意将业务扩展到县城及村镇等社区为其提供融资贷款等服务，主要原因是贷款利率相对较低，不能很好地平衡相对较大的贷款风险。这个问题的解决需要从两个方面来努力，首先是要努力减少金融机构可能面临的风险，并降低其发生概率；其次是要合理地提高社区贷款利率。总之，通过这两个方面的改善来做到风险和收益的合理匹配。

我国当前对银行贷款利率的调控和管制则主要是针对金融业务活动的各种大幅波动，以确保国有商业银行的生存与发展，而放松融资业务的贷款利率管制。对于社区小额贷款来说，其金融安全并没有受到多大影响，相反对于金融机构及整个银行业来说还是利大于弊的。这主要是因为，一方面由于城市和农村社区的小额贷款多为涉农贷款，或用于居民个人临时资金周转，具有单笔金额较小、贷款主体较为分散等特点，恶意进行资金汇聚，扰乱金融秩序，危害国家金融安全的现象非常少；另一方面当人为地将贷款利率降低后，金融机构作为资金提供者，将被动强制性地不再向特定市场提供金融产品，这实际上为贷款申请人造成了获得贷款的难度。而利率管制对于金融机构而言本来是一项有利的降低风险的自我保护措施，倘若设置不合理，却会在实际上造成损失，使其在向存款人支付利息代价的同时，却无法向目标客户发放贷款，不能获得相应的贷款收益。由此可见，适当放宽小额贷款利率管制对于解决社区贷款困难，特别是涉农贷款难的问题，继而促进社区金融发展是非常必要的。

5. 形成有效的激励补偿机制

金融机构在社区开展的业务中，有一些是属于政策服务性质的，政府及相关部门应考虑建立相关的政策机制对此进行必要的激励和补偿，比如，探索中央和地方政策性补偿基金的建立，运用再贷款、利率等金融工具，协调和引导社区金融机构的资源配置，鼓励社会加大对社区金融的投入，向在社区承担政策性金融业务的机构提供各类支持，如对于社区金融机构中为小企业、初创企业、下岗失业或条件困难的家庭人员的贷款业务达到一定比例的，应考虑进行营业税的适当减免或降低等。

除此之外，还要注意社区就业服务工作的积极推进。首先，要将政府各部门在城市基层社区的办事机构进行合理整合，改进其办事方式，提高其公共服务效率和水平，积极推进“一站式”服务模式，为社区及居民提供社会化的公共服务；其次，通过加强城镇、区域、街道等社区劳动保障平台的建设及社区自主创业培训与小额担保贷款联动机制的完善，为无业、待业及下岗失业人员创造良好的自谋职业和自主创业环境及条件；最后，通过加大金融知识的宣传培训力度来提高社区公众的金融意识。加强对中小企业管理人员的培训，促进其自身财务管理制度的不断完善和健全，以营造企业信用氛围，提高企业的“信用形象”；加大对社区居民的金融宣传，使公众形成基本的金融意识。

6. 建立存款保险制度

美国社区银行发展取得成功的一个重要原因就是实施了存款保险制度。美国的存款保险制度专门针对有存款类业务的金融机构，如果金融机构经营出现风险，造成无法向存款人员兑付存款，该基金就会代替金融机构向存款人员兑付存款。存款保险制度降低了人们存款的风险，增强了人们对社区银行发展的信心，为社区银行发展创造了良好的制度环境。中国要建设完善的社区银行，必须引进存款保险制度，增强大家对社区银行的信任，防止个别社区银行因经营不善等因素无法归还客户存款现象的发生，促进金融市场的稳定发展。存款保险制度还能有效降低社区银行的经营风险，促进金融体系的稳定。我国的金融行业长期受到政府的控制，在发展出现问题时，政府都会给予救助措施，这就造成了人们对金融风险的关注度不高。通过建立存款保险制度可以让人们认识到存款的风险，加强人们对银行的监督，进而促进金融市场的稳定。

7. 政府对社区银行的政策扶持

社区银行致力于为中小企业提供金融产品和服务，但是由于社区银行规模小，也属于中小企业范畴，在发展过程中也会遇到很多问题。在解决问题过程中，由于自身规模限制，往往需要寻求政府的支持。以国外对社区银行的支持来分析，在美国和日本，政府主导推动社区银行的创建。美国为促进社区银行的发展，特意颁布了《社区再投资法》，旨在鼓励金融机构在不发达地区开展社区金融服务；日本则从存款保险制度、互助制度、信用保证等方面对社区银行的运营和发展提供支持。在税收方面，很多国家给予社区银行很大的优惠政策，例如日本政府规定免征中小金融机构的营业税、所得税、固定资产税，允许分红进入成本，政府对合作性金融组织发放的贷款给予利率补贴，对其存贷款利率、资本充足率实行优惠政策等；而美国则规定对信用社免征各种税赋、建立信用社存款保险、不交存款准备金、信用社可参照市场利率自主决定存贷款利率。国际上社区银行取得成功的经验表明，社区银行的成功是与国家的扶持密不可分。因此，我国应借鉴国际上发展社区银行的成功经验，在我国社区银行的发展过程中，通过政府的相关政策给予社区银行税收等方面的优惠，也可以在存款准备金率、贷款利率等方面实行优惠政策。政府对社区银行的扶持也要保持适中，在扶持过程中不断规范社区银行的发展，避免社区银行过分依赖政府政策，给国家经济发展带来不利。

（二）社区金融市场营销策略

所谓市场策略，是指重视市场营销和客户关系的管理工作，通过全新的现代商业银行经营理念的树立，培养竞争意识和市场意识，不是闭关自守，而要积极主动地走出行门，融入到社区与服务对象中去，不断发现、挖掘和创造需求，并千方百计地满足这些需求，按照市场化、个性化、专业化等原则，遵循市场经济和金融发展规律来构建多层次、多维度的社区金融服务体系，在稳定现有客户群体的同时，不断发展新的客户群，拓展新的市场空间，寻求新的利润来源。

1. 构建社区金融服务站

具体来说，社区贷款业务办理流程的主要环节如图6－1所示。

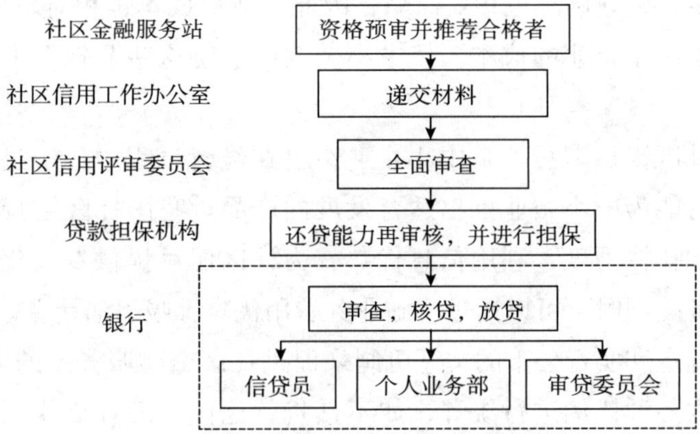

图6－1　社区贷款流程图

由图6－1可知，中介性质的社区金融服务站能够作为社区金融基层组织，担任基层工作业务操作的职责，其负责对借款人的贷款资格进行初步审核，并将符合条件的推荐给社区信用工作办公室，使其在借款人提交材料之前，能够对借款人的各种资格有所了解，服务站是直接与客户进行接触的环节，能够全面收集客户迁移、资产状况及生产经营变化等各种涉及法律纠纷和金融服务需求的相关信息，并及时反映给银行。银行部门可以省去许多调查环节，只需要由信贷员、个人业务部和审贷委员会三个部门对经审查已符合条件的借款人进行必要的审查程序便可放贷，从而在克服信息不全和“信息不对称”所带来的金融服务障碍的同时，大大提高了金融机构的工作效率。

2. 社区银行的市场定位

美国社区银行的设立目的主要是满足社区内中小企业和居民的金融需求，而大型银行则主要针对大型企业提供金融服务。美国社区银行在发展过程中，形成了自身独特的发展模式，即为客户提供个性化的金融服务。美国社区银行由于资金实力较弱、规模小，其金融业务仅限于向客户提供零售业务，例如中小企业贷款、小额农业贷款、低收费的支票、购房按揭、信用卡及借记卡服务等。

由于社区银行的员工基本上都来自社区，他们对本地市场的客户非常了解，不仅能解决社区银行在社区金融业务发展方面遇到的信息不对称问题，还能降低交易成本。另一方面，社区银行规模小，需要的工作人员也较少，营业网点也相对简陋，因此其业务成本也相对较低。同时，这也降低了中小企业的成本，使中小企业可以将这些节省下来的资金投入到生产中。

由于社区银行本身就是中小企业，也在经营过程中经历过困难，因此社区银行能为中小企业推出适合发展的产品。我国社区银行要重视对中小企业的扶持力度，利用信息优势，为社区居民提供专业化、个性化的金融服务。同时，可以通过实施业务费用优惠等吸引消费者。

通过制定和实行公平的奖惩机制来促进社区金融服务站的业务绩效，对该社区内各种比例进行统计，如不良贷款比例、没有贷款拖欠居民户占社区总贷款居民户总数的比例和发放居民户小额信用贷款、联保贷款、个人和企业抵押担保贷款等各种贷款类型户数占全社区常住居民户的比例等，并分别设定一个合理的标准，依据这个标准比例来给予奖励和惩处，从而鼓励和督促各社区服务站为金融业务尽职尽责。

3. 成立专业化社区银行

除了设立服务站外，还应当立足社区现有基础，以中小企业和个人客户为主要服务对象，结合社区金融服务的特点，按照市场化原则来建立和发展提供专业化金融业务服务的中小社区银行。

具体来看，专业化社区银行的发展途径主要有"转型改造"和"新建成立"两种，前者主要是以现有的小银行机构、农村信用社作为改造对象，将社区银行作为其改革的最终方向，同时，对于邮政储蓄机构，在对其邮政网络基础功能和优势进行保留和充分利用的基础上，将其业务对象扩大化和专业化，面向全体普通大众，尤其是城市社区和广大农村地区居民，以金融零售业务和中间业务为主，不断改革和完善其城乡金融服务功能，使其向提供基础性专业服务的社区金融机构转变；后者则是按照股份制要求，在有条件的部分社区，以自然人或企业为发起人，新建在工商部门注册的小额信贷机构或有限责任公司。这些商业性盈利机构不同于其他社区银行，不能吸收公众存款，而主要是以自有资金来从事贷款业务，只贷不存，从而与其他类型的社区银行一起形成多方位竞争的社区金融服务体系。

4. 优化社区营业网点

根据上述分析，社区金融必将成为我国今后银行业竞争的焦点，而营业网点的资源配置效益最大化对整个金融机构来说是十分关键的，因而在进行网点布局和规划时，商业银行更加应当依靠和贴近社区，进行全面优化。首先，充分借助于各个储蓄所的优势，国有商业银行可以通过增加服务内容，将其改造为综合性营业机构，提升服务档次；其次，选择在当地具有较高知名度、社会环境良好、物业管理严格的小区作为试点，对其现有的营业网点进行合理的布局改造和重新组合，通过投资理财、消费贷款及电子银行等社区金融中心的建立，使各分支行具有独立的研发中心来进行市场调查与产品创新研发；同时，社区金融机构下设的社区营业网点负责做好本社区居民、企业、单位的金融业务服务与拓展工作，在传统的柜台人员服务方式基础上增添各类自助服务方式，为客户提供全天候服务，弥补营业时间限制的缺陷。

5. 重视客户关系管理

客户关系管理一直都是各个组织最为关注的营销策略之一。良好的客户关系管理，在有利于保持现有的客户的同时，还能充分吸引新的客户。对于社区金融机构而言，建立客户的个人信用管理制度，注重客户关系管理的强化是十分重要的。首先，必须充分全面地了解各个客户群体的不同偏好和需求，分别为其建立详细的客户档案，同时要坚持采取及时的跟踪服务，以采集最新信息，随时进行动态更新和优化。全面而准确的客户档案能够为金融机构进行科学的市场营销决策，并为客户关系巩固提供有力的技术支持。其次，通过及时与客户进行交流沟通，充分了解和掌握客户的各种信息及资源，有助于不断改善金融产品，改进服务策略，培养和加强客户的忠诚度，从而实现维持、获取及创新客户群体的目的；最后，通过客户信息资料数据库的建立，可以对社区内的客户群体进行统一管理和市场细分，根据客户的经济基础、存款情况、消费信贷需求等，以性别、年龄、职业、教育、收入、生活方式等不同的要素作为市场细分依据，分析其对金融服务不同层次的需求，并有针对性地科学制订出满足各类别客户不同层次金融需求的市场营销方案。

同时，我国在推进社区金融业务的过程中，要选择恰当的营销策略，进行有效组合，形成科学系统的社区金融营销体系，迅速抢占社区金融市场。下面将论述几种策略以供参考。

（1）探索社区的金融需求。银行要充分认识到产品创新源于客户需求。为了开发新的金融产品和服务，银行要主动深入社区，充分了解社区居民的金融需求。银行要与社区居委会建立良好的合作关系，通过社区居委会组织社区居民开展讨论会，也可以在社区内部发放调查问卷。通过这些措施不但能让社区银行及时掌握社区金融市场的发展趋势，还能促进社区银行开发专业化的金融产品。

（2）细分客户群。社区并不是经济、地理的简单分割，而是对文化和价值取向的划分，同一社区内，居民的文化和价值取向有着相似点，他们对金融产品的需求也具有相同或相似的特征。社区银行可以从社区的这一特点，细分社区和客户群，一是按照住户的性质对社区进行区域划分，例如住宅区、行政区、工业区、居民区等；二是尽快建立和完善私人金融业务的管理，可以根据社区居民的职业状况将其划分为白领阶层、工薪族、个体经营者等，并明确何为贵宾客户、何为潜力客户、何为一般客户，通过对客户性质的定位，切实有效地为客户提供差异化的金融服务，促进社区银行金融服务模式建设。

（3）明确目标。在进行社区和客户细分的基础上，要根据不同的社区或客户推出不同的金融产品和服务，以满足客户不同的金融需求。例如对于高收入、高学历人员，他们一般集中在高档住宅区、高档商务区，可以针对这部分客户开展私人金融资产业务。社区银行通过对社区和客户进行分类，并调研他们的金融需求，有利于制定金融产品发展目标，为客户提供专业化的金融产品和服务。社区银行通过实施这一策略，可以有针对性地开展产品创新和产品营销，有利于降低社区银行的营销成本。

（4）产品和形象定位。要通过实施产品定位和企业形象定位，树立良好的企业形象，为消费者提供值得购买的金融产品，并树立良好的企业形象。在产品定位方面，可通过为客户提供专业化、便捷式的金融产品吸引客户参与金融业务，让客户对社区银行形成良好的产品印象，例如可以通过在中高档住宅区、行政事业区等区域设置自助缴费机，方便人们缴纳水电费、通讯费等，吸引客户参与。在企业形象建设方面，可以考虑在实施产品宣传、网点设置等工作时，通过统一企业标识、统一服务方式等给客户以良好的印象。社区银行通过实施定位策略，能吸引更多的客户，促进社区银行发挥自身优势，在激烈的市场竞争中占据领先地位。

6. 产品营销策略

细分市场，加强针对营销。一方面根据不同社区的划分，确定适应该社区销售的金融产品和服务，并根据产品的相关性进行组合，针对我国目前的社区发展的实际状况和客户对金融产品的需求特点，将产品及配套的金融服务方案进行打包营销；另一方面在进行社区营销之前，对社区客户可按幼儿、学生、青年、中年、离退休人员细分为五个层次，并根据各层次居民的消费水平，有针对性地选择信用卡、电子银行、理财产品等进行针对性营销。

7. 促销营销策略

营造声势，加强批量营销。一是实行多渠道促销。根据社区的不同，分别采用广告宣传、人员推销、知识促销、电话营销等方法，宣传营销社区金融产品。在开展促销策略的时候，需要注意的是要将各种促销手段相结合，如利用定期在社区开展各类金融业务知识培训和讲座，通过“现身说法”、“身边案例”等激发居民兴趣，促使其在其他渠道购买我行产品。二是实行竞争定价。另外，在进行产品组合促销的时候，要将主打产品与相关组合产品建立相应优惠折扣，并以推出系列营销活动为契机，通过有针对性地赠送礼品等方式促销产品。

8. 源头刺激策略

专注客户，加强精准营销。一方面实行体验营销。加强对居民信息的搜集和分析，强化营销过程管理，要重视与每一位客户的每一次接触，协调整合售前、售中和售后等各个阶段，各种客户接触点或接触渠道，无缝隙地为客户传递产品信息，努力将产品营销和客户服务变成帮助客户解决实际问题的体验，提高社区居民的满意度和认同度。另一方面加强关系营销，吸引、扩展社区客户。从“注意—兴趣—渴望—行动”等方面深入了解社区居民，促进服务、质量和营销的有机结合，改变原有的单一销售模式，建立与社区居民之间的友好合作关系，并实现稳定发展，从而达到长期吸引客户的目的。

9. 建立分销体系

社区金融服务的主要对象是社区内的中小企业和居民，在营销体系建设方面，要建立以省、市分行（二级分支行）为主体的对公业务营销体系和以支行、办事处为主体的个人银行业务、部分中间业务营销体系，这种分销体系符合金融发展要求，能体现对等营销，并能充分实现资源的优化配置。事实证明，在营业网点开展业务经营工作，会产生效率低、风险大、占用网点资源的问题，会影响到营业网点的业务发展，不利于提高社区金融服务质量。以中国建设银行广东省分行为例，该分行于2001年年底开始实施业务以省市分行为主、个人业务和中间业务以基层营业网点为主的分销体系，通过在营业网点内为客户办理相关手续，推动个人业务和中间业务的发展，取得了良好的效果。

10. 发展营销

社区金融服务的营销一般通过四个方面实施：省分行、市分行、营业网点和一线员工。他们之间的营销重点不同，互不干涉，但都是围绕同一个主体。从营销层次上来分析，不同层次的营销的重点不同。下面分别分析四个层次的营销策略：对于省分行来说，其主要责任为制订统一宣传口号、宣传材料，通过这些措施打造金融服务的品牌，提升自身的品牌影响力；市分行在进行营销时，不仅要向社区做好自身的品牌宣传，还要加强金融服务的特点和优势等方面的宣传；营业网点的营销，要重视对社区内人员的分类，并为客户提供专业的、多样性的产品和服务；营销则是实施营销策略最基础的工作，通过走进社区，与客户开展面对面的宣传和交流，向社区居民推介金融产品和服务，吸引客户参与金融业务。社区金融服务的这种营销方式被称为分层营销，其运作的重点在于网点和员工的营销，因为省分行营销和市分行营销主要是品牌宣传，是阶段性的营销工作，而网点营销和员工营销则是贯穿于金融产品和服务的每一阶段。

在实施营销策略时，要通过打通分销渠道以扩大市场。一是要积极开发新产品，通过为客户提供贴身的金融产品和服务，让客户亲身体验社区金融服务的便利、实惠；二是要注重培养银行中间业务的代理商（如可用建行银证通炒股的证券公司），扩大银行金融业务的营销途径；三是要通过制订完善的营销策略，重点发展个人银行业务和推行中间业务产品，吸引更多的客户参与。

社区金融机构要认识到在打通分销渠道方面，重点在于营业网点和工作人员，因此可以通过在营业网点和员工方面实施一定的改进措施。建议采用以下一些措施：在经济条件较好的城市设支行，可以在中高端客户较多的网点，为客户建立个人理财室，为中高端客户提供专业化、个性化的理财服务；在人员管理方面，要注重培养工作人员工作的主动性与积极性，提高他们的主动营销意识，主动向客户推介金融产品和服务；在有条件的城市分行，积极推行客户经理制，选拔、培训客户经理，为中高端客户提供专业化的个人金融服务。另外，金融机构的分支行要主动帮助营业网点开展营销活动，要主动与营业网点实施联动，及时掌握客户各种信息，细分客户群，实施上门营销策略。

11. 公共关系综合运用

实施社区金融服务的过程，也就是银行与社区的公共关系部门开展合作关系的过程。社区的公共关系部门主要是指政府及相关部门，政府主管部门有省、市、区政府和街道办事处，相关职能部门则是指民政局等。通过两者之间的合作，银行可充分利用政府的政策和权力以及公共关系的运作，吸引社区居民参与金融业务，为社区金融创造良好的发展环境，促进金融产品的销售。

12. 打造专业化社区营销团队

银行要充分认识营销在金融业务发展过程中占据的重要地位，要打造强有力的营销团队。在操作层面，可以通过内部选拔、外部引进、系统培训、规范管理等措施培养优秀的营销人员，打造专业的营销团队。同时，积极开展企业文化建设，通过建立良好的企业文化，规范营销团队的行为，使营销团队的管理规范化、统一化，增强团队竞争力。确保银行在金融市场的竞争中，拥有人力资源方面的优势。

（三）社区金融产品与业务创新策略

产品、服务和业务创新是社区金融持续健康发展的动力和技术保障。要促进社区金融不断发展，必须使社区金融机构所提供的产品服务适应现代社区客户群体的各类金融需求，通过加大金融产品和业务服务的创新力度，开发出功能齐全、科技含量高且方便快捷的新的金融产品，以满足不同客户群体不断变化的需求。在业务操作上，真正从客户的需求出发，通过不断的技术创新，促进电子银行和网上银行的发展，推进金融业务的现代化和科技化，让社区金融切切实实为社区居民的生活服务，同时也为企业单位提供更快捷、方便安全的业务办理途径。在产品开发上，要加大金融产品的创新力度，根据现代居民对金融的需求，引进高科技手段，为社区居民推出功能齐全、方便快捷的创新性金融产品。同时，要通过发挥电子银行、网上银行的作用，大力拓展理财业务，吸引更多的客户参与社区金融业务。可以说，金融创新和业务创新是社区金融得以顺利发展的技术保障。

首先，应当在整个大环境中，积极培养和树立社区金融的基本意识，看清目前社区金融的发展趋势，从而在创新过程中能够有的放矢。目前，我国社区金融呈现出三种变化趋势：由个人需求向结构需求转变，过去社区金融机构面对的大多是单一的个人金融需求，而现在逐渐面临多种经济主体的复杂金融业务需求；由单一资产向多样资产转变，社区金融机构的资产状况逐渐由单一金融资产的持有变为多种金融资产的组合持有；由储蓄业务向综合业务转变，提供的产品服务逐渐由传统的储蓄存款转向技术含量更高的理财服务和投资顾问服务。

在把握了社区金融未来的发展趋势后，还要全面了解社区经济发展过程中所蕴含的大量潜在的金融需求，并努力去发掘和触发这些需求，以拓展金融业务的发展空间。在进行产品品种、业务类型、服务方式和运作模式创新时，各社区金融机构应以社区为中心，结合社区金融本身的特点——定向性、综合性、差异性、创新性、智能性等来对其未来的战略目标、发展方向和实施重点展开研究制订，并依据整体战略规划，来加大创新力度。具体来看，应当从以下几个方面来加大对社区金融产品及业务的创新力度。

第一，充分利用现代科学技术，在发展好传统业务的同时，积极开发和不断拓展新的业务品种及服务方式，如自助银行、电话银行、手机银行、网上银行等，打破传统服务的空间和时间限制，真正使客户充分享受到“足不出户”的即时金融服务，体会现代科技带给金融业的蜕变。

第二，通过各种产品业务的综合，打造新型的特色社区“金融超市”。社区金融机构应加大市场调研力度，面向社区需求来开发更多的社区金融产品，以开拓新的市场，为了实现传统业务与创新业务的良性互动和互补发展，还应当注意同社区居民、经济组织及单位部门（如房地产、物业、水电气暖、保险、电信、公证、担保等）之间建立和谐紧密的合作关系，此外，还应当面向社区，将客户群体进行纵深拓展，向周边地区和人群辐射，并注意对市场进行细分，设计开发出具有特色的个性化专门定制金融产品，体现社区金融的“差别化”服务特点，在满足一般客户金融需求的同时也能满足特殊客户群体，从而实现经营收益最大化。

第三，除了产品及业务方式的创新外，营销观念的转变与营销手段的创新同样是十分必要的。社区金融机构应当探索新型的营销模式，努力扩大对社区金融各种新产品、业务和模式的广告宣传效应，通过公开竞争来争取更多的客户源。此外，针对某些客户群体，可以通过会员制来吸引新客户，同时也为其提供更为优先、优惠和优质的服务，从而使客户关系更为稳定长久。

另外，需要注意的是社区金融不是某一个具体的产品，而是一个品牌，是银行经营观念和服务方式的转变。要挖掘社区金融市场潜力，就必须打造社区金融服务“四化”。

一是转变观念，打造品牌化服务。推进社区金融服务，必须首先在经营理念、经营方式、运作模式等方面转变观念。首先要由单一产品营销向产品组合营销转变，其次要由产品管理向客户关系管理转变，再次要由单一服务向延伸服务、增值服务、综合服务转变，从而打造社区金融服务“金招牌”。那么应该如何创建优质的品牌呢？一方面必须打持久的高质量服务牌，通过优质、高效的服务主动把业务渗透到社区当中，让社区居民欣然接受银行产品和服务，提高社区居民对产品和服务的满意度与认同度；另一方面要以富有人情味的服务方式树立口碑。社区内的居民范围相对较小，又相对比较固定，营销人员要与客户非常熟悉，对居民家庭、工作、生活、身体健康等状况了如指掌。另外，还可以通过和社区共同建设俱乐部等形式，丰富社区居民生活，拉近与客户的关系。

二是拓宽渠道，打造便利化服务。结合现有的营销体系，建立适于社区金融服务的营销模式，综合考虑社区的实际情况和自助设备的布局，在提升现有网点服务水平的同时，适度考虑增加社区服务机构建设，延伸金融服务触角，填补社区金融服务方面的空白。比如对于人流较为集中的商业社区，建立“金融超市”，实行开放式经营，提供存取款、信用卡、网上银行、理财咨询、各种消费贷款、各种代理收费、基金销售等“一揽子”服务。对于大型社区，可以建设一个“社区理财工作室”，以理财产品营销为核心，以自助银行为依托，重点营销理财产品、基金、结算产品等。而针对那些成熟的社区，可以实行网点挂钩制，建立营销信息库，定期组织开展“进社区”、“理财大讲堂”等活动，及时跟进营销，并且要经常与社区里的客户保持联系，拉近与客户的关系。

三是加强创新，打造个性化服务。社区金融具有个性化、多元化、综合化的特点，要挖掘社区金融市场潜力必须以多样化的产品满足社区客户的多种金融需求。首先通过推出与居民生活息息相关的代收费业务，大力发展代理基金等代理业务，开发适合社区居民的理财类业务，进行金融服务产品组合，满足社区居民日常金融需求；其次是针对社区特点开发各种尽可能便捷的科技金融产品，如开发社区消费的 POS 业务，支持社区生活的各种自助交易、自助转账、消费信贷以及网上交易的“一卡通”、“社区卡”等；第三是引入客户管理系统，通过建立社区客户资料库、分析客户需求，评估客户的创利能力，针对社区居民的特点不断创新产品。

四是信息支撑，打造科技化服务。社区金融服务要办出“居家银行”的特色，要充分发挥网络科技优势，加快信息化建设，将金融业务与家庭生活通过网上银行、电话银行等紧密连接；一方面在现有应用系统的基础上，进一步完善“网上银行”、“手机银行”服务功能，使居民足不出户便可办理日常金融业务；另一方面要依托电子化平台，开发创新金融产品，为客户提供多样化、个性化的金融产品和服务。

随着经济的不断进步，城市客户对金融产品的需求更加多样化，银行个人客户关注的不仅仅是简单的存取款服务，更多的是选购银行资产类产品和中间业务类产品。客户对银行的理财服务也更加关注。在目前分业经营的情况下，为满足客户多样化的金融需求，可以对现有的产品进行重新组合，形成新的产品或服务，以满足客户的需要。社区金融服务，简单概括起来就是：依据客户对金融产品的不同需求，对各种产品和服务进行分类和整合，为客户量身打造专业化、个性化、能满足客户多元化金融需求的产品包，也就是对客户群进行分析，根据不同客户的需求，进行产品组合，形成能满足客户需要的新产品或新服务，再推销到客户手中。例如，中国建设银行广东省分行就采用了这种模式，通过对社区进行分类，设计了以结算类产品为主体的产品，并提供给高校社区、政府社区、住宅社区等，还开发了以电子货币为主体的产品包，以及以理财类产品为主体的产品包，这些金融产品一经推出就吸引了大量的客户，受到了客户的广泛关注。

要注重服务方式的创新，重视买方市场对金融产品的需求。客户在选择银行的金融服务时，不仅关注产品所具有的功能，还看重服务方式是否便捷。社区金融服务的发展，正是建立在为客户提供专业化的服务上，社区银行会认真分析基本客户群，为不同的客户群提供针对性的服务方式，例如在商业社区的金融服务，商业社区里的个体户较多，营业摊点经营时间不定，很多会经营到很晚，针对这类人员，可以适当开发全天候服务的自助银行，通过配置自助金库、补登存折机、ATM 机等自助设备，满足客户不同时段的需求。在高校社区，社区居民一般知识面广、素养较高，可以为这类客户开发网上银行、电话银行、ATM 机等服务，让这类人员及时享受便捷的高科技服务，满足金融需求。

发挥 ATM 机的作用。国内大多数消费者对 ATM 机的认识，仅仅停留在存取款的自助服务上，人们很难想象未来的 ATM 机服务不仅能吐出钞票，还能吐出电影票或者球票等各种各样的产品。事实上，在国外很多地方，ATM 机已经不仅仅是自助存取钞票的工具，其所提供的很多自助服务正在改变着人们的生活。ATM 机所具有的多功能特性为金融机构提供了思路，金融机构通过 ATM 机为客户定制专业化的金融服务，满足了客户的需求，也吸引了大量的客户，为社区金融机构占有市场赢得了先机。以美国著名的自助服务产品供应商和服务商迪堡公司为例，迪堡在产品设计中，充分考虑到未来的业务扩展需求，产品设计突破了原有的 ATM 取款机功能。迪堡公司开发的凭条打印机能够打印高清晰的图像，这种突破性设计为 ATM 机的功能扩展打下了基础。在新产品特性设计方面，为 ATM 机提供了五钞箱增强型提款功能，在以往的设计中，钞箱的最大数目是四个，而新的设计中，在保留四个钞箱的基础上，增加了第五个钞箱，第五个钞箱可以出售邮票、优惠券、入场券等，这种设计增加了 ATM 的容量和功能，降低了管理成本，可以在使用 ATM 机时，直接在设备上完成一些自助服务。多功能 ATM 机的开发方便了人们的生活，也给银行带来了更大的收益。ATM 机采用条形码扫描仪和整叠现金存款模块硬件特性，使 ATM 机成为零售交付渠道功能最强劲的工具。金融自助服务随着科技的进步而不断改变着我们的生活，随着先进的多功能

ATM机进入中国市场，中国的金融自助消费模式将会发生翻天覆地的变化，消费者也会产生一种全新的体验，进而在一定程度上改变原有的生活方式。随着ATM产品功能的增加，服务范围从银行走入社区，并得到广泛普及时，广大消费者就可以亲眼见证由ATM机带给大家的自助消费革命了。

上海市的社区金融学校取得了巨大成功。继今年5月上海开通50所社区金融学校之后，越来越多的金融机构看好金融行业的发展，纷纷创办金融学校并把学校开到了街道、社区，仅仅3个月时间，上海的社区金融学校激增至122所，招生也非常火爆。

上海有5.28万亿的社会总资产，其中有3.46万亿是以金融资产形态存在的。普通老百姓由于缺乏金融知识，无法参与理财业务，因此，老百姓迫切需要掌握理财知识。这种需求也促进了金融在社区的发展，社区金融学校也在此基础上得以发展和壮大。

以上海第一所社区金融学校——长宁社区金融学校的发展为例：该金融学校由中国工商银行长宁支行创办，学校在课程安排上注重实用化，为市民提供与生活紧密相关的金融理财知识，例如电话银行业务、个人转账业务、存贷款业务、委托代理业务等。同时，还邀请一些银行专业人员和证券、保险机构专业人员参与授课，给广大市民提供良好的师资环境。由于长宁社区金融学校的发展策略到位，在创办不到一年的时间内，学校共吸引了2000人次的市民参与听课。

作为一名学校的老学员，李女士告诉记者，她抱着试试看的态度参加了社区金融学校的第一堂课，在学习到公共事业转账方面知识之后，发现操作流程非常简单，因此，她对学习金融知识产生了兴趣，一有时间就来参加学习。她在给记者讲解相关理财知识时，俨然已成为一个理财专家。

银行为了扩大市场份额，吸引广大消费者参与金融业务，推出了丰富多样的金融产品，但是由于各种原因造成市民并不了解各种金融产品的特性，在办理金融业务时，往往会浪费附加的金融功能。在金融学校开办之后，市民有更多的机会了解金融产品，对金融产品方面的知识了解增多了。例如家住幸福路的张思明，自退休之后每月到柜台领养老金都要排很长时间的队，在学习了金融知识之后，就马上办理了银行卡，开通了自动转账的业务，节省了排队的时间。

社区金融学校的开办深受广大市民欢迎。上海石泉街道社区金融学校继举办第一期“居委会主任班”后，又开办了第二期“公务员班”，吸引了全社区的公务员参加。目前，马上就要开办第三期“社区企业经理班”。社区金融学校的开办为金融机构带来了巨大的收益，例如自从长宁社区金融学校创办以来，中国工商银行长宁支行的业务量迅速提升。截至今年上半年，个人电话银行的开户数达到30157户，上半年的开户数超过去年一年的开户数。

上海市金融工委谢卫明副处长告诉记者，开办社区金融学校，对市民和金融学校来说是一件互惠互利的事情，不仅能满足市民对金融知识的需求，方便市民参加学习，还能给各金融机构创造一个巨大的市场。由于社区居民有着巨大的金融需求，各家金融机构都相当重视，纷纷推出专业的理财课程，并邀请金融专家为社区居民提供讲座。

目前，上海有很多金融专家与各金融机构开展合作，在社区建立工作室，为社区居民提供专业理财服务。例如中国银行邀请了香港著名金融专家乐延；申银万国证券公司邀请了享有盛誉的股评员钱启敏；中国建设银行则邀请了三名理财专家组成乐当家工作室。

保险公司同样积极开拓市场。平安保险公司邀请了上海电视台股评节目主持人左安龙授课；中国人寿保险公司则主动向社区免费开放员工培训中心；中国人保公司等金融机构则推出了辅助业务，为年龄较大的学员开设了健康讲座；华安基金管理公司则发挥人才优势，为培训配备了清一色的博士参与授课。

刚成立不久的黄金交易所也不甘落后，主动申请创办社区金融学校，让市民在家门口就能听到专家讲解黄金交易知识。

交通银行上海分行的发展更加迅速，在积极推出社区金融学校的同时，由其行长亲自运作，率先推出社区银行的概念。例如，在中远两湾城，交通银行设置了很多ATM机、多媒体信息查询机、自动存款机，来方便市民的金融需求，同时还为居民提供资产增值和保值的在线服务。今后，交通银行还要把类似的社区银行推广到30个社区。

社区金融学校的创办，改变了金融机构过去等客上门的习惯，使金融机构主动走进社区，深入到客户当中，这也证明了金融机构的经营理念正在发生改变。我国金融机构的这些变化，体现了其发挥自身主动性，积极利用营业网点和人才优势，主动开发市场、接受市场竞争的积极性，还给社区居民展示了良好的形象，树立了良好的品牌。

社区金融学校的创办，给市民了解金融知识提供了渠道，增强了市民的金融意识，使金融词汇成为市民的口头禅，为我国金融环境的转变奠定了基础。据报道，自社区金融学校创办以来，市民对自己身边开办社区金融学校的时间非常关注，都希望本社区能早日设立社区金融学校，以满足自身对金融知识的需求。由于上海要建成国际性金融中心，社区金融学校的创办，不仅方便了市民生活，还能增强全民金融意识，为国际性金融中心的建设提供发展基础。

（四）社区金融人才培养策略

金融是现代经济的核心，在资源配置中起关键作用，在经济全球化背景下，金融稳定对一国经济健康发展至关重要。2007 年始发于美国的次贷危机迅速演变成为金融海啸，给全球经济造成巨大冲击，时至今日，仍有很多国家还没有从危机的阴霾中走出来，然而美国经济却并没有受到太大的影响，金融体系在经过短暂的调整后仍健康运行。中国已成为全球第二大经济体，但金融体系的发展却远远滞后于经济的发展。2010 年，中国已成为全球第二大资本市场。开放经济条件下，中国金融市场不再是一个孤立的市场，而是融入了全球金融市场中，成为全球金融市场的一个重要组成部分。根据加入 WTO 的承诺，中国已于 2006 年就全面开放了国内金融市场，国外金融机构已陆续落户中国，成为中国金融机构的强大竞争对手，给中国金融稳定带来较大考验。金融错配和低效率除了制约经济的发展，还会加大经济运行的风险，除了顶层设计缺陷，由高校人才培养不到位所造成的金融人才的匮乏也是重要原因。健康高效的金融体系需要高素质的金融人才，高校是人才培养的基地，培养出适合市场需要的金融人才成为高校的重要任务。《国家中长期教育改革和发展规划纲要（2010—2020 年）》中对高等教育提出了全面提高高等教育质量、提高人才培养质量、提升科学研究水平、增加社会服务能力和优化结构办出特色的具体要求。中国高校怎样才能培养高素质的金融人才？中国高校要紧跟时代发展要求，建立以市场为导向的金融人才培养模式，培养高素质的金融人才队伍，为社区发展打造一批优质的客户经理队伍。目前，社区金融服务的科技化、信息化、创新化发展，要求金融人才具有综合性业务能力，因此，社区银行要重视人才的培养与引进，可以通过为员工提供专业的业务培训以提高员工理论知识水平，并增强员工实践方面的能力；还可以通过从外资、合资银行引进高层次人才补充自身的人才队伍，以实现人才层次的提高。

1. 迅猛发展的金融业对金融人才素质的要求

虽然次贷危机给全球经济带来巨大损失，但全球金融市场的发展并没有停滞。根据国际货币基金组织的资料显示，2011 年全球 GDP（国内生产总值）总量为 69.66 万亿美元，而全球金融衍生品的交易总额将近 700 万亿美元，中国也于 2010 年 4 月 16 日正式推出股指期货。快速发展的金融市场亟需大量金融人才，而在全球化背景下，金融业对金融人才提出了较高的要求，需要金融从业者具备较高的素质。

（1）扎实的理论基础。新金融产品的不断推出是金融市场快速发展的主要动力，而金融产品的创新需要扎实的理论基础。20 世纪 60 年代以来，随着全球经济的快速发展，金融理论也获得较快发展，现代金融理论体系的建立成为支撑全球金融市场快速发展的基础。如布莱克和斯科尔斯于 1973 年提出了著名的 B－S 期权定价模型，芝加哥交易所迅速将该模型应用于该期权交易所，时至今日，该模型及它的一些变形已被全球大多数金融机构广泛应用。金融基础理论是金融业发展的基础，这就要求金融从业人员必须全面了解金融法规、金融机构运作流程、金融产品的设计方法及金融风险管理的技术手段等基础理论知识。

（2）较强的学习能力。大学专业教育主要是让学生掌握金融学的基础理论，而在工作中所接触到的更多的是新的理论知识，这些知识是无法通过大学阶段的学习而获取的。虽然大多数的金融机构会定期或不定期给员工提供理论学习的机会，但毕竟时间非常有限，更多理论知识需要金融从业人员利用工作之余获取，而现代发达的网络为其提供了方便。只有具备了较强的学习能力，才能够利用有限的时间获取尽可能多的知识，提高学习的效率。

（3）强烈的创新意识。自20世纪90年代以来，新的金融衍生产品层出不穷，成为众多金融机构获得市场竞争优势的主要手段，尤其是欧美发达国家金融衍生品的交易规模迅速扩大，超过了实体经济，使金融市场成为这些国家主要经济增长点。2012年7月，中央提出2020年中国要建设成为创新型国家，因为创新是一个国家持续发展的核心推动力，金融创新也是金融业获得竞争优势的根本所在。最近几年，中国金融市场不断推出新的金融产品，但这些金融产品多是借鉴或模仿国外已有产品，如股指期货，随着国际化程度的不断提高，国内金融机构不但要守住国内市场，还要"走出去"，在国内外两块阵地上和国外金融机构同台竞技，因此，不断推出新的金融产品将是赢得将来市场份额的必由之路。

（4）敏锐的洞察能力。一个经济体是一个非常复杂的系统，而金融又是经济体的核心。金融稳定受到诸多因素的影响。在开放的经济条件下，金融机构所面临的内外部环境更加复杂。为了应对复杂的市场环境，金融从业人员必须具备战略眼光和敏锐的洞察力，利用自己所掌握的法律、财务和金融等领域的知识，正确判断国际、国内政治、经济形势，准确评估金融市场和自己所从事行业的金融风险，确保收益的最大化和损失的最小化。

（5）坚韧不拔的意志. 由于金融是资源配置的核心，所以金融系统必须是高效的，金融从业人员不得不面临着高强度的工作。作为重要金融业务之一的投资银行业务，短则一年，长则三五年，从业人员首先要具有丰富的经验和敏锐的判断力来选择好的项目，还要付出艰辛的努力去和同业竞争，以便获取项目，项目签订协议后需要经历漫长而烦琐的上市业务辅导，最后还要经过层层报批争取辅导企业上市。这个过程除了要具备良好的业务素质，还要具有坚韧不拔的意志。开放式基金的投资人可以随时要求基金公司赎回股份，回报率成为基金正常运营的唯一指标。面对瞬息万变的金融市场，如何甄选和配置绩优证券以保证较高的回报率，同时降低风险，使基金经理每天都面临着巨大的压力，坚韧不拔的意志显得尤为重要。

2. 当前金融人才培养模式存在的问题及原因

（1）教育理念不先进，培养目标模糊。金融学是一门应用科学，实践性非常强，除了极少数研究型人才搞基础性研究，绝大多数金融人才都是为机构服务，因此，正确的教育理念和培养目标显得非常重要。从目前看，高校在金融人才培养中的教育理念存在较大问题，主要表现在研究型人才和应用型人才培养的差异性非常小、培养计划严重脱离市场需求等方面。专科生和本科生作为应用型专业人才，国内高校开的课程过多，注重了宽口径，但专业技能训练不够；研究生培养方面，基础过程开设过多，对创新能力和科研能力的培养不够。这是高层次人才匮乏的重要原因。

（2）课程设置不系统，部分内容陈旧。科学系统的课程体系设置是学生高效学习的关键，面向市场设计课程内容是毕业生快速实现角色转换、适应工作岗位并创造效益的重要保证。目前，除了极少数知名的高校外，多数高校的课程体系差异很小，高校内部课程体系设置普通缺乏系统性，课程内容与市场脱节的现象比较严重。以本科教学为例，西方经济学、金融学、货币银行学、国际金融、金融市场学、现代投融资、财务管理学、统计学、计量经济学、金融风险管理等学科都是金融学专业必修的课程，但不事先规划而同时开设这些课程必然会导致课程设置的不合理，因为各个课程自成体系，课程之间重复和交叉的内容较多。若专业负责人不根据课程之间的联系科学地设置授课时间和授课量，必然会使部分内容衔接不住，部分内容又重复，降低学生听课的效率。课程内容方面，多数教材都是根据前几年，甚至十多年前的文献资料编写的，与当前市场脱节，导致毕业生知识体系陈旧，无法快速完成角色转换。

（3）教学方式不灵活，方法手段传统。灵活的教学方式可以提升课堂教学效果，帮助学生理解和消化知识点，启发学生的创造力。教师可以采用多种教学手段保证教学效果。我国自 2000 年以来大规模扩招，绝大多数高校师资力量不够，导致大班授课成为主流，然而大班授课必然会使教师沿用传统的“一言堂”的教学方式，教学效果非常差。由于我国金融行业的快速发展，社会金融人才需求旺盛，许多高校在师资力量不足的情况下纷纷开设金融专业，然而教师自身素质难以保证，教学多是照本宣科，教学质量自然无法保证。

（4）考核体系不科学，考核内容单一。课程考核是检验教学效果、学生掌握知识牢固程度的重要手段。在金融学专业课程的考核上，只有极少数的高校进行了大胆改革，采用了灵活的考核方式，而其他高校则普遍存在考核方式单一、缺乏科学的考核制度的问题。传统的考核方式是将考试作为唯一的考核手段，有些学校虽然也采用了平时成绩和考试成绩综合的办法，但平时成绩的依据主要是考勤，失去了平时成绩存在的意义。学而不思则罔，如果学生仅仅为了考试而进行突击，不对所学的内容进行思考，便不会举一反三，扼杀了创新能力。缺乏科学的考核体系，一方面是由于学校管理者为了简化管理，不提倡教师考核方式的创新；另一方面师资力量有限，教师工作量大，也不愿意采用多种考核方式相结合的科学考核体系进行考核。

3. 金融人才培养模式的改革思路

快速发展的金融业和短缺的金融人才是目前我国金融业发展的主要矛盾，虽然多数高校都培养出了数量众多的毕业生，但是普遍素质不高。这不仅浪费了社会资源，也制约了金融业的发展。市场经济体制下，需求就是指挥棒，教育要面向社会，面向市场，只有以市场为导向才能培养出高素质的金融人才。

（1）建立先进教育理念，强调市场导向功能。加入 WTO 以后，中国金融市场发生了深刻变化，尤其是 2006 年全面开放金融市场后，中国金融市场与国际接轨，来自外部的竞争和风险使中国金融人才问题凸显。打破常规，解放思路，建立先进的教育理念是金融人才培养所要解决的首要问题。中国金融业的发展与以美国为代表的西方发达国家存在较大差距，而且发达国家的金融学教育理念也非常先进，有许多值得中国学习的地方。由于中外金融学教育发展阶段存在较大差异，中国并不能照搬这些国家的经验，只能借鉴先进经验并建立适合自己的教育理念。针对当前金融学教育存在的问题，高校在金融学人才培养理念上应与时俱进，具有开放性、国际性和前瞻性，并重视市场导向功能。与时俱进是指应根据金融业发展及金融学教育发展的动态及时更新观念，推进教学模式改革，重构课程系统并更新课程内容；开放性是指开门办学，与社会取得更多联系，让产、学、研三者结合起来，学用相长；国际性是指具有国际视野，将中国金融市场视为国际金融市场的一个组成部分，在国际化大背景下设计金融学人才培养方案；前瞻性是指对金融业及金融学教育发展趋势准确把握，及时调整培养方案，使金融人才适应新环境的需要：以市场为导向是指根据市场对人才的需求制订培养层次、数量和质量，以期能够人尽其才、才尽其用。

（2）合理规划课程体系，提高学生学习效率。课程体系是否科学关系到学生知识体系构建是否合理，以市场为导向合理规划课程体系，可以使学生提高学习效率。金融业需要每个层次的人才，而不同层次人才所需要的知识结构和技能也不同。以银行为例，前台工作人员主要进行日常业务工作，需要更多具体业务操作技能，强调执行能力，本、专科层次的毕业生就能胜任；而后台工作人员主要进行业务战略规划、业务管理和产品设计等工作，需要较强的管理能力和研发创新能力，研究生更为合适。针对不同工作对从业人员的要求设置课程体系和课程具体内容，引导学生有意识地锻炼不同职位所需要的能力，实现学校和用人单位人才供给与需求的无缝对接，提高金融体系的运行效率。具体的课程体系构建需要专业负责人统筹规划，根据课程的难易程度、信息量及课程之间的衔接和联系安排授课时间及课时量，保证课程设置的系统性，提高学习效率。

（3）提高课堂教学质量，激发学生创新意识。以市场为导向设置课堂教学内容，是激发学生学习兴趣和创新意识的关键所在。大学阶段的学生都有自我学习能力，教师所指定的教材学生可以花较短的时间就能自习，若教师完全按教材组织课堂内容就难以吸引学生注意力，保证课堂教学质量。金融是实践性非常强的学科，除了最基础的金融理论，大部分金融理论都源于实践，若教师在授课时能够引入案例，介绍理论的应用范围及价值，并引导学生解析当前经济生活中的现象和事件，最好能够留出时间进行小组讨论或专题分析，必定会调动起学生的学习兴趣和积极性。有条件的高校可以将每门课程至少安排两个教师同时开课，学生自由选择教师，教师的考核与选课学生的多少挂钩，这种倒逼机制也会促使教师精心准备课堂教学内容，提高课堂教学质量。

（4）科学设计考核体系，引导学生自主学习。学生对课程内容的掌握部分在于教师的课堂教学质量，更重要的在于学生的努力。课程考核会督促学生学习，加强学生对课程的理解和掌握。把考试作为唯一的考核手段会促使学生应试学习，不能调动学生学习的积极性和主动性，遏制创新性思考，因此，高校应在金融人才培养考核环节，科学地设计考核体系，加强考核的引导作用，使学生不仅要掌握基础理论，还要学会用理论解决实际问题。金融学考核体系的设计应遵循以市场为导向原则，减少基础理论考试在考核中所占比例，加大理论应用环节所占比重。除了正常的期末考试，教师应设计课堂讨论、课后案例情景分析及金融业务操作方案设计等内容，将前沿理论和当前热点问题融入到考核体系中，促使学生主动学习和思考，提高其解决实际问题的能力。

（5）加大专业实践力度，提高实际操作技能。理论来源于实践，理论指导实践，开放办学，让学生“走出去”，到相关机构去进行专业实习，不仅可以加深学生对专业基础理论的理解，而且可以提高业务技能，实现高校到工作单位的无缝对接。高校应加强与金融机构和政府决策部门的联系与合作，为学生创造实习机会。用人单位也可以利用实习机会发现具有潜力的且可塑性强的金融人才，提前对其进行专业技能培训，以期这些人才留在本单位，实现人才供需双方的双赢。

无论是进行环境改善、市场营销优化，还是产品业务的创新，各种类型的金融人才都是必不可少的，而社区金融业务的综合性、多样性、复杂性对人才提出了更高更新的要求。对于社区金融机构来说，培养具有较强的信息获取、处理及分析研究能力并能够进行金融产品设计开发的创新型人才，建立一支高素质、业务能力强的创新型优质客户经理队伍和营销团队是社区金融成功的保证。金融机构应当通过从外资、合资银行中引进具有较高理论知识和丰富实践经验的人才或外聘优秀的管理人员，同时应注重现有人才的培养，通过邀请专家学者讲学、培训及采用机构内外部交流学习等方式来提高各级机构网点员工的业务水平，加快人才层次的整体提升，并建立和实行客户经理制，成立专门的营销队伍，依据一定的市场细分结果，按客户需求，有差别、有针对性地主动提供上门服务。

（五）社区金融的法律制度建设

美国政府为鼓励社区银行的发展，颁布了很多法律法规，这种完善的法律制度保障了社区银行的发展。例如《社区再投资法》规定，所有经营存贷款金融业务的金融机构必须对其满足这个社区的信贷需求的请求记录在案（下称 CRA 记录），而且要求银行监管机构对各个金融机构的 CRA 记录进行定期评估，并且将评估结果作为审批该机构申请增设存款分支机构、开展新业务甚至金融机构之间并购的一个重要考虑因素。而《小企业法》的主要内容包括：为小企业发展提供各种政策支持、建立完善的信用担保体系，并明确优先向小企业贷款的银行，为小企业的发展提供融资服务。我国政府逐渐认识到社区银行发展社区经济的作用，正在一些地方试点发展社区银行，但是由于国家对社区银行的发展还没有法律制度和相关政策的支持，致使社区银行试点过程中遇到很多困难，也难以得到政府的大力支持，无法实现社区银行为中小企业和居民服务的目的。因此，政府应充分认识到社区银行的发展对社区经济建设的推进作用，加强对社区银行相关理论的研究，研究它的发展路径，通过开展社区银行的设立、经营范围、业务内容、扶持政策等方面的研究，为社区银行的发展制定相关法律法规和政策。同时，要充分认识到发展社区银行可以有效地完善国家的金融体系，促进国家的经济建设。只有将社区银行的发展纳入整个国家的金融体系中，才能有效地促进我国整个金融体系的建设。

社区金融市场制度的完善需要充分考虑到监管的重要性，通过外部监管和内部运作机制共同促进社区金融市场的发展。在社区金融监管方面要加强对监管主体的制衡，保障监管信息的开放性。完善的社区金融监管制度不仅可以有效地促进社区金融发展，还能维护弱势群体的利益。政府应明确金融监管的主体主要为行政机关、银监机构、社区组织、社区居民等，利用强有力的监管措施保障社区金融安全。社区金融的组织特点也为公众参与监督提供了条件。

良好的法制环境能促进金融生态的良性发展，金融法制建设的状况决定着金融生态的发展前景。我国目前的金融法律环境存在着如下一些问题。第一，缺少完善的金融机构，市场退出机制缺失。我国对金融行业的发展一直采取过度保护的措施，政府和金融主管机构往往采取强制手段援助各级金融机构，造成金融机构的风险持续增加。此外，在一部分金融机构退出金融市场时，国家往往通过行政手段来完成，而金融机构的债务则由政府买单，增加了道德风险。对于一般企业的市场退出来说，我国还没有完全按照企业破产法建立完善的管理制度，在破产清算阶段，往往漠视债权人的利益，破产的处理程序也不健全。第二，还缺乏金融信用法律环境。目前，我国金融信用环境的缺乏主要表现在信贷业和征信业方面还没有完善的法律、法规，征信业的发展还没有固定的模式，且发展方向不明确，因此也无法顺利实施监管业务。第三，金融法制力度薄弱。由于社区金融在我国发展比较晚，社区金融的法制还不健全，例如现行的《刑法》中关于挪用资金罪的规定仅适用于金融机构内部工作人员，而对社区金融机构的挪用资金行为并没有明确规定，造成无法处罚私自挪用客户资金的金融机构。第四，金融执法环境由于受到行政干预造成执法不严格。当前，我国金融执法环境不严的主要特点有：执行时间长、程序复杂、成本高昂、地方保护主义和行政干预比较严重。

现阶段，为改善金融生态环境的法律制度和执法环境，我国必须重视金融生态环境的制度建设和执法环境建设，主要通过以下两方面实施。一是完善关于企业破产的法律制度，重新修订《企业破产法》，用市场化的手段促进破产机制的优化。加强破产管理人、债权人会议、破产申请和受理、破产重整以及债务人财产清算等制度的修订和完善，明确债权的优先地位。同时为了降低金融机构破产的成本，降低风险，应完善存款保险机制，对证券投资者加以保护，在法律制度上给予它们强大的支持。二是国家应重视并制定征信业的法律法规，促进征信业的规范化。在征信业立法上，要明确各级机构的责任，主管部门、监管部门等责任分清，规范各级管理人员的岗位分工。在完善征信业务的管理上，要加强对信用采集、存储、加工、披露和使用等方面的管理，做到对业务管理各阶段处于可控状态。三是通过完善《刑法》中对金融欺诈行为的处罚规定，严控金融欺诈行为。对于挪用金融机构客户资产的违法行为要做到零容忍，通过制定严格的法律加大打击力度，做到一查到底，追究相关责任人的刑事责任。还应建立健全相关规范和制度，明确金融欺诈的范围。同时，要重视执法环境对金融欺诈行为的制约作用，通过高效率、严要求的执法加大打击金融欺诈行为的力度。

中国在发展“三农”方面遇到了很多问题，解决这些问题的主要途径是坚持多予、少取、放活三原则，但是还要重视政策对“三农”发展的“促生”作用，通过完善各种制度，提高“三农”自主创新能力，使“三农”拥有内在发展动力。金融发展权理论正是基于对社区弱势群体内生动力的重视，通过强化利益与利益机制，从提高农村社区金融机构和客户收益为出发点，探索完善金融管理的方式，保障弱势群体能获得平等的发展权利，给弱势群体提供运用金融资源的机会。

1. 农村社区金融体制：弱化城乡二元金融结构

金融体制为金融制度的确立和强化提供了必要条件，要完善农村金融体制改革，必须弱化现有的城乡二元结构的金融体制。在我国的经济建设中，城乡经济发展不平衡，造成金融资本向经济较发达、金融业务收益大的城市社区流动，而农村社区相应地失去了获得更多金融资本的机会，造成了金融二元分化的状态。农业银行、邮政储蓄以及农村信用社在推动农村经济发展过程中，不仅没有得到足够的资金支持，还面临制度、经营环境等诸多因素的影响，无法为农村金融发展提供良好的条件。政府为推动农村金融市场的发展，多次对农业银行等农村金融机构进行改制，还通过政策性措施给予相关优惠政策，力图通过体制改革和制度完善提升农村金融服务条件。但是，由于我国农村社区金融的城乡二元结构并没有得到彻底改变，所有的鼓励政策都无法落到实处。城乡二元金融结构是与经济结构相适应的，改变城乡二元金融结构需要稳步推进，通过完善各种制度弱化其影响。在完善管理上，可以通过放宽农村金融市场准入条件，可以加强农村社区内各金融机构的分支机构建设，还可以通过优惠政策鼓励社区公众参与社区金融活动。同时，也要取得国家政策方面的支持，通过国家的利益补偿制度促进金融体制改革。我国应稳步推进金融体制改革，弱化城乡二元结构，实现城乡金融体系的一体化，为城乡社区居民提供平等的金融发展环境。

2. 农村社区金融组织：形式与资本的多元化制度

在完善社区金融相关制度时，要注重与社会现实的一致性，因为只有这样才能使制度适用于社会需要。针对目前我国农村社区金融的现状，在组织制度方面应体现多元化的发展特征。在完善农村社区金融组织制度方面，应根据社区银行、合作社、信用社、小额贷款机构等金融机构的经营特点，明确金融机构的法律地位、经营范围、经营方式、具体权责和市场退出等特征。同时，在农村社区建立金融纠纷解决体制，以避免发生纠纷后无法处理的情况，确保农村社区金融发展有可靠的保障。在完善我国农村社区金融资本组织制度方面，要明确民间资本和外资的合法地位。一方面由于民间资本具有极强的灵活性，能满足我国农村社区小额信贷业务的需求，同时通过吸收民间闲散资金，并把资金流向中小企业和农民等弱势群体，满足它们的金融需求。完善民间资本的管理，能够规范民间资本的运行，是社区金融稳定发展的必然要求。另一方面要规范外资在农村社区金融中的使用。目前，尽管我国社区银行发展还处于起步阶段，但是欧美等国家已经有发展社区银行的成功经验，我国可以通过引进这些地区的外资入股，发展我国的社区银行。这不仅是我国开放金融市场的要求，也是解决我国农村社区金融发展过程中一系列问题的重要措施。为了发挥外资在发展我国社区银行方面的优势，控制发展过程中的不利因素影响，我国应尽早完善相关制度，规范外资在发展社区金融中的行为，建立完善的资本多元化制度。

在完善我国农村地区社区金融的资本多元化方面，要全方位规范社区金融发展，包括资本的运作方式、收益、权责等方面。主要有以下几个方面：首先，应当明确我国传统资本与非传统资本在投资方面具有同等合法地位，在投资农村金融方面不仅能享受民事法律保护，还受到经济法律保护。其次，要规范非传统资本的运作方式。非传统资本的进入，会促进我国金融发展过程中的资本多元化，但是也会出现投资混乱和风险加大的问题。因此要加强对非传统资本的管理，要求非传统资本在开展投资业务之前提供关于自身资产规模、投资比例、投资形式等方面的证明，并实施相关担保业务。再次，要明确多元化的资本在投资过程中的连带责任。农村社区金融的发展可以推动农村经济发展，提升农村社区居民的生活水平，但是社区金融也存在着风险，会给我国农业发展带来安全隐患。因此要明确多元化的资本投资的连带责任，实施收益共享和风险共担制度，杜绝不良资本参与社区经济建设，切实保障农民的利益。

3. 农村社区金融市场：公众监管与互助

我国在促进农村社区金融市场建设方面，一要发挥外部的监管作用，二要重视内部的运作机制改革。根据对美国金融体系的研究，我国在社区金融监管制度方面还有差距，要强化对监管主体的制衡，还要公开监管信息。实施农村社区金融公众监管制度不仅能为农村社区金融发展提供外部保障，还有利于保障弱势群体的利益。因此，应该确立完善的金融监管体系，明确政府机关、银监机构、社区组织、居民在监管体系中的主体地位。通过实施金融监管可以维护社区金融安全，同时，社区金融服务于基层的特点也有利于接受社区居民的监督。在社区内部，各金融机构可以方便快捷地收集社区金融信息，也能快速向社区居民推介金融产品和服务，降低了金融机构的业务成本。同时，社区居民也可以及时掌握金融机构经营状况、资产状况等信息，降低了对社区金融的监管成本。通过对美国社区金融制度的研究表明，良好的社会信用体系和信息公开制度能促进社区金融良好快速的发展。在我国的社区金融发展方面，尽管还没有形成良好的社会信用体系，但是可以通过在一定区域内建立信用体系，促进社区经济发展。根据以上分析，我国在完善社区金融的公众监管制度方面，要促进社区金融机构各种信息的公开。在具体执行上，由工商、税务等与社区金融有行政管理关系的部门配合，向公众公开业务量、业务范围等各种数据。银监会等部门公开社区金融的日常管理和资产流动情况。此外，社区金融机构要主动向社区居民公布企业资产情况、盈利情况等信息，以便让公众及时掌握金融机构的相关运营信息，并对金融机构实施监督。同时，要鼓励社区公众向有关管理部门反馈社区金融运行状况、举报违规事项，协助做好对金融机构的监督。

目前我国农村地区经济发展不平衡，金融供需之间的矛盾非常尖锐。要彻底解决这一矛盾，就要严格按照市场规律，遵守金融资本属性，解决农村弱势群体的个人担保困难的问题，实现社区金融安全。通过建立完善的信用担保体系，可以降低农村信贷业务的风险，满足农民的小额信贷需求。在我国农村地区，农民和农村中小企业由于经济实力差，在贷款担保方面存在着很大的困难，而社区银行由于自身资产规模较小，资本实力也相对较弱，再加上其本身追求利润的商业化性质，也难以降低担保要求。这两者之间的矛盾成为长期影响我国农村金融发展的重要因素。在解决农村金融供需之间的矛盾方面，不但要重视政策的扶持，还要重视建立完善的制度。政府通过为发展社区金融提供优惠的政策，鼓励社区银行开展社区信贷服务。金融主管部门通过制定完善的规章制度，规范社区金融的运行。让我们共同促进社区金融的发展，解决农村社区金融供需之间的矛盾。

随着社会经济的不断发展，人们对信贷的需求更加强烈，为了适应这一需求，解决金融供需之间的矛盾，我国农村地区金融互助担保制度发生了根本性变化，由传统的“一对一”的担保方式转变为“一对多”的担保方式。在实际操作上，是指在农村社区内不定数量的居民或法人根据贷款担保额度，为一项信贷业务的实施向社区金融机构提供担保。这种互助性的担保方式解决了农村社区居民对信贷业务的需求。在实际生活中，由于受到区域经济发展水平和业务数量的限制，互助担保可表现为社区内主体临时性互助担保、成员相对固定的互助担保组织。对于临时性发生的互助担保活动要通过合同形式予以规范，社区金融机构也要对其进行严格审核，常规的互助担保组织可与农村实体经济组织相结合，且内部成员按照比例承担责任。

4. 农村社区金融资源：配置引导与评级补偿

实施对农村社区金融资源的配置引导可以促进社区居民实现金融发展权的目的。我国在实施金融配置引导方面一般通过对对金融业务的补偿来实现，因此要通过建立完善的补偿制度，促进金融业务的发展。我国在农村地区实施了金融评级制度，这一制度的建立为我国合理规划农业补贴，促进农民金融发展权的实现奠定了基础，同时也促进了社区经济发展。

农村社区金融建立的目的就是为了服务基层，满足基层的金融需求，因此社区金融需要具备规模小、经营灵活的特点，社区金融的这一特点相比大型银行来说并不占据优势定位。此外，由于社区金融具有服务于农村社区的特点，因此要为社区中小企业和农民提供贷款，而中小企业和农民受自身经济实力差、资本不雄厚、信贷业务无抵押物等因素的影响，会给社区金融的发展带来风险。通过我国近年来在农业方面的投入可知，我国的中央一号文件连续 7 年强调发展农村金融，同时政府也为农村社区金融发展提供了很大的扶持和补偿。实践证明，对农村社区金融的扶持和补偿，最直接的方式是给予财政补贴，并在税收方面给予优惠。但是由于这种补偿的方式受政策的影响，因此，为建立对农村社区金融持久的扶持，需要政府牵头制定一套完善的扶持政策，促进补偿制度的规范化。根据我国目前农村社区金融的发展状况，借鉴美国社区金融在金融配置和引导等方面取得的成绩，我国在对农村社区金融进行评级时，可以根据其在社区内的服务量来确定，并根据不同的等级给予不同的扶持与补偿政策。在实施评级过程中，要重视促进“三农”发展的金融业务，例如促进农业现代化、促进农民消费信贷等方面的业务，通过建立完善的制度促进金融资源的优化配置。我国农村社区金融还处于起步阶段，政府应加快社区金融发展的步伐，尽早推行金融评级制度，规范对农村社区金融的扶持与补贴，促进农村社区金融实现可持续发展。

尽管目前我国还没有建成完善的社会信用体系，但是可以在一定的区域内实现信息的共享。在社区金融建设方面，要完善社区金融的公众监管制度，保障信息的共享，可以通过制度约束来保证各金融机构实施阶段性的信息共享。在具体实施上，由工商等社区金融的直接行政管理部门参与，在不危害国家安全和不侵犯商业秘密的前提下，向社区居民及时公布社区金融各种经营数据。同时，银监会等金融监管部门做好社区金融的日常管理和资产流动状况方面的信息公开。另外，要重点发挥社区金融机构自身的力量，要求社区金融机构主动向社区居民公开经济运行状况，主动接受公众监督。社区金融如果能及时做到与社区居民的信息共享，就能赢得社区居民的信赖，实现进一步占领农村金融市场的目的。

（六）实现电子科技策略

科技进步对银行业务的提升与扩展有极大的促进作用，因此社区中小型银行在发展过程中要重视对科技的吸收和应用，加强对业务和管理的支持力度。要充分利用信息技术，促进银行经营的网络化，提高金融需求响应能力，提高金融业务数据的收集能力，建立合理的科技管理模式，促进社区金融的电子化水平。

同时，要加快社区金融的电子化步伐，通过实施科技开发，为金融创新提供技术平台。要发挥银行卡的载体功能，对技术和服务进行整合，促进产品研发支持体系的不断完善，为社区金融开拓业务和占有市场提供稳定的支持。还要通过对科技的应用促进社区中小银行实施无机构业务扩张。要利用信息技术，提高业务数据分析能力和经营管理能力，降低运营风险，不断完善社区金融发展，促进金融体系的建设。

（七）实施竞争策略

社区中小银行应明确其市场定位，确立服务目标，实施创新性的竞争策略，可以利用其自身服务于地域、经营机制灵活、服务效率高等优势，并依托地方经济，发挥其自身的资源优势，为地方中小企业、社区居民提供专业化金融服务。在发展过程中要体现其业务经营的特色，规范业务流程，要集中优势资源发展某一领域的金融业务，不断实施金融创新，实施一站式服务，向社区推出独具特色的金融服务，占领地区金融市场；要实施特色产品经营业务，为社区居民推出一种或几种特色产品，实施品牌化发展战略，形成产品优势；要不断提高服务质量，通过为客户提供优质服务来增加金融产品的附加值。在业务办理方面，工作人员要熟悉业务流程，能为客户提供方便快捷的服务，要注重服务方式的灵活性，满足客户的不同需求；同时要不断压缩成本，降低业务费用，通过高质量的服务和低廉的收费吸引大量的客户参与，提高银行的知名度和信誉。在宣传方面，要注重对银行业务和产品的宣传，主动走进社区向居民介绍银行的产品和服务，增强社区居民对银行的认识，增加社区居民的金融知识，塑造良好的银行形象。加强客户关系管理，注重个人信用制度的建立，为了保持已有的客户和吸引新的客户，必须加强客户关系管理，了解客户的需求，建立客户档案，及时跟踪并采集信息，动态优化，为银行进行市场营销和巩固客户关系提供技术支持。通过及时与客户交流与沟通，充分地了解和掌握客户资源，改善服务策略，以实现客户保留、获得、创新的目的。通过客户关系管理，培养客户的忠诚度。

（八）实现区域性发展策略

要通过出台一系列鼓励政策，促进社区内有利于经济发展的中小银行转型为区域性股份制商业银行。发展策略如下：一是政府要支持和帮助中小银行的发展，鼓励中小银行扩大经营规模和发展范围；中小银行也要积极开拓市场，在国有商业银行无法或不愿开展业务的区域或范围建立网点，积极开发市场，建立相对完善的网络构架。二是要加大对地方经济的支持力度，特别是在发展县域经济方面，要深入了解地方中小企业的金融需求，为中小企业发展提供专业化的金融服务。三是要通过科学合理的布局和集约化管理，不断扩大经营规模，增强自身实力，形成区域性金融平台，促进地方经济发展。

（九）实现战略联盟策略

在促进区域经济发展上，要鼓励社区中小银行结成联盟或建立合作机制，这不仅是中小银行自身发展的需要，也是推动区域经济发展的重要措施，有利于降低各金融机构的经营成本，也有利于为客户提供更好的服务。在实施结盟或合作方面，要做到如下几个方面：一是通过自由竞争方式推动社区内部金融机构的联合和重组，实现资源的优化配置和地方金融力量的壮大，促进地方经济发展。二是要加强不同地域的社区中小银行开展战略合作，开展联合经营、业务互通等方面的合作，以提升金融产品和服务，提高自身在金融市场上的竞争能力。三是促进社区中小银行与其他非银行性金融机构、外资银行之间的战略合作，促进自身业务的多元化发展，不断提升自身竞争力。四是鼓励社区内中小银行之间的兼并重组，通过整合业务资源和资产，增强社区银行的竞争力，促进自身的发展壮大。

在发展社区金融方面，还要重视如下几个方面。

第一，要认识到社区金融对经济发展的促进作用。随着我国经济的不断发展，社区金融在我国总体经济发展中居于战略地位，因此，金融机构应该重视对社区居民的服务，树立以民为本的发展战略。不断拓宽金融业务范围，占领社区金融市场，提高金融业务收益，促进社区经济发展。

第二，要完善社区金融服务理念，实施主动营销。金融业也是服务业的一种，在市场经济条件下，企业之间的竞争更加激烈，社区金融机构同样面临着激烈竞争的影响，社区金融机构要想取得发展，就要及时纠正计划经济时代形成的官僚主义作风，实施主动营销的发展策略。社区银行要积极改进营销手段，通过实施多样化的营销方式向社区居民推介金融产品和服务，例如可以通过开展金融讲座、开办社区银行、开发新产品等方式，也可以当面与社区居民分享金融生活理念，实施金融产品的现场教学，还可以为社区居民提供理财指导。在居民购买金融产品之后，要加强售后服务，为客户提供增值服务。

要发挥信息技术优势，促进金融业的发展。随着信息技术的不断进步，网络银行得以在西方发达国家快速发展。以美国网络银行的建设为例：1997 年开通网络银行业务的金融机构达到 400 家，1998 年增加到 1200 家，1999 年则猛增到 7200 家，到 2000 年，有近 40% 的美国家庭通过网络银行办理相关金融业务，网络银行利润在银行业利润总额中的比重已超过 50%。社区金融的发展主要为客户提供个性化的金融服务，网上银行更能发挥这一优势。现代信息技术的应用，为社区金融的发展提供了充足的动力。我们必须引进信息技术，不断优化业务流程，改革企业管理模式，塑造高科技型、更有活力的社区金融企业。

要实施金融深化政策，尽快改革金融体制。关于金融体制改革方面，美国经济学家麦金农（1973）和肖（1973）推出了“金融中介理论”，该理论指出，在促进金融发展方面，发展中国家要积极推行金融深化政策，改革金融体制，发挥金融部门对经济发展的促进作用；要通过逐步减少对金融的管制和行政干预，让金融发展接受市场竞争的考验，促进社会金融体系的建设，加快金融资源的配置。当前我国的金融发展正面临着利率市场化的转变，这是促进我国金融深化的一个重要途径，发展社区金融也是我国推行金融深化的一项重要举措，对我国的金融体系建设具有战略意义。

三、中国金融发展的区域差异与区域金融协调发展研究

近年来，尽管我国经济和金融发展取得了巨大的进步，但是还存在着区域发展不均衡的问题，受到社会各界的关注。由于我国目前的区域金融研究仍处于起步阶段，无法改变区域金融发展不均衡的问题，因此要通过深化区域金融研究，促进区域金融的协调发展。

在评价区域金融差异时，首先要考虑的就是如何度量区域金融的差异，也就是要探索测量区域金融发展水平及其差异的方法，并为测量方法设计测量指标。根据以往我国学者对区域金融发展水平差异的研究，有一种相对简单的测量方法，该方法通过考察各类金融资产、各类金融机构在各区域的分布，或者考察各地区人均金融资产和人均金融机构数量等获取数据，但是由于测量方法简单，只能得到粗略的数据统计，无法反映真实的区域金融发展状况。还有一些学者采用综合性的测量方法，通过设置综合性的指标或指标体系以及编制基于这些指标的指数来测度区域金融发展及其差异。在衡量金融发展的指标设计上，最早的方法有两种，一是美国著名经济学家戈德·史密斯（Gold Smith）提出的金融相关比率 FIR。FIR 表示某一时点上所有未清偿金融工具余额（金融资产总值）与国民财富的比值。二是美国斯坦福大学教授、当代金融发展理论奠基人麦金农提出的“货币化比率”，即货币存量与国民生产总值的比率。由于我国缺乏对各地的货币量进行统计，因此麦金农的“货币化比率”指标无法应用于我国金融领域，大多数文献采用金融相关比率作为衡量我国区域金融发展差异的评价指标。

（一）发展水平差异的动态特征与构成

1. 金融发展区域差异的动态特征

在金融区域发展水平的研究方面，我国有众多的学者参与研究，也获得了不少研究成果。周立和胡鞍钢（2002）对全国和各省份在 1978～1999 年期间的金融相关比率和金融结构比率进行了计算，田霖（2006）对 1978～2003 年东、中、西部的金融相关比率进行了计算，郑长德（2007）则对 1978～2005 年东、中、西部和东北地区的金融相关比率进行了计算。通过他们对我国金融区域发展水平的研究，可以得出我国各地区在改革开放初期的金融发展水平相差不大，而经过改革开放之后，各地区的金融相关比率都呈现出逐步上升的趋势，例如 90 年代中期以后，各地区之间的金融相关比率出现了明显的分化，各地区金融相关比率的高低分别为：东部地区高于西部地区、西部地区高于中部地区。为了进一步了解东、中、西部之间的金融相关比率的差距，田霖又对其研究进行了深入分析。根据他的进一步研究结果得出，这种差距在 1978～

1984 年呈现扩大趋势。严武军（2011）通过对中国区域金融发展水平的度量，总结出中国经济发展的趋势，1992～1999 年，中国经济增长水平增速缓慢下降导致了中国区域金融发展水平差异呈下降趋势。而在 1999 年之前，由于西部大开发、振兴东北老工业基地和中部崛起等区域发展战略还没有提出，四大区域中只有东部地区有国家的政策支持，因此东部地区有更多的优势发展经济，这也进一步扩大了东部地区与其他地区的区域金融发展水平的差异。根据统计分析，中国区域金融发展水平差异完全符合“U”型理论。我国金融区域发展水平差异在 1992～1999 年间呈下降趋势。2000～2002 年间，由于经济增速放缓，国家的政策也没有对区域金融发展水平的差异产生影响，这一阶段我国区域金融发展水平差异也在底部徘徊。2003～2009 年间，中国经济增长水平迅速提高，推动了中国区域金融发展水平差异的扩大。2003 年以后，随着西部大开发、振兴东北老工业基地和中部崛起的战略陆续提出，四大区域都有了国家战略的支持，由此对中国区域金融发展水平差异的扩大起到了抑制作用。但是经济增长水平对中国区域金融发展水平差异的影响要大于政策因素的影响，因此综合考虑，中国区域金融发展水平差异在 2003～2009 年间也呈上升趋势。

上述研究对我国区域金融发展差异的动态特征进行了总结，但是并没有对我国区域金融发展的收敛性进行严格的计量分析和检验。学者们通过计算 1978～2002 年各地区金融相关率的变异系数发现，全国和各地区的金融相关率变异系数在 1989 年之前的几年里有所下降，除西部地区以外，全国各地区的金融相关率变异系数在 1991 年以后都步入了上升阶段。通过进一步对金融相关率分别进行 σ 收敛和 β 收敛分析，分析结果如下：全国各地区都不存在金融发展的 σ 收敛，但是在 1989 年之前存在 β 收敛，之后这种收敛又消失了；根据区域划分来看，中、西部区域内存在收敛，但东部收敛趋势不明显；总的来说，中国区域金融发展还没有出现收敛，但表现出一定的“俱乐部收敛”。另外，研究还发现，1978～2002 年间各地区金融相关率增长率与各地金融发展差距存在显著的正相关关系，金融发展越快，地区间金融发展差距越大。参考孙晓羽、支大林（2013）对我国东部、西部、中部、东北部四大地区的研究结果可知，东部地区由于具有较好的经济发展基础和政策扶持，其金融发展水平呈现出大幅上升的趋势，也造成了东部地区与其他地区的区域金融发展差异不断扩大，但不具有收敛趋势。中部地区受经济发展的影响，其金融发展水平也得到了小幅度的提升，区域金融发展差异呈先上升后下降的变动态势，并在1999～2010年间呈现“俱乐部收敛”趋势。西部地区受西部大开发政策的影响，金融发展水平大幅提升，区域金融发展差异呈先下降后上升的变动态势，并表现出俱乐部收敛趋势。东北地区金融发展水平则出现了下降，区域金融发展差异程度小幅上升，不具有收敛趋势。

2. 金融发展区域差异的构成

田菁（2011）通过对区域金融发展的考察，得出了如下结论：金融发展区域差异明显且主要表现为金融总量的差异，我国的经济发展长期受到区域金融发展差异的影响。近年来，尽管我国实施了西部大开发、振兴东北老工业基地、中部崛起等一系列促进地区经济发展的政策，促进了各地区的经济发展，区域金融发展不平衡的现象也有所改观，但是现阶段各地区的金融发展仍有很大差距。目前，我国东部地区金融发展水平最好，西部次之，中部和东北部金融发展最弱。

孙晓羽、支大林也对我国东部、中部、西部、东北部四个地区的金融发展水平进行了研究，结果显示：受地区经济发展水平和金融政策的影响，东部地区金融发展水平大幅上升，区域金融发展差异不断扩大；中部地区金融发展水平小幅提升，区域金融发展差异呈先上升后下降的变动态势；西部地区金融发展水平大幅提升，区域金融发展差异呈先下降后上升的变动态势；东北地区金融发展水平出现下降，区域金融发展差异程度小幅上升。郑长德等（2007）则计算了全国和东、中、西和东北部各地区的存款、贷款和存贷对人口的泰尔指数，结果发现，我国区域发展差异主要是源于各地区区域内部的省际差异，各区域内的差异要大于区域外的差异，东部地区的差异最大，中部地区的差异最小。正因为如此，学者们认为研究中国区域金融差异时，以省级行政区为基础的研究更能体现出中国区域金融差异的实质。田霖（2006）基于省级数据的一些研究结果似乎也支持了郑长德等人的结论。田霖（2006）对各地区金融发展差异进行了分行业考察，构建了衡量银行业、证券业和保险业发展的指标体系，并运用层次分析法（AHP 法）设定各项指标的权重，进而编制了银行业、证券业和保险业的发展指数，并计算了各省市各项指标得分和总指数。这种分析方法率先打破了我国传统的对全国分为东部、中部和西部（或东部、中部、西部和东北地区）来进行区域金融发展研究的做法，通过对各项指数得分进行综合分析，明确我国各省市的区域金融发展差异。

3. 区域金融发展差异的形成原因

目前，我国金融发展由于受多种因素的影响，地区之间的差异较大，研究区域金融发展差异的原因就成为发展社区金融的一个重要方面。总结目前对金融发展的相关研究可知，造成我国目前区域金融发展差异的原因主要有两个方面：一是外生性的正常因素，特别是国家的政策干预，二是由于各地区的内生性因素。

4. 区域金融发展差异的外生性因素

区域金融发展差异的外生性因素主要有两个方面，一是国家给予东部地区更多的扶持政策，二是统一的货币政策。丁文丽（2005）的研究认为，我国自改革开放以来，在区域发展上，向东部沿海地区实施政策倾斜的措施，通过税收、贸易、投资等多种政策的扶持，重点发展我国东南沿海，推动了这些地区的经济发展，提升了当地人民的生活水平。但是这一政策也加大了我国东、西部经济发展水平的差距。她将这种差异的原因归结为制度不平等。在崔光庆和王景武（2006）对区域金融发展的研究中，他们通过构建区域金融差异函数，分析了制度对区域金融差异造成的影响。他们的研究表明，造成我国区域金融差异的原因主要是国家与金融发展相关的制度等外生性因素。乔家君和李小建（2005）通过对区域金融发展差异的研究，也得出了上述同样的结论。而在王维强（2005）、刘玄和王剑（2006）、张企元（2006）等人的研究中，则认为我国金融区域差异的原因主要是由国家关于金融发展方面的政策造成的，他们认为同一项政策在不同发展水平的地区会出现不同的结果，例如国家实施的扩张性政策，由于东部地区经济条件好，发展基础好，在实施过程中会优先给东部地区带来优惠，进而加剧了区域金融发展的差异。

5. 区域金融发展差异的内生性因素

区域金融发展差异的内生性因素主要包括金融环境和自身发展的动力。从需求导向看，各地区的经济发展水平的差异产生了对金融服务需求的差异，进而造成了金融发展的地区差异。区域经济发展水平对区域金融规模和区域经济结构有决定作用。随着区域经济水平的不断增长，经济主体的金融需求会更加多样化。因此，各地区经济发展水平的不同会造成金融发展的区域差异。市场化进程的地区差异会对各地区的金融差异产生直接的影响，随着改革开放的逐步深入，市场机制在资源配置过程中逐渐起到主导作用，金融资源的配置也受到市场因素的影响。我国东、中部地区的经济较发达，开放程度较高，市场化的程度也高于其他地区，因此其内部的金融资源流动速度加快，进一步促进了东、中部经济的迅速增长。这就导致区域金融水平差异进一步扩大。此外，根据张俊生和曾亚敏（2005）从基于经济地理学的社会资本视角对区域金融发展差异问题的研究，各地区对社会资本的信任程度也是金融发展地区差距的一个重要原因。根据张文（2007）对资金供给的地区差异的研究，发现由于东、西部经济发展不平衡，资金大多流向经济较发达的东部地区，造成东部之外的其他地区缺少发展资金，加剧了区域金融发展的不平衡。同时各商业银行在全国范围内统一调度内部资金也进一步加剧了资金在区域间配置的不均衡。因此，资金的流动也是造成区域金融发展不平衡的重要因素。

6. 两种因素的交互作用

在我国区域金融发展过程中，金融的发展受到内生性因素和外生性因素的共同影响，互为推进。例如通过丁文丽（2005）对区域金融发展差异的因素分析可知，金融体制改革促进了区域经济的发展以及金融区域二元结构的完善，而政府推行的经济政策又进一步强化了金融发展的区域二元结构，二者共同实现了区域金融发展。对于东部地区来说，地方经济发展水平较高，因此能从中央政府获取更多的发展政策，从而强化区域经济和金融的二元结构。参考李敬等（2007）建立的金融发展模型，各省、市、区之间的经济地理条件和国家制度倾斜等方面的差异是形成区域金融发展差异的主要因素，人均受教育程度是区域金融发展差异的第二大因素，商品交易效率和金融交易效率也是金融发展差异的重要原因。上述研究说明，导致金融发展区域差异的外生性的政策因素和内生性因素同时存在，而且两种因素对我国区域金融发展起到交互促进作用。

（二）区域金融协调发展政策

由于各个区域经济发展情况不一致，造成各个区域金融发展存在差异，目前对区域金融发展的看法主要是，我国社区金融发展是一个长期的过程，且在较长时期内这些差距不可能自动缩小。要想缩小这种差距，就需要政府给予一定的政策支持，才能实现区域金融的协调发展。因此，为推动区域金融的协调发展，可以通过以下三个方面予以实施。

（1）继续推行有差别的区域金融政策，加大对中、西部的金融支持。为了促进内地欠发达地区的经济发展，政府应对欠发达地区的金融资源向发达地区流动做出约束。在内地与沿海之间实行差别化政策与内地进一步对外开放、加强同沿海地区的经济联系是不矛盾的。西部大开发、中部崛起、振兴东北老工业基地等一系列政策措施的用意也在于此。政府还要制定相关金融制度，鼓励商业金融机构到中西部设立开发银行和开发基金，支持中西部金融体系的发展。

（2）优化和调整现有的金融结构，建立完善的金融体系。世界经济和金融发展状况对中国产生了巨大的影响和冲击，走数量增长的道路已难以为继，这就要求从金融运行状况出发，对现有的金融结构进行调整和优化，推动金融发展走向市场，逐步建立一个多层次、多元化、功能全面的金融体系。

（3）重新布局产业结构。鉴于中国经济增长的区域特征，东部地区要实现产业结构向技术密集型升级，中、西部地区应抓住历史机遇，承接部分劳动密集型产业的转移，这同样是产业结构升级，同样符合增长方式转变的要求。科学布局产业结构，使金融发展内生于经济增长，在金融和经济之间保持互动的良性循环。

在对区域金融协调发展战略和政策的制定方面，不仅要了解影响金融发展区域差异的主要因素，还要了解区域金融发展及其主要影响因素的空间相关性，以及金融发展及其主要影响因素在邻近地区间扩散的效应和机制。在这种情况下制定的政策才能更具有实际操作性，更能促进区域金融协调发展。但是目前对金融区域协调发展的研究，几乎没有涉及区域金融发展及其主要影响因素的空间相关性和扩散机制，更没有文献运用空间计量模型进行严格的计量分析。所以，区域金融发展的主要影响因素的空间相关性也是未来要研究的重要问题。

参考文献

[1] 彭建刚．中国地方中小金融机构发展研究．北京：中国金融出版社，2010

[2] 盛松成等．我国农村信用社体制改革的回顾与展望．金融研究，2001（10）

[3] 田力等．中国农村金融融量问题研究．金融研究，2004（3）

[4] 何广文．中国农村金融转型与金融机构多元化．中国农村观察，2004（2）

[5] 高帆．我国农村中的需求型金融抑制及其解除．中国农村经济，2002（12）

[6] 马晓河，蓝海涛．当前我国农村金融面临的困境与改革思路．中国金融半刊，2003（11）

[7] 巴曙松．社区银行中国生存．银行家，2002（7）

[8] 唐仁健．重构农村金融体制．中国经济时报，2003（11）

[9] 谢平．中国农村信用合作社体制改革的争论．金融研究，2001（1）

[10] 何德旭．美国社区银行的特色之旅．现代商业银行，2007（1）

[11] 贺瑛．社区银行的各国实践．上海金融，2004（11）

[12] 刘小平．对社区金融的探讨．经济体制改革，2000（4）：116～119

[13] 巴曙松．社区银行能否成为中国银行业放松管制的突破口．现代管理科学，2002（7）：19～21

[14] 徐鑫．关于我国社区银行定义的辨析．上海金融学院学报，2006（1）：25～28

[15] 钱水土，李国文．社区银行及其在我国的发展．金融理论与实践，2006（2）：3～61

[16] 盛锦飞．社区银行——缓解农村金融困境的可行途径．重庆社会科学，2006（12）：21～26

[17] 胡春雷．社区银行：打开社区金融大门的钥匙．中国信用卡，2005（4）：56～58

[18] 孙卫东，陆湘愕．社区金融学校：培养忠诚客户的好课堂．中国城市金融，2001（7）：61～62

[19] 杨世坤．社区金融问题初探．武汉金融，2003（4）：56～57

[20] 钱进．社区金融建设的初步探讨．生产力研究，2006（11）：82～84

[21] 中国人民银行岳阳市中心支行课题组．社区金融：民间融资的理性抉择．武汉金融，2005（6）：20～21、53

[22] 邓瑛．社区金融：打造金融服务新天地．首都经济杂志，2002（10）：35～36

[23] 郑庭锦．商业银行应重视社区金融服务．海南金融，2002（12）：60～61

[24] 人民银行塘沽中心支行课题组．社区金融服务与金融产品创新的研究．华北金融，2003 (9)：34～36
[25] 边智群．商业银行开展社区金融业务问题的若干思考．湖北经济学院学报，2004 (3)：28～32
[26] 巧金俐．美国社区银行业发展的启示．理论与改革，2006 (6)：117～120
[27] 钟伟．美国社区银行可否移植到中国．经济月刊，2003 (8)：58～59
[28] 蒋缨．论中小城市商业银行的社区发展战略．商业时代，2006 (16)：61～62
[29] 张宏．"社区银行"能拯救邮政银行吗．中国企业家，2006 (6)：18
[30] 诸保金，龚凤嫂．澳洲社区银行的发展及对中国的启示．金融纵横，2005 (1)：14～16
[31] 沈翼．城乡社区银行的模式设定及农村信用社的改革路径．统计与决策，2006 (10)：128～129
[32] 刘伟，朱雨顺．从美国社区银行看我国农村信用社的发展．农金纵横，2004 (3)：63～65
[33] 赖正球．美国社区银行发展研究及借鉴．苏州大学，2007
[34] 张成博，陆立新，于邀洋．当议我国社区金融贷款民主评议制度的构建原则．经济研究参考，2006 (81)：19～20
[35] 康卫华．大变革下的当代美国社区银行．国际金融研究，2005 (6)：40～45
[36] 丁保平，李斌．对创建社区金融服务品牌的认识．福建金融，2004 (3)：25
[37] 高宏华，徐焕龙，高万里．对农业银行发展社区金融业务的探讨．农村金融研究，2002 (7)：26～27
[38] 杨世坤，李世炎．对我国社区金融发展战略的思考．经济师，2003 (9)：65
[39] 何广文．构建社区导向型新农村建设金融服务机制．西南金融，2007 (1)：8～10
[40] 贺昭昭．关于金融向社区发展的思考．西安金融，2002 (7)：11～12
[41] 徐鑫．关于我国社区银行定义的辨析．上海金融学院学报，2006 (1)：25～28
[42] 巴曙松．活跃的美国社区金融．银行家，2002 (9)：132～133
[43] 贺瑛．社区银行的各国实践．上海金融，2004 (11)：46～48
[44] 朱小黄．适应社区经济发展大力开展社区金融服务．广东经济，2002 (7)：4～6
[45] 杨莲芬．新型农村社区金融机构的建设．浙江金融，2006 (9)：49、44
[46] 杨少芬，梁雪芳，王勉．我国农村信用社实行社区金融模式改造研究．金融研究，2006 (7)：174～186
[47] 梁贵民．社区金融唱风流．现代商业银行，2003 (12)：22～24
[48] 中国人民银行岳阳市中心支行课题组．岳阳市民间融资状况调查．南方金融，2005 (8)：62～64
[49] 王爱俭．发展我国社区银行的模式选择．金融研究，2005 (11)：130～137
[50] Femando N A. Understanding and dealing with high interest rates on microfinance: a note to Policy makers in the Asia and Pacific region. Philippines: Asia Development Bank, 2006.

[51] Helms B. Reille X. Interest rate ceilings and microfinance: the story 80far. Washington: World Bank, 2004.

[52] Ashion B A. Murdoch J. Microfinance beyond group leading. The Economics of Transition. 2000. 8 (2): 401 ~420.

[53] Bolton, Patrick, David Sharfstein. A Theory of Predation Based on Agency problems in Financial Contracting. American Economic Review (80) . 2006 (7): 56. 7.

[54] Arun & Turner, "Corporate governance of banking institutions in developing economics: the Indian experience" . University of Ulster Working Papers, 2004.

[55] Avery, Robert B. , and Katherine A. Samolyk. 2004. "Bank Consolidation and Small Business Lending: The Role of Community Banks. ", Journal of Financial Services Research 25, issue 2 -3: 291 ~325.

[56] Bassett, William F. , Thomas F. Brady. 2001. "The Economic performance of Small Banks, 1985 -2000. ", Federal Reserve Bulletin (November): 19 ~28.

[57] Berger, A. , 2003. The Economic Effects of Technological progress: Evidence from the Banking Industry, Journal of Money, Credit, and Banking, Vol. 35, No. 2 (Apr.): 141 ~176.

[58] Berger, Allen N. , Gregory F. Udell. 2003. "The Future of Relationship Lending. " In The Future of Banking, edited by Benton E. Gup, 2003 -7. Quorum Books.

[59] Bodice, Z. & Merton, R. C. , 2000, Finance. First Edition, prentice Hall, Inc.

[60] Boot, A. W. A. 2000. "Relationship banking: What do we know?" Journal of Financial Intermediation, 9: 7 ~25.

[61] Clark, Jeffrey A. , 1996, "Economic Cost, Scale Efficiency, and Competitive Viability in Banking. " Journal of Money, Credit, and Banking, 25 (August): 342 ~364.

[62] De young, Robert. 2001. "The Financial performance of pure play Internet Banks," Federal Reserve Bank of Chicago, Economic Perspectives, First Quarter: 60 ~75.

[63] De young, Robert, Hunter, W. C. , andUdall, G. F. 2004. "The past, present, and Probable future for community banks. " Journal of Financial Services Research, 25 (2/3) .

[64] Fama. Eugene. 1980. Banking in a Theory of Finance. Journal of Monetary Eeonomics, 6: 39 ~57.

[65] Fama. Eugene. 1985. What' s Different About Banks? Journal of Monetary Economics, 15: 29 ~40.

后 记

近年来，随着城镇化进程的加快和市场经济的发展，社区经济逐渐成为繁荣我国城乡经济的新经济形态，社区建设得到了快速发展，其规模逐渐扩大，居民人口也大量增加，为金融行业的业务发展开辟了更大的市场空间，在经济社会发展中开始占据举足轻重的地位。社区的完善和成熟有利于金融机构网点布局和结构的优化，对提升金融机构影响力、推动金融产品创新和新品牌的塑造具有积极作用。社会对社区金融服务的要求不断提高，需求也开始增加，并逐渐向多元化、层次化发展。这对我国当前产品服务相对滞后、供给主体尚不明确的社区金融提出了新的挑战。产品服务供给不能满足旺盛的社区金融服务需求的矛盾日益加深，制约了我国社区金融的深化发展。如何做好社区金融服务工作，制订合理的发展模式，促进其健康有序发展，是当前急需解决的重大问题，而此问题的突破有利于为社区经济发展提供稳定可靠的资金支持，对居民生活质量的提高、就业率提升、社会矛盾的化解及和谐社会的建设具有十分深远的意义。

本书按照我国的经济发展水平和行政区域划分标准，结合社区金融的整体发展态势，将其划分为村镇、县城、城市三个层次类型，分析了其现存问题及成因，并对社区金融的发展进行了独立的思考，比较分析了村镇、县城、城市三种社区金融的优势、劣势，并提出各自的发展模式设计及策略选择。

第一，关于社区金融机构的具体治理结构、经营方式、资金管理、监管机制等问题，尚需要做更为深入的实证分析，以全面完善社区金融的理论研究框架。

第二，加大调研力度，针对我国村镇、县城、城市三种类型社区在各个地区所表现出来的共同点和差异性，制订出符合我国当前经济发展水平的社区金融评价标准。

第三，在不同类型社区金融运作模式的适应性探讨中，应将定性与定量方法相结合，并通过数据分析，结合国内外实际案例，对社区金融的发展模式展开更为深入的理论和实践探索，从而使所设计的发展模式和提出的策略意见能够使社区拥有足够全面的产业结构和商品类别，从而实现充分的自循环等。

虽然尚有许多不足，但作为研究社区金融的一本专著，本书有着一定的理论和实践意义。

首先，在理论层面上丰富了我国对社区和社区金融以及社区金融机构等的理论研究，为学者提供了很好的理论素材。特别是针对经济发展水平和行政区划的村镇、县城、城市不同的社区类型，对社区金融的现状、问题及原因进行总结与分析，并对不同的类型有针对性地提出了较为合适的发展模式，填补了社区金融发展研究的空白，为社区金融服务产品及产业的创新、业务模式的完善等都进行了更深入的探讨，为后续研究提供了借鉴。

其次，本书的研究成果对于我国的经济和金融的发展具有一定的实践意义。

一是对我国社区金融进行研究，有利于深化农村和城镇金融改革。金融领域的改革在我国主要体现为对现有金融机构的改革，而社区金融是我国金融发展领域的一项新尝试，通过将社区金融等新型金融组织机构引入到金融市场，能够为我国的金融体系注入新的活力，通过增量的改革来推动整个金融市场和体系的改革深化及发展。作为独立法人的社区金融机构具有产权明晰、股权与治理结构灵活多样、资金来源多元化、进入门槛较低、金融工具创新实用、基层社区居民直接参与等特点，这必然会对其他金融机构产生影响，给其带来新的冲击力，从而促进和推动中国整个金融业的快速发展。

二是公平竞争的导入，有助于新兴金融市场的构建。通过建立和完善社区金融，能将更多的多样化资金和新型社区金融组织导入到金融市场上，为目前的金融市场带来更科学合理的竞争，而市场经济下的优胜劣汰规则促进了金融市场的进一步净化，从而为我国金融产业的健康长远发展提供良好的环境。

三是社区金融的良性发展，有助于缓解金融市场各经济主体的金融需求压力。许多社区金融组织有其特有的服务目的，资金方向也有相应的业务、地域等因素的限制，若其兴起必将大大增加特定地区、公司、项目及业务的资金供给，在一定程度上满足地区经济主体的发展资金需求，从一定角度充分服务于本地经济的健康发展。

四是社区金融的改革，有利于为民间资金提供正规有效的投资渠道。我国传统的金融体制改革促进了正规金融资本的长期良好发展，但却没能为非正规金融资金建立有效的发展途径，使得大量的民间资本流入到高利贷等地下非法金融投资市场中。社区金融机构的建立和完善，使民间资金可以进入社区银行业，从而为其健康有效地发展开拓正规的投资渠道。

社区金融发展到今天，还远远没有达到可以止步不前、完美运用的程度。由于篇幅及本人水平所限，本书的阐述中还存在一些不足，有待在今后的学习工作中进一步探索。希望本书的出版，可以为我国社区金融的发展和完善提供一些参考。